仪器分析实验

首都师范大学《仪器分析实验》教材编写组　编

科　学　出　版　社
北　京

内 容 简 介

全书共六篇 23 章。第一篇概述包括仪器分析实验室规则、仪器分析实验预习和实验报告、实验数据记录和处理、分析仪器的性能参数和分析方法的评价；第二篇光谱分析法包括原子吸收分光光度法、电感耦合等离子体原子发射光谱法、电感耦合等离子体质谱法、原子荧光光谱法、紫外-可见分光光度法、分子荧光光谱分析法和近红外光谱法；第三篇电化学分析法包括电位分析法和离子选择电极、极谱分析法、伏安分析法和电化学计时分析法；第四篇色谱分析法包括气相色谱法、液相色谱法和毛细管电泳法；第五篇波谱和电镜技术包括质谱法、核磁共振波谱法、红外光谱法、拉曼光谱法和电子显微镜。每章均介绍了仪器组成、基本操作、测量条件选择和注意事项等，共 41 个实验。第六篇为综合设计实验，包括 8 个实验题目以及综合设计实验要求。

本书可作为高等学校化学及相关专业本科生和研究生教材，也可供分析化学及相关专业科研技术人员参考。

图书在版编目(CIP)数据

仪器分析实验 / 首都师范大学《仪器分析实验》教材编写组编. —北京：科学出版社，2016.1

ISBN 978-7-03-046904-5

Ⅰ. ①仪… Ⅱ. ①首… Ⅲ. ①仪器分析–实验–高等学校–教材 Ⅳ. ①O657-33

中国版本图书馆 CIP 数据核字(2016)第 004440 号

责任编辑：郭慧玲 丁 里 / 责任校对：何艳萍

责任印制：赵 博 / 封面设计：迷底书装

科学出版社 出版

北京东黄城根北街 16 号

邮政编码：100717

http://www.sciencep.com

中煤（北京）印务有限公司印刷

科学出版社发行 各地新华书店经销

*

2016 年 1 月第 一 版 开本：720 × 1000 1/16

2025 年12月第十一次印刷 印张：17

字数：349 000

定价：56. 00元

（如有印装质量问题，我社负责调换）

前　言

仪器分析实验是化学及相关专业本科生的必修基础课。该实验独立开课，对于培养学生掌握基础和先进的分析化学实验技术和技能，培养学生的动手能力和创新意识发挥着重要的作用。

近年来，随着仪器分析的内容不断丰富，理论课和实验课的教学内容都有大幅度增加，新的分析仪器也带动了实验技术的更新。为了适应这种情况，编者感到有必要编写一本既有较广的适用性，又注重体现新技术、新方法的教材，使学生既能掌握经典的方法，又能了解仪器分析的最新发展。

本书编写注重以下几点：

(1) 在内容上避免与仪器分析理论教材重复，注重突出实验方法和技能，各种分析仪器的基本操作方法、基本参数的设定和仪器的调试，以及各种参数对实验的影响等内容，以加强学生对仪器使用、基本测定方法和参数优化等内容的理解。

(2) 引入近年来新的仪器分析方法，不再保留目前很少使用的方法。本书选编了电感耦合等离子体质谱(ICP-MS)、气相色谱-质谱(GC-MS)、液相色谱-质谱(LC-MS)和毛细管电泳等较新的仪器分析实验，也选编了用化学计量学解析光谱数据，进行样品的分类和鉴别的相关实验。

(3) 选编了一些实际样品测定的国家或行业标准分析测试方法，注重实际应用，使学生把所学与所用联系起来。

参加本书编写工作的有朱若华(第1～4章和第8章)、张兰(第5～7章)、陈郑博(第9章)、刘月英(第10章)、相玉红(第11章和第22章)、邹洪(第12、13章)、林雨青(第14、15章)、叶能胜(第16～18章)、李中锋(第19～21章)、李凯(第23章)。全书由朱若华教授统稿、定稿，张卓勇教授审阅。

编　者

2015年10月

前言

目　　录

前言

第一篇　概　　述

第 1 章　仪器分析实验室规则……3
1.1　实验室安全……3
1.2　化学试剂的规格和实验用气体钢瓶的使用……4
1.3　实验室用水……7
1.4　分析仪器使用规定……7
第 2 章　仪器分析实验预习和实验报告……9
2.1　实验前准备和预习报告……9
2.2　实验数据记录……9
2.3　实验报告撰写格式和要求……10
第 3 章　实验数据记录和处理……14
3.1　有效数字、不确定度和误差的传递……14
3.2　异常值的判断与处理的原则和方法……17
3.3　校正曲线和回归方程……20
3.4　分析结果的表示……25
第 4 章　分析仪器的性能参数和分析方法的评价……26
4.1　分析仪器的性能参数……26
4.2　分析方法的评价……28

第二篇　光谱分析法

第 5 章　原子吸收分光光度法……37
5.1　原子吸收分光光度计的组成和测量过程……37
5.2　原子吸收分光光度计使用指南……40
5.3　PE-AA800 原子吸收分光光度计操作规程……41
实验 1　石墨炉原子吸收分光光度法测定废水中的铅……45
实验 2　悬浮进样-石墨炉原子吸收分光光度法直接测定化妆品中的铅……47
第 6 章　电感耦合等离子体原子发射光谱法……51
6.1　电感耦合等离子体原子发射光谱仪的组成……51

6.2 电感耦合等离子体原子发射光谱法测量的基本过程和测量条件的选择…… 52
6.3 ICP-AES 光谱仪操作规程 …… 53
实验 3 ICP-AES 同时测定自来水中的钙、镁、铁 …… 54
实验 4 微波消解 ICP-AES 法测定婴幼儿配方乳粉中 9 种微量元素 …… 57
第 7 章 电感耦合等离子体质谱法 …… 60
7.1 ICP-MS 仪器的基本组成 …… 60
7.2 测量的基本过程和测量条件的选择 …… 61
7.3 Agilent 7500ce 电感耦合等离子体质谱仪操作规程 …… 62
实验 5 ICP-MS 定量测定水样中的多种微量元素 …… 65
实验 6 ICP-MS 全定量测定茶叶中的铜和铅 …… 67
第 8 章 原子荧光光谱法 …… 70
8.1 原子荧光光谱仪的基本组成和测量条件的选择 …… 70
8.2 原子荧光光谱仪操作的基本步骤和注意事项 …… 71
8.3 Lumina 3300 原子荧光光谱仪操作规程 …… 72
实验 7 氢化物原子荧光光谱法测定生活饮用水及其水源中的铅 …… 74
实验 8 原子荧光光谱法测定水果中的砷 …… 76
第 9 章 紫外-可见分光光度法 …… 79
9.1 紫外-可见分光光度计组成和测量条件的选择 …… 79
9.2 使用紫外-可见分光光度计的注意事项 …… 80
9.3 TU1810 紫外-可见分光光度计操作方法 …… 81
9.4 UV2550PC 紫外-可见分光光度计操作方法 …… 83
实验 9 差值吸收光谱法测定废水中微量苯酚 …… 85
实验 10 紫外-可见分光光度法同时测定维生素 C 和维生素 E …… 87
第 10 章 分子荧光光谱分析法 …… 90
10.1 荧光分光光度计的基本组成 …… 90
10.2 荧光分光光度计的基本操作步骤和主要参数选择 …… 91
10.3 F-4500 荧光分光光度计的使用说明 …… 92
10.4 FLS920 稳态/瞬态荧光光谱仪的使用说明 …… 94
实验 11 邻、间和对羟基苯甲酸的荧光性质研究 …… 99
实验 12 分子荧光光谱分析法测定阿司匹林中乙酰水杨酸的含量 …… 101
实验 13 时间相关单光子计数法测定罗丹明 B 的寿命 …… 103
实验 14 相对法测定水杨酸的量子产率 …… 105
第 11 章 近红外光谱法 …… 108
11.1 近红外光谱仪的基本组成和测量条件的选择 …… 108
11.2 近红外光谱分析的一般步骤 …… 109

11.3 模型的建立及预测……110
11.4 近红外光谱法常用的仪器……112
11.5 使用近红外光谱仪的注意事项……113
实验 15 近红外光谱仪在橄榄油品质分析和掺杂量检测中的应用……113
实验 16 近红外光谱法鉴定不同产地的柑橘……116

第三篇　电化学分析法

第 12 章 电位分析法和离子选择电极……121
12.1 电位分析法仪器组成和基本操作方法……121
12.2 PHSJ-4A 型实验室酸度计使用说明……122
12.3 PHS-2C 精密酸度计的使用……124
实验 17 氟离子选择电极直接电位法测定牙膏中的氟……125
第 13 章 极谱分析法……129
13.1 极谱分析法仪器的基本组成……129
13.2 测量条件的选择和干扰消除……130
13.3 JP-2 型示波极谱仪操作方法……131
实验 18 极谱分析中干扰的消除……132
实验 19 单扫描示波极谱法同时测定铅和镉……134
第 14 章 伏安分析法……137
14.1 伏安分析仪器的基本组成……137
14.2 电极的分类和组成……138
14.3 电极的处理和制备……139
14.4 电化学工作站的基本操作步骤……142
14.5 电化学测试体系的检查和注意事项……146
实验 20 循环伏安法测定铁氰化钾的电极反应过程……147
实验 21 修饰电极的制备及对抗坏血酸的电化学催化行为的研究……149
第 15 章 电化学计时分析法……152
实验 22 恒电流库仑法测定砷……153

第四篇　色谱分析法

第 16 章 气相色谱法……157
16.1 气相色谱仪的组成和测量条件的选择……157
16.2 气相色谱仪基本操作步骤和注意事项……159
16.3 气相色谱-质谱联用仪的基本组成……159
16.4 GC7890A 气相色谱仪操作程序和使用注意事项……160

16.5 气相色谱-质谱联用仪操作规程 …… 162
实验 23 气相色谱法分析苯系物含量 …… 163
实验 24 气相色谱-质谱联用法检测方便面中的抗氧化剂 …… 166
实验 25 气相色谱-质谱联用法检测饮料中的山梨酸、苯甲酸 …… 169
第 17 章 液相色谱法 …… 173
17.1 液相色谱仪的组成和测量条件的选择 …… 173
17.2 岛津 LC20A 液相色谱仪操作流程和注意事项 …… 176
17.3 Waters2695 液相色谱仪操作规程 …… 177
17.4 Agilent Technologies 6400 系列液相色谱-质谱联用系统操作方法 …… 179
实验 26 高效液相色谱仪的基本操作和基本参数测定 …… 180
实验 27 高效液相色谱法测定化妆品中防腐剂的含量 …… 183
实验 28 液相色谱-串联质谱测定动物源性食品中莱克多巴胺和克伦特罗的含量 …… 185
第 18 章 毛细管电泳法 …… 189
18.1 毛细管电泳仪的组成 …… 189
18.2 毛细管电泳法测量条件的选择 …… 190
18.3 毛细管电泳仪操作规程 …… 191
实验 29 高效毛细管电泳法测定化妆品中防腐剂的含量 …… 192
实验 30 毛细管电泳法测定中药活性成分生物碱光学异构体 …… 194

第五篇 波谱和电镜技术

第 19 章 质谱法 …… 199
19.1 质谱仪的基本结构 …… 199
19.2 质谱仪的主要性能指标 …… 201
19.3 质谱法的应用 …… 202
19.4 质谱仪常见问题及解决方法 …… 204
实验 31 GC-MS 定性分析有机混合物 …… 204
实验 32 天然产物中挥发油成分分析(GC-MS) …… 206
第 20 章 核磁共振波谱法 …… 208
20.1 核磁共振波谱法的基本原理 …… 208
20.2 核磁共振波谱仪 …… 209
20.3 Varian VNMRS 600 MHz 核磁共振波谱仪 …… 212
实验 33 单纯化合物 ^{1}H NMR 的结构鉴定 …… 214
实验 34 ^{1}H NMR 谱定量测定波兰伏特加酒中的乙醇含量 …… 216
实验 35 缔合常数 K_a 的测定 …… 219

第 21 章　红外光谱法……223
21.1　红外光谱的特征参数……223
21.2　红外光谱仪的类型和组成……226
21.3　TENSOR Series 傅里叶变换红外光谱仪使用方法……228
实验 36　红外光谱法测定有机化合物的结构……230
实验 37　醛和酮的红外光谱……232
实验 38　红外光谱的校正——薄膜法聚苯乙烯红外光谱的测定……233
第 22 章　拉曼光谱法……235
22.1　拉曼光谱的产生原理……235
22.2　拉曼光谱仪的基本结构……236
22.3　拉曼光谱仪的操作程序与注意事项……237
实验 39　拉曼光谱的测定和分析以及快速检测食用油掺假的研究……239
第 23 章　电子显微镜……242
23.1　透射电子显微镜……242
23.2　扫描电子显微镜……246
实验 40　利用透射电镜观察纳米三角 Ag……250
实验 41　利用扫描电镜观察 Ag 纳米线……253

第六篇　综合设计实验

参考文献……260

第一篇　概　述

仪器分析实验是化学及相关专业本科生的必修课程，教学内容包括光谱分析、色谱分析和电化学分析方面的大中型仪器工作原理、操作方法、分析应用和数据处理。

由于部分大型仪器的台数有限，仪器分析实验的安排一般采取所有实验同时开设，学生按2～3人/组(视具体条件也可4～5人/组)通过循环或预约的方式参与实验。通过仪器分析实验，学生能够学会正确使用分析仪器，并对仪器的结构、性能和测量原理及适用样品有更好的了解，同时对仪器分析的理论和方法有更深的理解。

不同于基础化学实验室，仪器分析实验涉及大型仪器的使用、气体钢瓶的使用和特殊仪器的使用，在实验室安全方面既要遵守一般的实验室安全管理规定，又要注意其特殊性。因此，在进行实验前，必须首先了解实验室安全规则和相关问题。

第1章　仪器分析实验室规则

1.1　实验室安全

由于涉及各种化学试剂和气体的存放和使用，因此化学实验存在潜在的危险。实验室在管理和规定中对化学试剂和仪器的使用给出了明确的说明和提示，但是如果使用不当，仍有可能发生危险。因此，每一位进入实验室的人员，要本着为自己和实验室安全负责的态度，认真了解和遵守实验室的安全操作规程。

在仪器分析实验中，经常使用有腐蚀性、易燃、易爆、易挥发或有毒的化学试剂和溶剂，处理样品需要加热、加压和使用微波设备，分析仪器运行需要气体钢瓶、有机溶剂以及煤气、水、电等。为确保实验的正常进行和人身安全，仪器分析实验室制订了完备的安全规则。

(1) 实验前应对实验内容和实验涉及的仪器、试剂和气体及其危险性有一定的了解。进入实验室必须了解实验室的布局、灭火设施的位置和电闸的位置，了解一旦发生事故的逃生路线。

(2) 进入实验室必须穿着洁净的实验服，不能光脚穿凉鞋或短裤、短裙。一是防止实验中的各种化学试剂溅射到身上以及裸露的肌肤上；二是避免从室外带进大量灰尘等可能对实验有影响的物质。必要时要戴手套和护目镜，避免有毒的溶液或加热时产生的气体、蒸气或超细颗粒进入眼睛。实验时最好不要佩戴隐形眼镜，因为蒸气、液体或一些外来物质可能会附着在眼镜上，长发应扎紧。

(3) 实验室应保持室内整齐、干净。不能将毛刷、抹布扔在水槽中。禁止将固体物质、玻璃碎片等扔入水槽，以免造成下水道堵塞，此类物质以及废纸、废屑应放入废纸箱或实验室规定存放的地方。废酸、废碱应小心倒入废液缸，切勿倒入水槽内，以免腐蚀下水管。

(4) 实验室内严禁饮食、吸烟，一切化学药品禁止入口。实验完毕必须洗手。水、电、加热设备包括烘箱、水浴回流装置、电热板等使用完毕应立即关闭。如需过夜，应征得实验室管理人员同意，并放置明确标识，注明实验时间、实验人员，并应定时检查设备运行情况。离开实验室时，应仔细检查水、电、气、门、窗是否均已关好，还要检查所用的气体钢瓶等是否关好。

(5) 使用电器设备时，应特别细心，切不可用湿润的手去开启电闸和电器开关。凡是漏电的仪器不要使用，以免触电。

(6) 浓酸、浓碱具有强烈的腐蚀性，切勿溅在皮肤或衣服上。使用浓 HNO_3、HCl、

H_2SO_4、$HClO_4$、氨水时，均应在通风橱中操作。夏天，打开浓氨水瓶盖之前，应先将氨水瓶放在自来水流水下冷却后，再行开启。

使用CCl_4、乙醚、苯、丙酮、三氯甲烷等有机溶剂时，一定要远离火焰和热源。使用完毕将试剂瓶塞严，放在阴凉处保存。低沸点的有机溶剂不能直接在火焰或热源(如煤气灯或电炉)上加热，而应水浴加热。

(7)热、浓的 $HClO_4$ 遇有机物易发生爆炸。如果试样为有机物，应先用浓硝酸加热，使其与有机物发生反应，有机物被破坏后再加入 $HClO_4$。蒸发 $HClO_4$ 所产生的烟雾易在通风橱中凝聚，如经常使用 $HClO_4$，通风橱应定期用水冲洗，以免 $HClO_4$ 的凝聚物与尘埃、有机物作用，引起燃烧或爆炸，造成事故。微波消解装置禁止使用 $HClO_4$ 为消解溶剂，除非该设备特别注明可以使用 $HClO_4$，但仍要注意使用浓度的限制。

(8)使用汞盐、砷化物、氰化物等剧毒物品时应特别小心。剧毒化合物的领取应遵守国家的相关规定。在使用过程中，氰化物不能接触酸，因为二者作用会产生剧毒的 HCN! 氰化物废液应倒入碱性亚铁盐溶液中，使其转化为亚铁氰化铁盐，然后作废液处理，严禁直接倒入下水道或废液缸中。其他有毒溶液必须存放在废液缸中，金属汞要密封保存，作为废液登记，集中由专门的处理公司处理。

(9)含有多环芳香烃、多氯联苯、农药残留标准溶液等有毒和致癌的有机化合物和重金属的溶液尽管浓度很低，但危害极大，严禁直接倒入下水道，应收集到实验室内专门的废液缸中，集中处理。

(10)实验过程如发生火情，应首先切断电源，在允许的情况下尽快移除周围的易燃物质，如有机溶剂、钢瓶和其他易燃物质。火情不严重时，应根据起火的原因进行针对性灭火。汽油、乙醚等有机溶剂着火时，用砂土扑灭，绝对不能用水，否则反而会扩大燃烧面积；导线或电器着火时，不能用水或 CO_2 灭火器，应首先切断电源，用 CCl_4 灭火器灭火，并根据火情决定是否要向消防部门报告。如火情严重，应立即报警，尽快撤离实验室，通过安全通道离开起火建筑。

(11)酸或碱不慎溅到皮肤或眼内，应立即用大量水冲洗，眼睛应用洗眼器冲洗，然后用 50 g/L 碳酸氢钠溶液(酸腐蚀时采用)或 50 g/L 硼酸溶液(碱腐蚀时采用)冲洗，最后用水冲洗。如不小心发生烫伤，可在烫伤处抹上黄色的苦味酸溶液或烫伤软膏，严重者应立即送医院治疗。

1.2 化学试剂的规格和实验用气体钢瓶的使用

1.2.1 化学试剂的规格

化学试剂的种类繁多，规格和纯度都不相同，分类方法和依据标准也不尽相同。我国常规的化学试剂一般分为四个级别，见表 1-1。

表 1-1　常见化学试剂分级

类别	名称	英文缩写/全称	标签颜色	纯度和适用范围
一	优级纯	G.R. guaranteed reagent	绿色	≥99.8%，痕量分析和科学研究工作
二	分析纯	A.R. analytical reagent	红色	≥99.7%，常规的定性和定量分析实验
三	化学纯	C.R. chemical reagent	蓝色	适用于一般的化学合成、制备实验和教学实验
四	实验试剂	L.R. laboratory reagent	棕色或其他颜色	一般的化学实验辅助试剂

一、二、三级试剂是依据国家标准(GB)、行业标准(HB)或企业标准(QB)制备的，因此在外包装上都表示了相应的标准号，一些优级纯试剂是基准试剂，同样采用绿色标签，但标签表明为基准物质。

仪器分析实验一般使用分析纯和优级纯试剂。除使用常规试剂外，还有较为特殊的试剂，在灵敏度比较高的仪器分析实验中，要使用专门纯度的试剂和溶剂，常见的是光谱级试剂和色谱级试剂。

在光谱测量中，使用的标准物质通常为光谱级试剂，这类试剂的主成分纯度不一定比分析纯高，但其中的光谱干扰杂质的含量极低，不会干扰待测物质光谱的测定。在一些灵敏度很高的原子光谱仪器测量中，要使用超纯试剂作为标准物质，如等离子体-质谱(ICP-MS)所用的标准物质，对主成分纯度要求很高，绝大多数杂质元素含量应低于 0.1 ng/g；等离子体发射光谱(ICP-AES)纯级试剂中，绝大多数杂质元素含量低于 1 ng/g；原子吸收分光光度法使用的光谱纯级试剂中，绝大多数杂质元素含量低于 10 ng/g。一些金属离子试剂是一定浓度的标准溶液。在使用光谱级试剂时，配制溶液所用的酸必须是优级纯，所用的水必须是超纯水。

在色谱分析中所使用的流动相纯度应达到色谱级，主要目的是保护色谱柱质量和使用寿命，也保证检测器给出的基线平稳，得到可靠结果。气相色谱分析使用的高纯气体，保证气体中杂质含量极低，不对色谱峰测量产生干扰，同时保证气体中对色谱柱填料产生影响(强保留或产生化学反应)的杂质含量极低；液相色谱流动相也必须为色谱级的溶剂，溶剂中固体物质的含量以及在色谱柱有较强保留的杂质含量极低，必要时使用前用 0.22 μm 或 0.45 μm 的滤膜过滤后使用，这样不仅保证测量的准确度和精密度，还保证了色谱柱的使用寿命，并有利于仪器的维护。

在进行农药残留、环境污染物分析时，所用的试剂是待测物质的标准品，可以是固体和溶液，对于毒性较大的化合物，试剂通常是标准溶液形式，可以是单一成分或混合物质的标准溶液。在进行农药残留分析中，使用的无机和有机溶剂需具有农药残留级的纯度。

在进行中草药及有效成分测定时，所研究的化合物标准通常使用液相色谱制备提纯的对照品，主成分含量往往达不到分析纯的要求，但可作为中草药分析主要成分的参考物质。

1.2.2 实验室用气体钢瓶的使用

仪器分析实验中，仪器运行需要用到不同类型的气体，通常由气体钢瓶提供。不同的气体钢瓶有不同的颜色和标志，实验中常用的气体钢瓶标志见表 1-2。

表 1-2 仪器分析实验中常用的钢瓶颜色和标志

气体	钢瓶表面颜色	字样	字样颜色
O_2	天蓝	氧	黑
H_2	深绿	氢	红
N_2	黑	氮	黄
He	灰	氦	白
Ar	灰	氩	绿
Air	黑	压缩空气	白
C_2H_2	白	乙炔	红

钢瓶使用时的安全注意事项如下：

(1)气体钢瓶必须直立稳定放置，应有适当的固定措施，小型钢瓶应有钢瓶架，常规钢瓶应靠墙用皮带或铁链固定。

(2)特殊钢瓶(如氢气等)不能放于室内，目前仪器分析实验一般情况下用氢气发生器代替气体钢瓶。火焰原子吸收实验用的乙炔钢瓶应放置在专门的气柜中，气柜带有报警装置，同时有排风口通往室外，一旦钢瓶有泄漏即可报警。在管路中应有阻止回火装置。使用时先开空气，再供乙炔气；关闭时先关闭乙炔气，后关空气。

2  1

图 1-1 常规钢瓶减压阀

(3)实验中用的气体钢瓶都装有减压阀，并有压力表，如图 1-1 所示。

不可燃钢瓶开启时应先逆时针打开钢瓶上的阀门，图 1-1 中表头 1 显示钢瓶中的压力，再顺时针打开表头上的调压螺杆(或旋钮开关)，直至表头 2 显示出口的气体压力为所需压力即可。

钢瓶使用完毕必须关闭阀门，先关闭钢瓶上的阀门，再逆时针松开表头上的开关至压力显示为零，如不及时关闭阀门，放出阀门中的气体，会损坏减压阀。实验完成离开实验室前要检查钢瓶表头是否为零。

可燃气体的减压阀是专用的，打开减压阀的方向与上述相反，使用时必须仔细阅读说明，再进行操作。

(4)无论气体是否可燃，都不能靠近热源、明火和暖气设备，不要在钢瓶附近进行样品消解等较为剧烈的化学实验。避免阳光直射。如需搬动钢瓶，动作要稳，不能剧烈撞击钢瓶或在地上滚动。

(5) 钢瓶内气体不能完全用尽，应保持 0.2～1 MPa 的余压，需高于常压(0.1 MPa)，否则将导致空气或其他气体进入钢瓶，再次充气时将影响气体的纯度，甚至发生危险。

1.3　实验室用水

水是配制溶液大量使用的溶剂，要保证分析结果的准确度和精密度，对实验用水有严格的要求。

分析化学实验用水分为三个级别：一级水、二级水和三级水。

一级水用于有严格要求的仪器分析实验，包括对颗粒有要求的实验，如高效液相色谱、ICP-MS、荧光和电化学分析用水。一级水可用二级水经过石英设备蒸馏水或离子交换混合床处理后，再经 0.2 μm 微孔滤膜过滤来制取。电导率(25 ℃)≤0.01 mS/m，电阻率(25 ℃)≥10 MΩ·cm，超纯水的电阻率可达 18.2 MΩ·cm，一级水和超纯水不能储存，应临用前制备，制备超纯水和一级水应使用具有较高纯度的一级水或二级水。

二级水用于无机痕量分析等实验，如原子吸收光谱分析用水。二级水可用多次蒸馏或离子交换等制得，电导率(25 ℃)≤0.1 mS/m，电阻率(25 ℃)≥1 MΩ·cm。

三级水用于一般的化学分析实验。三级水可用蒸馏、离子交换及电渗析的方法制备。

通常，普通蒸馏水保存在玻璃容器中，去离子水保存在聚乙烯塑料容器内，用于痕量分析的高纯水，如二次亚沸石英蒸馏水，则需要保存在石英或聚乙烯塑料容器中。

在常量分析中，一般使用去离子水或蒸馏水即可满足要求。在仪器分析实验中，因为分析方法灵敏度高，被测物质的含量低，所以必须使用二级(通常称二次水)及以上纯度的水。

在仪器分析和分析化学实验室内有专门制备超纯水的装置，在使用前应检查待处理的水源是否合格(必须是二级以上的水)，连接是否漏水，开启设备等待出水满足一级水或超纯水质量后再收集出水。处理水的时候要有专人看管，以免跑水，既造成浪费，也影响实验室安全。

1.4　分析仪器使用规定

仪器分析实验要用到各种分析仪器，其中包括大型的分析仪器，这类仪器组成和结构复杂、价格昂贵、运行和维修成本较高。为了保证仪器正常运转，顺利完成教学任务，在使用分析仪器时必须注意以下几点：

(1)实验前，应对仪器的基本组成有较好的了解，进入实验室后仔细观察仪器的外观，对照预习内容或实验教材上仪器的结构认识仪器的各个组成部分以及外接部件，如电源、气瓶和计算机等，注意观察各个部件的连接顺序，在此阶段，不要轻易触动仪器上的开关和按键。

(2)学会正确的开机和关机，注意开机前应做的准备工作和关机后应进行的后续工作。许多大型仪器的开机和关机都有严格的程序，如不按照正确的程序，会对仪器造成极大的损害。例如，较为简单的紫外-可见分光光度计或电位计，可以直接开机，至少预热 30 min 后才能进行测量。气相色谱仪则需要先通入气体，待气体流量达到要求后才能开机。一些分析仪器运行时温度较高，在关机后必须使仪器的散热风扇继续工作一段时间，温度接近室温后才能彻底切断电源，避免由于突然切断电源，热量不能及时散去导致仪器损坏。

大型分析仪器开机后，仪器都有自检功能，往往需要一段时间，要耐心等待，在自检过程中不能任意触动仪器上的按键或点击仪器运行软件上的各种图标。

(3)在仪器运行中，注意观察仪器面板或计算机操作软件中仪器信号的变化，如发现仪器信号变化异常(如突然消失或大幅度变化)或有报警的标志或声音出现，立即停止操作，及时报告指导教师进行处理。

(4)仪器的配件一般是该仪器专用的，不能随便互用、调换，否则会导致较大的测量误差，如比色皿、荧光杯、样品瓶等。

(5)实验结束后，应将所用仪器复原，清洗用过的器皿，整理实验室的各类设备和环境卫生。

第 2 章　仪器分析实验预习和实验报告

2.1　实验前准备和预习报告

每位参加仪器分析实验的学生必须准备一个专门的实验记录本，记录本应编写页码和实验日期。所有实验数据都必须用圆珠笔或签字笔记录在实验记录本上。实验记录本主要用来如实、规范和准确地记录实验数据、仪器条件和参数，以及实验教材中未曾提及的实验细节。

实验前必须进行预习，写出预习报告，使自己对实验原理、使用仪器的基本组成和测定样品的性质有一定的了解。实验预习报告应写在实验记录本上，而不是写在实验报告上。预习报告应简要体现实验的主要原理和仪器的测量方法，将实验过程和步骤列出提纲，标出有疑问的地方或提出问题；要列出实验主要的研究条件、药用样品的种类来源和溶液的浓度体积等与实际操作相关的内容；根据不同的实验，设计数据表格，方便实验时数据的记录。预习报告不需要重复或大段抄写实验讲义中已有的内容，也不需要写出结论。由于样品或仪器所用的装置有时会有变化，实际实验条件和参数经常会有所调整和变化，在实验前要根据实际实验条件适当修改预习报告已有的内容，修改时将原来内容用单划线划掉，在上面或旁边空白处标记修改的内容。

2.2　实验数据记录

实验开始时，首先记录实验名称、实验日期(必要时记录实验室气候条件，如气压、温度和湿度等)、同组人员姓名等。

实验中测量的原始数据应准确、清晰，并及时记录在实验记录本中。对于较多的数据和平行实验数据，应以表格的方法记录。要规范标出数据的名称和量纲，名称应尽量用符号表示，单位的写法采用斜线与名称区分。例如，如果该数据表示浓度，单位是物质的量浓度，则用“c/(mol/L)”表示；如果表示温度，则用“T/℃”或“T/K”表示。

根据实验所采用的仪器不同，实验测得数据的有效数字位数不同，代表一定的不确定度和测量误差。实验数据必须按照有效数字的原则记录和保留，以便正确评价测量产生的误差。有关有效数字的保留和运算的相关规则见第 3 章。

实验记录要求文字清晰、整洁，实验完成后要将实验记录交给实验指导教师检查确认。

2.3　实验报告撰写格式和要求

每一个实验完成后都要写实验报告。仪器分析实验一般分组进行，但是实验报告必须独立完成，有关数据处理、计算、绘图和对实验现象的分析都应该独立进行，严禁抄袭他人的实验报告。实验报告在实验成绩评定中占有重要的比例，必须在下一个实验开始前完成并提交给指导教师。

对于学生来讲，在完成实验后，有了一定的实践经验，对于仪器的组成、操作和测量条件以及定性和定量分析方法有了一定的了解。在此基础上撰写实验报告有利于加深理解理论课上学习的有关基础理论，更好地认识相关仪器方法的原理和操作，从而更好地掌握相关分析仪器的工作原理、特点和应用范围，同时对于学生运用所学知识分析和解决问题的能力也是一种很好的锻炼。与基础分析化学实验的报告不同，仪器分析实验报告的撰写格式更接近科研论文写作，通过实验报告的撰写，能够初步培养学生科技论文写作的能力。

实验报告应在 A4 规格的打印纸上完成，一般要求在计算机上完成，在条件不具备的情况下，可以手写完成，但是绘图(如标准曲线、实验条件考察、色谱和光谱数据图)必须由计算机生成，打印出来后贴在实验报告相应的位置，或按顺序附在附录中。实验报告的行间距应为 1.5 或 2，字体为宋体或仿宋，标题部分可以用黑体。报告写作应用规范的科学术语表达，不能用口语化的语言撰写。

实验报告的格式要求包括以下几个方面：

(1)标题页：包括实验名称、实验人员、报告人和实验日期。

(2)摘要：简要说明实验内容、实验条件选择和所得结果，限 150 字以内。

(3)实验原理：简要介绍要使用的分析仪器的定性、定量分析基础理论，该仪器分析方法的主要特点和适用范围，用简单的框图或箭头给出分析仪器的组成以及较为复杂的实验流程示意图，解释工作原理和关键的实验条件。

例如，在进行分光光度法实验时，应简要介绍分光光度法原理：包括物质对光的选择性吸收；本实验的测量原理(是否多组分测定或形成有色配合物)；定量分析原理，即朗伯-比尔定律及其应用范围。在仪器部分，应该以框图表示出仪器的组成，介绍光谱扫描的基本过程和定量分析的基本过程，其中应该包括关键实验条件的选择和样品的测定，如如何选择参比溶液、确定最大吸收波长、样品定量计算公式等。

总之，实验原理部分应根据要进行的实验内容和相关技术方法撰写，不需要面面俱到，过于冗长。

(4)实验部分：实验部分一般包括三部分内容。①仪器和试剂：应写出实验使用的主要分析仪器的名称、型号和生产厂家，实验所用的主要试剂和溶剂的名称和纯度级别；②实验步骤：仪器测量的操作步骤和设定条件；③样品测定：样品的来源、处理方法和测定步骤。样品的测定步骤如与实验步骤相同，可省略。如实验中没有涉及样品的测定，可忽略③。

(5) 实验结果：实验结果是实验报告的核心部分。应按实验过程的先后，将实验记录本上的数据进行整理、汇总和处理，要注意所有的原始数据都应该呈现在实验报告中，包括分析天平称量的所有数据。实验内容较多时，应分段叙述，必要时用二级标题标明实验内容，数据应以表格的形式列出，根据数据绘制的图应紧随数据之后。在定量分析实验中，对测量数据进行计算，绘制标准曲线，给出样品测定的分析结果，平行测量次数和测量的精密度(标准偏差和相对标准偏差)。由仪器的操作软件给出的图谱(如色谱图或光谱图等)可以作为附录附在实验报告后，但是在实验结果中必须给予说明。

当用图表来表示实验结果时，应用规范的表示方法。

列表时一般采用三线表来表示，教材中的表格均为三线表，见图 2-1。表必须有标题和序号，标题一般位于表的上方，序号按报告中出现的顺序编制，不是特别必要，表中的竖线都不显示，横线只显示上下两端和表头，必要时可以在表头中增加一条短横线。

表 2　有机类似物对 5 种苯胂酸的吸附的影响

苯胂酸	吸附率/%					
	1 P*	5 P	10 P	1 B	5 B	10 B
APAA	67	100	—	76	81	108
p-HPAA	99	99	55	92	95	29
NPAA	96	74	—	79	87	—
AAPAA	134	82	53	101	98	129
Rox	98	133	138	135	111	57

*：1 P、5 P、10 P 表示苯酚浓度为苯胂酸浓度的 1、5、10 倍；1 B、5 B、10 B 表示苯甲酸浓度为苯胂酸浓度的 1、5、10 倍。

图 2-1　表的格式示例

绘制图时也应有标题和序号，但是图的标题一般在图的下方，不应出现在图内，序号按实验报告中出现的顺序编制，见图 2-2。图的格式可参照教材中图的表示方法。图中的坐标必须清晰、坐标的意义和单位应该标注清楚，一般应有图例对图的实验条件和图中的数据点/线进行说明。当多组实验数据绘制在同一图中时，各组数据应明确地以不同的形式表示，并加以说明。绘图可采用 Microsoft Office Excel 进行，也可以用其他的数据处理软件。绘图表示实验条件优化过程时，可以用 *xy* 散点图，也可以用柱状图等方式表示，连接数据点的线应该用折线，不建议用平滑线。绘制标准曲线则必须用 *xy* 散点图绘制。绘制标准曲线的具体要求见第 3 章。

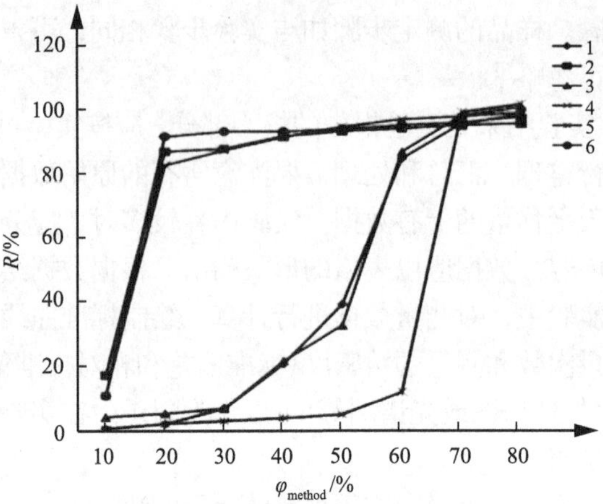

图 6　淋洗液中甲醇的体积分数对三种药物的回收率影响
图中 1，3，5 为三种药物经 MIP 富集的回收率；2，4，6 为 NIP

图 2-2　图的格式示例

(6) 讨论：实验讨论是实验报告的重要部分。通过所进行的实验和数据分析，解决了什么问题，得到了什么结果，对于所运用的分析技术了解和掌握了哪些内容，这些都需要在讨论部分进行阐述。结合理论课学习的相关理论知识解释和分析实验现象和实验数据、实验产生的误差及来源，讨论实验中存在的问题和解决方法。讨论应该针对具体的实验技术，如果实验内容是测定分析仪器的特性参数，这些特性参数的重要性是什么，表征了仪器的哪些性能，实验数据说明了什么问题；如果实验涉及具体的样品分析测定，从实验数据分析影响定性/定量的实验条件有哪些，为什么样品中的待测物可以用这种仪器方法进行，如果是其他样品是否可以采用这种方法。在讨论部分应对实验后附的思考题进行解答。

(7) 结论：简要总结实验结果，以及从结果中可以得出的结论。

(8) 文献：如果实验是综合设计性实验，需要学生根据测定对象自行选择方法。设计实验方案时，则需要阅读文献，参考相关的期刊论文和书籍来确定实验方法。在这种情况下，必须列出所引用和参考的文献。在实验方案中，凡引用他人文献的地方必须按先后标注出文献的序号，在实验报告的最后，将参考文献按文中出现的序号列出。参考文献的序号标注方法和格式举例如下：

以乙酸铵为缓冲溶液的介质(pH = 7)中，甲醛、乙酸铵以及乙酰乙酸甲酯混合后，在 60 ℃下反应 3 min 生成有色物质，可以用分光光度法测定甲醛[1]。该方法反应速率快，适用于流动注射分光光度法测定甲醛。

参 考 文 献

[1] 强洪，朱红霞. 2009. 流动注射分光光度法测定啤酒及海产品中的甲醛. 食品科学，30(20)：371-374.

在这个例子中，实验方法是文献报道过的，因此必须在相应的位置将参考的文献序号标注清楚，在报告第 8 部分参考文献中，将相关文献列出，从文献的格式可以看出，按顺序依次为作者名、年、论文标题、期刊名称、卷(期)和页码。应注意，后面几项仅用数字表示，不能出现汉字。如果引用的是书籍，则顺序依次为作者名、出版年份、书名、出版社所在地、出版社名和页码，最后两项也仅以数字表示。

(9) 附录：必要时可以将仪器软件给出的谱图和相关数据打印出来，按顺序列在附录中。

第 3 章　实验数据记录和处理

实验测得的数据代表一定的不确定度，会产生测量误差，必须按照有效数字的原则保留，并评价测量产生的误差。

3.1　有效数字、不确定度和误差的传递

有效数字(significant figures)是实验中实际测量的数据，根据使用仪器的不同正确记录有效数字的位数。例如，万分之一的分析天平应记录到 0.0001 g，而百分之一的天平应记录到 0.01 g；酸度计给出的 pH 根据仪器的数据精度范围记录到 0.01 或 0.001；色谱中色谱峰的峰面积和保留时间根据仪器软件给出的数据记录，通常保留时间记录到 0.01 min。所有实验中测量的原始数据都必须记录在实验记录本上，包括称量、溶液的体积、浓度和分析仪器测量的相关数据。

在任何实验测量中，所有的计算和结果都有误差和测量所产生的不确定度(uncertainty)。在测量某数据 x 时，其测量误差 E_x 为真实值与测量值之差：$E_x = x - x_{\text{true}}$。测量误差总是存在的，但是往往无法测量出来，因为真实值是未知的。在大多数情况下我们只能估计测量误差的大小，称为不确定度。当测量数据为 $yy.x$ 时，不确定度为$\pm\Delta x$，x 为所记录数据的最后一位。不确定度可能由已知来源的误差，仪器运行时检测器信号随机的浮动或读数显示及显示屏的分辨率较差导致。不确定度可以表达为确定的误差(如果能测量出来)、估计的误差、标准偏差或置信度。不确定度也存在于由测量数据计算的定量结果，因为测量数据都有一定的不确定度，所以这些不确定度会体现到计算结果中，称为误差的传递(error propagation)。

3.1.1　不确定度

仪器给出的测量结果都有不确定度，如果没有明确指出，不确定度一般为最后一位有效数字±1。例如：

摩尔质量　$M = (242.13 \pm 0.01)\text{g/mol}$

电位计读数　$E = -(163 \pm 1)\text{mV}$

吸光度　$A = (0.137 \pm 0.001)\text{AU}$

浓度　$c = (1.00 \times 10^{-3} \pm 1 \times 10^{-5})\text{mol/L}$

我们熟悉的分析天平读数、滴定管和吸量管读数都具有不确定度。

当针对某样品 n 次平行测定得到平均值时，不确定度就是测量结果的标准偏差 s：

$$s=\sqrt{\frac{\sum_{i=1}^{n}(x_i-\overline{x})^2}{n-1}} \tag{3-1}$$

式中，s 为标准偏差；n 为平行测量次数；x_i 和 $\overline{x}$ 为测量值和平均值；$(n-1)$为自由度 f。

现在的许多计算器（包括计算机上的计算器）都有计算统计量的功能，可以快速计算出测量值的标准偏差。

应注意标准偏差是测量平均值的估计误差，只有一位有效数字，计算出的标准偏差可以指出非有效数字的位数，避免在之后的计算中过度保留有效数字。

例如，一组实验数据：m=10.0120 g、10.0051 g、10.0073 g、10.0046 g、10.0111 g，$\overline{m}$ =10.0162$_8$ g，n=5，s=0.01$_7$ g，测量结果应为 $\overline{m}=(10.02\pm0.02)\text{g}(\overline{m}\pm s,n=5)$。

可以看出平均值有效数字的位数比实际上测量的单次测量值要少，这是由于标准偏差较大，结果的不确定度在小数点后第二位，后面的数据就没有意义了。注意，为了有效地保留有效数字，上述计算多保留了一位数字，以下标表示。

有时由于仪器读数显示的分辨率较低，可能无法反映内在的读数漂移情况，因此读数一致，$s=0$。在这种情况下，不确定度表示为仪器显示读数最后一位数字±1。

3.1.2　有效数字的运算规则

有效数字进行运算时，计算结果的有效数字要符合以下规则：

(1) 进行加减运算时，按小数点后位数最少，即读数的绝对误差最大的位数保留小数点后的位数。

(2) 进行乘除运算时，按有效数字位数最少，即读数的相对误差最大的数字保留有效数字的位数。

(3) 在运算时最好保留一位非有效数字，以防在计算中过度舍取数字。但保留的非有效数字要明确标示，如用下标、下划线等方式。

例如，计算 $CaCO_3$ 的摩尔质量，其中读数误差最大的是 40.08 g/mol，不确定度为±0.01 g/mol，计算结果的有效数字小数点后仅保留两位，但有效数字的位数是五位。

$$1\times40.08=40.08$$

$$1\times12.011=12.011$$

$$3\times15.9994=47.9982$$

$$40.08+12.011+47.9982=100.08_{92}$$

$$M_{CaCO_3}=100.09\ \text{g/mol}$$

如果要计算配制 0.200 mol/L Ca^{2+}溶液 100.0 mL 需要多少克 $CaCO_3$ 时：

$$c = \frac{m(\mathrm{g})}{M_{\mathrm{CaCO_3}}(\mathrm{g/mol}) \cdot V(\mathrm{L})}$$

$$m = \frac{0.200 \times 100.08_{92} \times 100}{1000} = 2.00_{18}(\mathrm{g})$$

在计算中有效数字位数最少的是三位：0.200，则结果保留三位有效数字，即需要称量 2.00 g $CaCO_3$。

注意：在以上计算中，体积换算、原子个数的数字等不计入有效数字，这些数字不影响有效数字的保留。一些数字，如 0.200 容易引起有效数字位数保留错误，规范的写法应为 2.00×10^{-1}。

3.1.3 误差传递

由于测量数据都具有一定的不确定度，这些个别的不确定度都对最终结果的不确定度有贡献。在数学运算过程中，不确定度的传递遵循一定的规律。和有效数字在运算中保留规则一样，不确定度在进行加减或乘除运算步骤中也是分开来计算，遵循不同的原则。

当进行加减运算时，运算的数据含有读数误差，结果具有的不确定度包括参与运算数据的不确定度。例如，$q = x + y$ 或 $q = x - y$，结果 q 的不确定度为

$$\Delta q = \pm\sqrt{(\Delta x)^2 + (\Delta y)^2} \tag{3-2}$$

例如，用分析天平差减法称量 $CaCO_3$ 质量，每个读数的读数误差为±0.0001 g：

$$m = 23.2476 - 21.1942 = 2.0534(\mathrm{g})$$

$$\Delta m = \pm\sqrt{(0.0001)^2 + (0.0001)^2} = \pm 0.0001_4(\mathrm{g})$$

当进行乘除运算时，如 $q = ax \cdot y$，其中 a 为常数，运算结果的不确定度与每个数字的相对误差有关：

$$\Delta q = \pm q\sqrt{\left(\frac{\Delta x}{x}\right)^2 + \left(\frac{\Delta y}{y}\right)^2} \tag{3-3}$$

当用上述称量的 $CaCO_3$ 配制 Ca^{2+}溶液 100.0 mL 时，计算溶液浓度：

$$c = \frac{m(\mathrm{g})}{M_{\mathrm{CaCO_3}}(\mathrm{g/mol}) \cdot V(\mathrm{L})} = \frac{2.5403}{100.08_{92}} \times \frac{100}{1000} = 2.051_{57} \times 10^{-1}(\mathrm{mol/L})$$

式中，称量的不确定度为±0.0001_4 g；摩尔质量计算不确定度为±0.01 g/mol；容量瓶体积的不确定度为±0.08 mL，则计算出浓度的不确定度为

$$\Delta c = \pm c\sqrt{\left(\frac{\Delta m}{m}\right)^2 + \left(\frac{\Delta M}{M}\right)^2 + \left(\frac{\Delta V}{V}\right)^2}$$
$$= \pm 0.2051_{57}\sqrt{\left(\frac{0.0001_4}{2.0534}\right)^2 + \left(\frac{0.01}{100.08_{92}}\right)^2 + \left(\frac{0.08}{100.0}\right)^2}$$
$$= \pm 1._{66} \times 10^{-4}(\text{mol/L})$$

因此，配制的 Ca^{2+}溶液浓度 $c = (0.2052 \pm 0.0002)\text{mol/L}$ 。

最终运算结果中保留的非有效数字应按照“四舍六入五成双”的原则处理。

3.2　异常值的判断与处理的原则和方法

在实验中，一组测量数据值的随机误差符合正态分布。当其中有个别数据比别的数据显著偏高或偏低，称为离群值。若离群值偏高或偏低的程度大于测量值的标准偏差 2 倍($2s$ 或 2σ)时，按照正态分布的规律，事件发生的概率小于 5%，属于小概率事件，一般是不可能发生的，因此该测量值称为异常值(outliers)。异常值的显著性水平 $\alpha = 0.05$ (置信度 95%)时，称为检出水平。异常值与平均值之差≥$3s$(或 2σ)的概率为 0.3%，为高度异常值，其显著性水平为 0.01(置信度 99%)。

异常值是否要去除应该用检验异常值的统计学方法来判断。常用的检验异常值的方法在分析化学教材中都有详细描述。

3.2.1　格鲁布斯检验法

对于只有一个异常值的舍取，常用格鲁布斯(Grubbs)检验法，该方法引用了测量的标准偏差和平均值，方法的准确性较好。格鲁布斯检验法临界值计算公式为

$$G = \frac{|x_d - \bar{x}|}{s} \tag{3-4}$$

式中，$\bar{x}$ 和 s 为由一组 n 个测量值计算的平均值和标准偏差；x_d 为待检测的离群值，是一组测量值中最低或最高的数据点。计算的 G 值可以与表 3-1 中相应数值比较，若大于表中给定显著性水平 α 的临界值，则在置信度 $P=1-\alpha$水平判定待检测数据为异常值可剔除；若小于表中相应的数值，则必须保留。

表 3-1　格鲁布斯检验临界值表

n	显著性水平 α		
	0.1	0.05	0.01
3	1.15	1.15	1.15
4	1.42	1.46	1.49
5	1.60	1.67	1.75

续表

n	显著性水平α		
	0.1	0.05	0.01
6	1.73	1.82	1.94
7	1.83	1.94	2.10
8	1.91	2.03	2.22
9	1.98	2.11	2.32
10	2.03	2.18	2.41
11	2.09	2.23	2.48
12	2.13	2.29	2.55
13	2.17	2.33	2.61
14	2.21	2.37	2.66
15	2.25	2.41	2.71
16	2.28	2.44	2.75
17	2.31	2.47	2.79
18	2.34	2.50	2.82
19	2.36	2.53	2.85
20	2.38	2.56	2.88

3.2.2　*Q*检验法

如果进行一组测量值的一致性和连续检验异常值，可用狄克松(Dixon)检验法，也称 *Q* 检验法。本法中对最小可疑值和最大可疑值进行检验的临界值计算公式因样本容量 n 的不同而异。

$3 \leqslant n \leqslant 7$，当只有一个异常值时，$x_1$ 或 x_n 为异常值。

$$r_{10}=\frac{x_2-x_1}{x_n-x_1} \quad 或 \quad r_{10}=\frac{x_n-x_{n-1}}{x_n-x_1} \tag{3-5}$$

$8 \leqslant n \leqslant 10$，忽略 x_1 或 x_n。

$$r_{11}=\frac{x_2-x_1}{x_{n-1}-x_1} \quad 或 \quad r_{11}=\frac{x_n-x_{n-1}}{x_n-x_2} \tag{3-6}$$

$11 \leqslant n \leqslant 13$，忽略 x_2 或 x_{n-1}。

$$r_{21}=\frac{x_3-x_1}{x_{n-1}-x_1} \quad 或 \quad r_{21}=\frac{x_n-x_{n-2}}{x_n-x_2} \tag{3-7}$$

在上述公式中，r_{10}定义为 Q，计算公式可表示为

$$Q = \frac{\left| x_{\text{离群值}} - x_{\text{最接近值}} \right|}{x_n - x_1} \tag{3-8}$$

式中，$x_{\text{最接近值}}$为离群值的相邻值，x_2或 x_{n-1}。对于符合高斯分布的测量值，其统计检验简便、合理，因此更为常用。计算的 Q 值可以与表 3-2 中相应数值比较，若大于表中数值，该数据为异常值可剔除；若小于表中数值，则必须保留。

表 3-2　狄克松检验临界值表

n	Q 90%	Q 95%	Q 99%
3	0.941	0.970	0.994
4	0.765	0.829	0.926
5	0.642	0.710	0.821
6	0.560	0.625	0.740
7	0.507	0.568	0.680
8	0.468	0.526	0.634
9	0.437	0.493	0.598
10	0.412	0.466	0.568
11	0.392	0.444	0.542
12	0.376	0.426	0.522
13	0.361	0.410	0.503
14	0.349	0.396	0.488
15	0.338	0.384	0.475
16	0.329	0.374	0.463
17	0.320	0.365	0.452
18	0.313	0.356	0.442
19	0.306	0.349	0.433
20	0.300	0.342	0.425

上述公式并不适用于一组回归数据的检验，在进行回归分析时，测量值 y 随不同的 x 值(如浓度、温度等)变化，因此需要对数据进行归一化才能够进行异常值的检验。归一化的数据由测量值 y_i 与校正曲线上 x_i 对应的 $\hat{y}_i$ 值之差 $(y_i - \hat{y}_i)$ 得到，再进行 Q 检验，是否为离群值，如为离群值可以剔除。例如，图 3-1 所示的标准曲线，线性相关系数 R^2 为 0.9823，对应于 x=20 的数据似为离群值，因此可以将回归数据归一化处理，计算 x_i 所对应的 $(y_i - \hat{y}_i)$ 值。

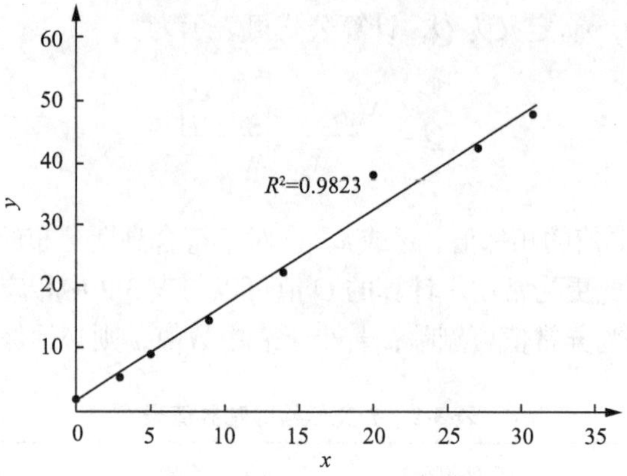

图 3-1　一组回归数据进行 Q 检验示例

x_1 至 x_n 所对应的（$y_i - \hat{y}_i$）值计算结果分别为 0.6、–1.1、–0.2、–1.1、–0.9、5.6、–1.2、–1.7，排序后最大值为 5.6，最小值为–1.7。经 Q 检验计算得到 Q=0.684，查表 3-2，在 95%置信度下 $Q_{8,0.05}$=0.526，计算值大于表值，因此离群值为异常值，可以剔除。在图 3-1 的数据中，当异常值被剔除后，R^2 值会提高到 0.99 以上。必须注意的是，该异常值的剔除是在 95%的置信度下进行的，因此仍然有 0.05%的可能性异常值是一个正确的测量值不应该被剔除。

3.3　校正曲线和回归方程

3.3.1　校正曲线和回归方程的拟合

在仪器分析实验中，为了得到准确的定量分析结果，大多数仪器分析技术需要对不同待测物浓度下仪器的响应信号值进行校正，建立校正(calibration)曲线。

在仪器分析测量中，待测物的量为自变量，仪器的响应值为具有一定概率分布的随机变量(因变量)，通常待测物的浓度和仪器的响应值(或它们的对数值)在一定范围内为线性关系。对于一组测量值(x_1，y_1)、(x_2，y_2)、…、(x_n，y_n)，拟合其线性方程 $y = bx + a$ ，可采用回归(regression)分析。

基于最小二乘原理拟合回归方程，其斜率 b 和截距 a 由式(3-9)计算：

$$b = \frac{\sum_{i=1}^{n}[(x_i - \overline{x})(y_i - \overline{y})]}{\sum_{i=1}^{n}(x_i - \overline{x})^2} \tag{3-9}$$

$$a = \overline{y} - b\overline{x}$$

实验得到的测量数据点不会都落在校正曲线上，按照实验数据绘制的曲线有时不是一条直线，因此拟合实验数据得到的回归方程的标准偏差计算公式为

$$s_{y/x}=\sqrt{\frac{\sum(y_i-\hat{y}_i)^2}{n-2}} \tag{3-10}$$

式中，$\hat{y}_i$为回归曲线上x_i相应的y_i值；$s_{y/x}$表征各数据沿校正曲线分布的离散程度。由于x和y都有不确定度，因此得到的校正曲线同样具有不确定度。在有限次测量中，测量数据服从t分布，以校正曲线为中心线，若不考虑x的不确定度，校正曲线的宽度距中心线的距离为$\pm t_{\alpha,f}s_{y/x}$，称为校正曲线的置信区间，是距离相等的平行线。图 3-2 是置信度为 95%时标准曲线的置信区间。

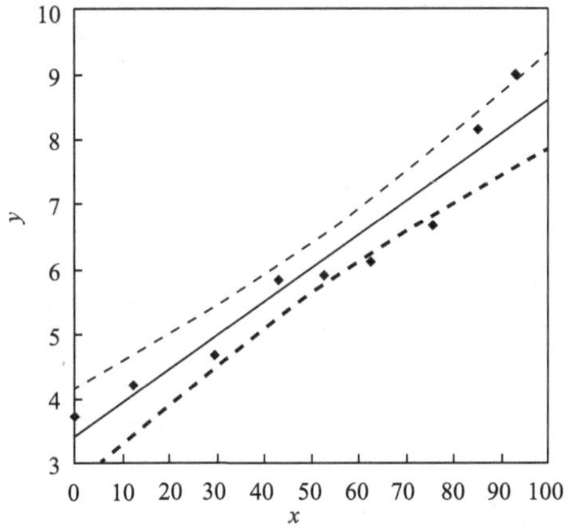

图 3-2　校正曲线的置信区间

图 3-2 中的数据点为实验测量的数据点，中间的实线是根据实验数据绘制的校正曲线，上下的虚线所构建的区间为校正曲线的置信区间。考虑到x的不确定度，校正曲线的置信区间宽度随x不确定度的大小改变，从图 3-2 中可以看出，x的不确定度在两端比较大，置信区间同样在两端比较宽。数据点如果位于置信区间之外，有可能是异常值。对于有限次的测定，取置信度为 95%时，t值约为 2，为简便起见，校正曲线的置信区间可用±2 s 绘制。

根据实验测量值拟合的回归方程及建立的校正曲线是否具有统计学意义，即x和y是否符合基础理论中的关系，可用线性相关系数r或R^2进行检验。

$$r=\frac{\sum_{i=1}^{n}[(x_i-\overline{x})(y_i-\overline{y})]}{\sqrt{\sum_{i=1}^{n}(x_i-\overline{x})^2}\sqrt{\sum_{i=1}^{n}(y_i-\overline{y})^2}} \tag{3-11}$$

式(3-11)看似较为烦琐，实际上现在计算 a、b 和 r 值可以方便快捷地使用具有科学型模式的计算器以及计算机和手机内置的计算器计算得到，在统计计算模式下，依次输入 x 和相应的 y 值，计算器可以直接显示 $\bar{x}$、n、s(或σ)、a、b 和 r 值。

计算回归方程和绘制校正曲线可以用Microsoft计算机Excel软件或其他类似的数据处理软件进行。以Excel为例，将 x_i 和相应的 y_i 值以两列录入，绘制 xy 散点图，在数据上添加趋势线，在添加趋势线的同时选择显示公式和 R^2，则校正曲线、回归方程和 R^2 都可以显示出来，见图 3-3。

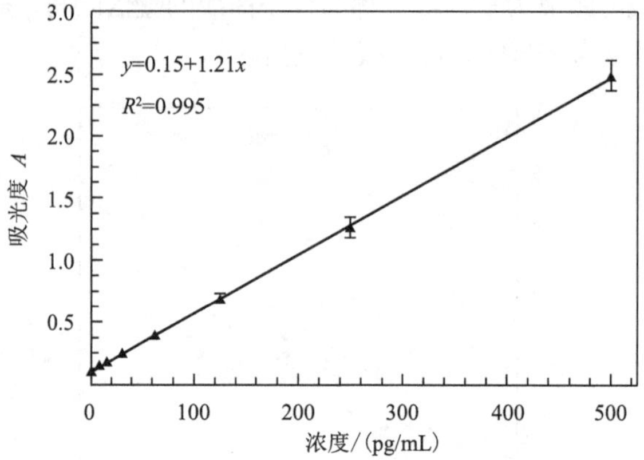

图 3-3　分光光度法测定标准溶液浓度和吸光度的校正曲线

在绘制校正曲线进行回归分析时应注意规范：

(1)被测物的浓度是独立变量，总是作为 x 轴。

(2)每一坐标轴数据的有效数字应根据标准溶液浓度和测量读数的不确定度确定。

(3)图中必须有坐标轴的名称和正确的单位，图要有标题和适当的图例说明图中测量的内容，标题不能过于简单，必须能够说明实验内容。

(4)许多仪器软件具有回归分析功能，作为实验训练的一部分，回归分析应该自己进行。

(5)不能强行让回归曲线通过零点，如果测量了空白值，应该包括在回归曲线中。

(6)在绘制校正曲线的同时，应计算回归方程、R^2 等数据，在后续的结果计算中可能会用到。

(7)对于平行实验(重复性实验)，在绘制校正曲线时可以将平行实验结果同时绘制在图中(图 3-4)，或者计算 x_i 相应的 y_i 的平均值作为 y 轴数据，但必须标出误差线，见图 3-3，指出每一个 x 值对应的 y 值的±1 s。

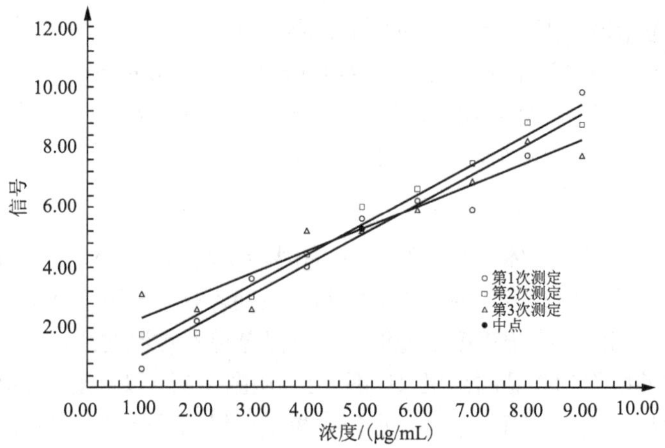

图 3-4　三次平行实验得到的校正曲线

3.3.2　定量分析方法

在分析化学实验中，定量分析是根据校正曲线或标准曲线、工作曲线进行的。标准曲线和工作曲线有时有所不同，标准曲线通常是直接配制标准溶液，测量相应溶液的仪器信号值绘制的。在进行实际样品测定时要使用工作曲线，配制相应浓度的标准溶液，经过和样品相同的处理过程后，根据测量得到的仪器响应值绘制曲线，其中包括了在样品处理过程中的各种影响因素。定量分析有以下几种方式：

1. 工作曲线法(外标法)

配制一系列不同浓度的标准溶液，经过和样品相同的处理方式后，测定仪器信号，绘制工作曲线，得到线性回归方程。样品测定结果可根据样品测定得到的信号值 y_0 从工作曲线拟合的回归方程计算，当测量的 y_0 和计算得到的 x_0 接近校正曲线的中心点时(x 和 y 的均值)，误差最小，见图 3-4。图 3-4 中三次平行测定是在完全相同的标准溶液浓度、仪器条件下进行的，可以看出由于测量误差存在，三条校正曲线是有差异的，但是中点的差异最小。同样的结果可以从图 3-2 给出的校正曲线的置信区间看出。

由于校正曲线有置信区间，因此由回归方程计算得到的 x_0 同样是一个以由校正曲线上查得的量值为中心的范围值，x_0 的标准偏差由式(3-12)计算：

$$s_{x_0} = \frac{s_{y/x}}{b}\sqrt{\frac{1}{m} + \frac{1}{n} + \frac{(y_0 - \overline{y})^2}{b^2 \sum (x_i - \overline{x})^2}} \tag{3-12}$$

式中，m 为对样品的重复测定次数；n 为校正曲线测定的数据的个数；b 为校正曲线的斜率。

如果样品的数据点过于偏离校正曲线的中点，根据情况应该增加标准溶液的个数，新增的标准溶液浓度应接近样品的估计浓度。例如，制作工作曲线时，配制了 5 个标准溶液，浓度分别为 1.00 mmol/L、2.00 mmol/L、5.00 mmol/L、7.00 mmol/L 和 10.0 mmol/L，估计的样品溶液的浓度为 1.30 mmol/L，则标准溶液应在 1.00 mmol/L 和 2.00 mmol/L 之间增加 1 个点，即 1.50 mmol/L。

2. 标准加入法

为了能够校正样品基体对测量的影响，有时会采用标准加入法制作标准曲线。标准加入法是在样品基体和背景的基础上配制一系列含有不同浓度标准物质的溶液绘制的校正曲线，因此在一定程度上能够校正样品基体对被测物测定的影响。绘制的校正曲线可以外推得到样品的结果，见图 3-5。从图 3-5 可以看出，样品的浓度为外推线与 x 轴的相交点。然而由于这一点位于校正曲线的最低端，测量的不确定度会比较大。

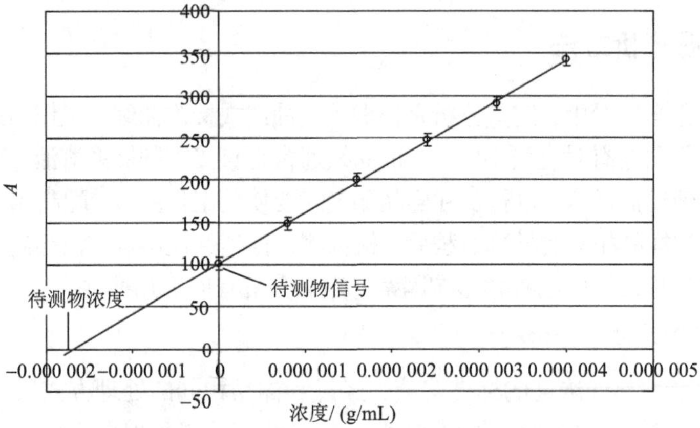

图 3-5　标准加入法绘制标准曲线并外推得到待测物浓度

3. 内标法

一些分析方法的实验参数较多，影响因素也很多，导致平行实验时数据有一定的差异，影响定量分析结果，因此需要对导致差异的因素进行校正，这时可采用内标法绘制标准曲线。例如，色谱法中影响峰面积和峰高以及保留时间的因素较多，常采用这种方法。内标物质直接加入到标准溶液中，在测定标准溶液的同时测定内标物质的信号，工作曲线的横坐标仍然是被测物质的浓度，但纵坐标是待测物和内标物的响应比(或其函数)。在测量过程中，当影响仪器响应的一个或几个因素发生变化时，内标物和待测物会受到同等的影响。因此，采用二者的比值可以校正由于外界因素变化引起的差异，能更好地校正环境条件、样品基体产生的影响，和外标法相比，精密度和线性相关系数都有较大的提高。图 3-6 为用电感耦合等离子体质谱(ICP-MS)测定砷含量时，内标法和外标法制作工作曲线的比较，在这个例子中，锗(Ge)为内标物。

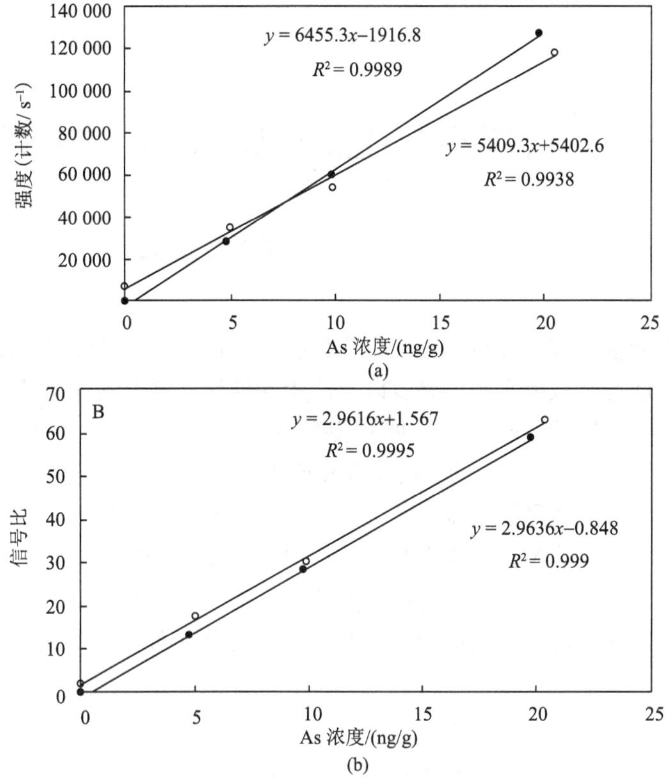

图 3-6　外标法(a)和内标法(b)绘制标准曲线的比较(平行 2 次实验的结果)

加入的内标物质应该是与被测物结构和性质类似，且在样品中不存在的物质。内标物的浓度应与分析物浓度为同一数量级，其信号易于测量，不干扰被测物的信号，也不会被样品中其他组分干扰。在色谱分析中，内标物的保留时间应与被测组分接近，但不得与被测物质的峰重叠。在使用质谱为检测器时，可以采用和被测物相同组成的同位素作为内标物，如氘代物，即使保留时间相同，但质谱检测的质荷比不同。

3.4　分析结果的表示

实验测得的分析结果必须给出测量平均值$\bar{x}$、测量次数 n、实验数据的标准偏差 s，缺一不可。根据这三个基本参数，给出所测样品含量的置信区间：

$$\mu = \bar{x} \pm t_{\alpha,f} s_x$$

表明测定量真值μ落在以 n 次重复测定的平均值$\bar{x}$为中心，置信限为$t_{\alpha,f}s_x$所确定的置信区间内的概率为 $P(P=1-\alpha)$。式中，s_x为平均值的标准偏差，如果平均值是从校正曲线(标准曲线)得到，则应为s_{x_0}。

第 4 章　分析仪器的性能参数和分析方法的评价

4.1　分析仪器的性能参数

仪器的性能参数表征分析仪器的主要功能、测量所能达到的灵敏度、精密度和稳定性、主要运行参数范围和精确度以及适用的样品。仪器的性能参数通常由仪器厂商提供。分析仪器的性能指标帮助使用者对同一类型不同型号的仪器进行比较，评价仪器的工作状况，为不同的分析任务和样品选择合适的仪器类型和型号。同时，仪器的性能参数也是选择仪器测量条件和样品分析方案的重要参考。目前国内外关于各种分析仪器的性能及指标尚无统一的认识和标准，不同类型的分析仪器，同类型但不同厂家的分析仪器，甚至同厂家同类型但不同型号的仪器，性能参数可能都有所不同。一般性的性能参数和指标主要有以下几个方面。

4.1.1　精密度

精密度(precision)是衡量仪器测量稳定性和重复性的指标，指在相同的仪器条件下，对同一标准溶液进行多次测量所得数据间的一致程度，表征随机误差的大小。衡量仪器的测量精密度用相对标准偏差(RSD)。

4.1.2　灵敏度

灵敏度(sensitivity)是指特定的分析仪器对待测物浓度变化的响应敏感程度，即单位浓度变化时引起的输出信号的变化。灵敏度可通过校正曲线的斜率得到。对同一仪器，不同类型的化合物，灵敏度不同。因此，不同类型的分析仪器会选择特定的标准物来衡量仪器的灵敏度，仪器制造商一般会提供仪器的灵敏度数据和测量数据的条件和试样。

考虑仪器的噪声水平，灵敏度常用信噪比来衡量，许多仪器用特定化合物或参数的信噪比来表示灵敏度。例如，目前荧光光度计一般采用 350 nm 激发时纯水在 397 nm 的拉曼峰的信噪比作为仪器的灵敏度指标。质谱仪则用利血平(reserpine)测量的信噪比来表示，如 10 pg 利血平在选择离子峰 609.3 *m/z* 的信噪比为 100∶1。原子吸收分光光度计一般以特征浓度，即指获得 1%吸收时或能产生吸光度为 0.0044 所对应的元素浓度，常用 Cu 或 Cd 元素来测定。

4.1.3　稳定性

稳定性(stability)指仪器在一定的运行时间内，信号值的波动情况，常用信号波动的幅度表示，如某质谱仪在室温下 12 h 内，信号值变化小于等于 0.1 *m*/*z*，也可以用信号值的相对标准偏差或偏离百分数来表示。信号值的波动越小，说明仪器越稳定。目前的大型商品仪器都有较好的稳定性。

值得注意的是，仪器的稳定性容易受到环境因素的影响，因此实际应用时常达不到厂家提供的稳定性。例如，不稳定的电源会引起光谱、极谱以及色谱等仪器工作时基线不稳定，光源达到或超过使用寿命也会导致信号值有较大的波动。此外，室内环境(如湿度、温度以及清洁程度)都会导致信号不稳。仪器运行时需要的气体和液体的纯度也是影响稳定性的重要因素，如色谱仪使用的流动相如果纯度达不到要求，基线的漂移会非常严重。因此，分析仪器特别是大型精密仪器对运行环境要求十分严格。

4.1.4　分辨率

分辨率(resolution)指仪器能够区分相近组分信号间的最小差异，有时和仪器能够测量读数的精确度有关。例如，有的分光光度计能够达到的分辨率是 ±2 nm，一些性能较高的光度计可以达到 ±0.1 nm。不同仪器表示分辨率的指标和方法不一样。原子发射光谱仪的分辨率指将波长相近的谱线分开的能力；质谱仪的分辨率指能够分辨的最小 *m*/*z* 值，如果两个分子片段相差 0.1 *m*/*z*，仪器就能检测出来；但是色谱仪的分辨率往往与配备的检测器的分辨率相关，而色谱峰的分离度则是各个分析条件下总体的体现。核磁共振波谱仪有其独特的分辨率指标，以邻二氯苯中特定峰在最大峰的半宽度(以 Hz 为单位)为分辨率大小。

4.1.5　响应时间/速度

响应速度指仪器对于被测物质产生的检测信号的反应速度，定义为仪器达到信号总变化量一定的百分数所需的时间，也称响应时间(response time)。一般是指仪器达到信号总变化量的 90%所需要的时间。

4.1.6　检出限和动态响应范围

仪器的检出限(detection limit)是指在一定的置信水平下，能检出被测物的最小量或最低浓度，一般是 3 倍信噪比所对应的浓度。由于不同化合物的检出限不同，因此仪器大多给出灵敏度或针对某种典型化合物标准溶液的检出限。

仪器的检出限是用标准溶液测定的，与 4.2 节中方法的检出限有所区别。动态响应范围(dynamic range)和校正曲线有区别，是指仪器对组分浓度变化的动态响应曲线，其中包括线性部分和偏离线性但仍有一定变化的部分。动态响应范围为起点到信号达到平台区的浓度范围，比线性范围宽。

4.2 分析方法的评价

仪器分析的主要目的是对样品中待测组分进行测定，给出待测组分准确可靠的结果。根据待测物的性质和样品的组成，选择合适的分析仪器，优化选择各种仪器测量条件，选择合适的样品前处理条件，在选择的样品处理方法和仪器测量条件下，建立定性和定量分析方法。然而一种分析方法是否具有良好的检测能力、较强的抗干扰能力和可操作性，在什么条件和范围内能给出可靠准确的分析结果，是否适用于特定的样品，需要进行方法学研究，通过特定参数指标测定对分析方法进行评价。如果研究建立新的分析方法，对分析方法评价是实验研究的重要环节。评价分析方法的一些参数和上述仪器性能指标的名称虽然一样，但意义不同。

1. 检出限

国际纯粹与应用化学联合会(IUPAC)规定，方法的检出限(detection limit，LOD)是指产生一个能可靠地被检出的分析信号所需的被测组分的最小浓度或含量。这里的检出是指定性检出，即判定样品中存在有浓度高于仪器背景噪声水平的待测物质。噪声是指仪器的背景信号，包括仪器的电子噪声、室内温度、压力的变化、试剂的纯度以及空白样品的背景。待测物产生的信号与噪声水平的比值称为信噪比。在测定误差服从正态分布的条件下，当检测信号和噪声水平显著性差异达到一定程度(置信度为99.7%)时，即检测信号值和噪声平均值相差 3 s_b，即 3 倍的信噪比时，检测信号所对应的浓度则为检出限：

$$c_{LOD} / q_{LOD} = \frac{\overline{x}_L - \overline{x}_b}{m} = \frac{3s_b}{m} \tag{4-1}$$

式中，c_{LOD} / q_{LOD} 为检出浓度或检出量；$\overline{x}_L$ 、$\overline{x}_b$ 分别为低浓度测量的信号和噪声的平均值；m 为低浓度区校正曲线的斜率。

对于特定的分析方法，空白样品经过和样品同样的处理过程后测定的信号为空白值。因此，检出限中的噪声实际上是空白值。空白值的标准偏差可以通过对空白样品多次平行测定得到的测定值计算。在进行空白值的测定时，应在仪器灵敏度档位于最高的情况下进行，否则空白值的差异测定不出来，得到的检出限偏低。噪声水平也可以从仪器给出的背景信号测定，见图 4-1。噪声水平的大小一般为峰对峰的大小，即图中 h 的高度，图 4-1(a)中的信噪比为 10，(b)中的信噪比为 3，信号的大小所对应的浓度即为检出限。

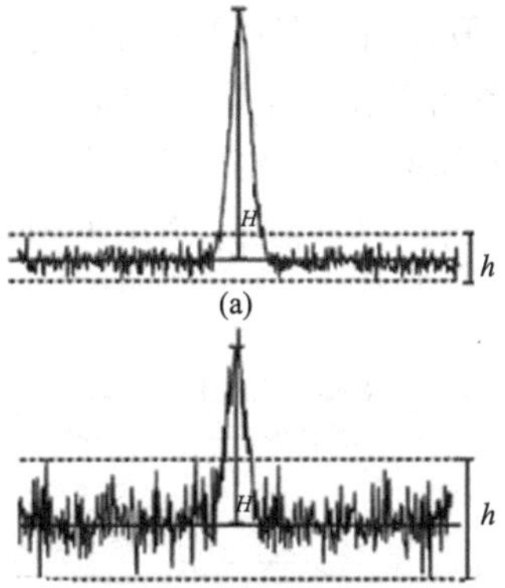

图 4-1　10 倍信噪比(a)和 3 倍信噪比(b)

检出限虽然可以通过空白值或噪声的标准偏差计算出来，但是必须要配制接近检出限浓度的标准溶液进行测定，确定是否能够得到 3 倍于空白值的信号值，并给出实验结果。不能仅依据空白值的测定给出检出限的结果。

必须指出的是，检出限与 4.1 节提及的仪器灵敏度是不同的概念。灵敏度是指特定的分析仪器对待测物浓度变化的响应敏感程度，即单位浓度变化时引起的输出信号的变化。校正曲线的斜率可以表征仪器的灵敏度，是仪器的性能指标之一。

分析方法的检出限和特定分析仪器的检出限也有差异。仪器的检出限一般是配制标准溶液直接测定，或直接测得仪器噪声，得到检出的最小浓度，即 3 倍的信噪比所对应的浓度。方法的检出限则是包括样品处理、富集或稀释并考虑样品基体背景的最小浓度，这里的信噪比是信号与空白值的比值。

2. 定量限

检出限是指定性检出的最小浓度，进行定量分析时，则需确定能够准确定量的最小浓度值。定量限(quantitation limits，LOQ)是线性范围的测定下限。定量限的大小一般取 10 倍的信噪比［图 4-1(a)］，有时也用 3 或 4 倍的检出限作为定量限。

3. 线性和动态响应范围

仪器的响应信号与浓度变化呈现一定的相关关系，称为动态响应范围，见图 4-2，从最低浓度直至信号达到信号平台区为测量的动态响应范围，在平台区，仪器响应不再随浓度发生变化。为了能准确进行定量分析，仪器的响应信号应直接与浓度呈线性比例关系。在有些分析方法中，仪器的响应可能不直接与浓度呈线性，应对浓度或信号做数学转换，再进行线性回归计算。线性范围(linear range)是浓度和信号之间能够呈线性关系的浓度范围，是能够准确进行定量分析的浓度范围。线性范围的测定是配制一系列 5 个或 5 个以上不同浓度的标准溶液，如已知样品的浓度，浓度范围应为预计样品测定含量的 80%～120%，测定出标准曲线。仪器的响应信号应直接与浓度呈比例关系。标准曲线拟合的回归方程的截距应接近于零。截距过大或为负值说明分析过程中背景值较高，有较为严重的干扰或存在较大的测量误差。线性范围的下限为定量限，线性范围的上限为校正曲线上端偏离中心线 5%所对应的浓度。方法的线性范围应给出浓度范围，根据标准曲线拟合的线性回归方程和线性相关系数(R^2)。检出限、定量限和线性范围见图 4-2。

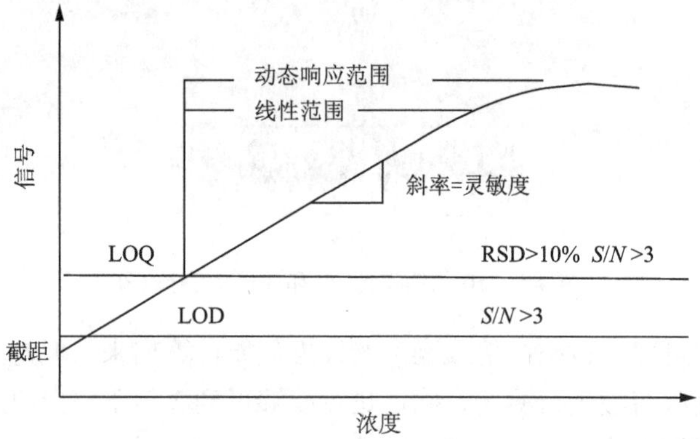

图 4-2　线性范围的定义

4. *方法精密度*

精密度(precision)是用特定的分析方法对一样品进行多次重复测定时，所得的测量值之间的离散程度，用标准偏差和相对标准偏差表示。

精密度有 3 个评价水平：重复性(repeatability)，室内精密度或中间精密度(intermediate precision)，重现性(reproducibility)。

重复性是指用同样的方法和条件，在同一实验室对一样品进行多次重复测定时测定结果的精密度。重复性测定至少平行测定 6 份，或在 3 个不同的浓度水平(低、中和高)，每个浓度水平平行测定 3 份。

室内精密度是指在同一实验室，但测量的某些条件改变时对同一样品进行多次重复测定的精密度。如测量的时间不同，从事测定的人员不同，或测量的仪器型号或不同的部件(如不同批号的色谱柱)以及样品的批次等有变化等。

重现性是指不同的实验室间进行同一方法的精密度。重现性对于方法的实用价值非常重要。不同的实验室环境条件和操作条件均有所不同，同样的分析方法在不同的实验室对样品进行分析，如能得到统计学允许的误差范围内的分析结果，才能有实际应用的价值。

在评价分析方法的精密度时，应注意以下问题：

(1)精密度和被测物的浓度大小有关，因此在测量精密度数据时，必须给出测量的浓度水平，应在两个或两个以上的浓度水平进行精密度测量，其中应该有一个接近定量限的低浓度水平。

(2)用标准溶液测定方法的精密度和分析实际样品的精密度存在一定的差异，对分析样品进行测定时，要有足够的测量次数，并计算精密度。

5. 准确度和回收率

准确度(accuracy)是指样品的测量结果和真实值的吻合程度。分析方法的准确度评价可以有几种方式。

首先，准确度评价可以采用标准方法或目前公认的可靠方法对同一样品进行分析，用统计学方法评价所建立的分析方法和标准方法所得结果之间的差异(t 检验)，如果显著性水平在允许的误差范围内，则说明分析方法的准确度较好。

其次，还可以将分析方法用于国家相关标准部门制备的标准样品的测定，标准样品具有明确的标示量，而标示量的不确定度和置信区间已经经过多个实验室测定后确定。标准样品应和被测样品的种类相同，被测物含量也应较为接近。如果分析方法用于茶叶样品，则标准样品应该也是茶叶，最好是同种茶叶，如都是绿茶或红茶等。如果分析方法用于矿物，则应选用相应的矿物标准样品。对标准样品测定的分析结果应与标准值进行 t 检验，以评价分析方法的准确度。采用标准样品或标准方法来评价分析方法虽然较为可靠，但是目前已有的标准样品种类不够齐全，或由于条件所限，实行标准方法或其他方法进行比较有一定限制，因此加标回收的方法常用于方法准确度的评价。

标准回收率的测定是在样品中加入准确浓度和体积的被测物标准溶液，用待评价的分析方法进行测定，比较分析结果与加入量，得到回收率(recovery，R)：

$$R = \frac{A_x - A_0}{A_s} \times 100\% \tag{4-2}$$

式中，R 为加标回收率；A_x 为加标后的分析结果，可以是待测物的含量或仪器测定的信号值；A_0 为不加标样品的本底值；A_s 为所加标准溶液的含量或仪器测定的信号值。加标回收率不需要达到 100%，根据样品的类型不同，被测物的浓度水平不同，以及样品基体的复杂程度，加标回收率的要求也不一样。例如，测定环境水样中的多环芳香烃，浓度水平为 ng/L，加标回收率为 60%～120%都是允许的。

加标回收率有空白加标和样品加标两种方式。

(1)空白加标回收：在没有被测物质的空白样品基质中加入定量的标准物，按样品的处理步骤分析，得到的结果与理论值的比值即为空白加标回收率。空白加标回收率能较好地评价分析测量中存在的各种影响准确度的因素，但是空白样品必须和被测样品除不含被测物外的其他组成相同，要制备或采集空白样品有一定的难度。

(2)样品加标回收：相同的样品取两份，其中一份加入定量的待测成分标准物质；两份同时按相同的分析步骤分析，加标的一份所得的结果减去未加标一份所得的结果，其差值同加入标准物质的理论值之比即为样品加标回收率。样品加标回收是最常用的加标回收方式。但是样品的加标回收是被测物在样品本底值水平上进行加标，而且加标样品和不加标样品是在相同条件下进行测量的。样品中如存在较低水平的干扰物质，测定中如有固有的系统误差和不正确操作等因素，所导致的效果相等。当以其测定结果的减差计算回收率时，常不能确切反映样品测定结果的实际效果。

加标回收实验的加标浓度应涵盖线性范围，一般应在3个浓度水平进行实验，每个浓度水平平行做3份。最低浓度应接近线性范围的定量限、中等水平和线性范围的上限。如果是针对特定的样品，加标量中一个浓度水平应尽量与样品中待测物含量相等或相近，其他两个浓度水平应高于或低于待测物的含量。在任何情况下，加标量均不得大于待测物含量的3倍，加标后的测定值不应超出方法测定上限的90%。

加标时应注意校正加标溶液的体积和使用的溶剂对样品浓度的影响。加标的体积如果远小于样品的体积，如样品体积为100 mL，加标的体积为0.5 mL或1 mL，则可忽略体积的变化。对于分析方法的准确度评价，加标应直接加到待测样品中，如果是固体样品，应尽可能均匀，不应该加到处理后的样品溶液中。如果是考察分析过程中的特定步骤的影响，则根据情况确定加标方式。

6. 选择性或专属性

选择性(selectivity)是指在其他组分存在下，分析方法对于被测物质检测的识别和抗干扰能力。其他组分指样品的基质、样品中的杂质或被测物质的降解产物和结构类似物等。专属性(specificity)则是指分析方法只识别样品中某单一目标物，产生信号，酶免疫分析常具有较好的专属性。

加标回收实验在一定程度上可以反映分析方法的选择性，但不足以评价方法的选择性。

对于单一分析技术建立的分析方法，选择性可以采用干扰实验来评价，在测量溶液中添加不同浓度水平的可能干扰物质，考察添加物质对目标物测量的影响，一般以待测目标物信号值影响±5%以内为不产生干扰。添加的潜在干扰物质可以是样品中大量存在的常量组分、与被测物质结构和性质类似的物质等。

如果是色谱分析方法，样品中其他组分是否也在待测物色谱峰所在位置出峰影响选择性，应该对色谱峰的纯度进行评价。可以用不含被测物的空白样品进样，考察是否在样品出峰位置有杂质峰；如果检测器是二极管阵列(diode array detector, DAD)，可以采用在线扫描紫外(UV)光谱的方法，要提高准确度，可以在色谱峰两侧分别扫描光谱，比较所得光谱是否一致。如果得到一致的光谱，则峰比较纯；如果光谱不一致，则其中可能存在其他物质。但是这种方法不够准确，因为很多有机化合物的紫外吸收光谱较为接近。现在的气相色谱-质谱(GC-MS)和液相色谱-质谱(LC-MS)方法可以用质谱对待测物质的色谱峰进行检验，准确度和选择性均有很大提高。

对于复杂样品的分析，分析方法的选择性很大程度上依赖于样品处理方法的选择性。目前，很多样品处理新方法都着眼于选择性提取被测物质，提高了从复杂基体中提取目标物的能力。对于选择性的样品处理方法，也应评价方法的选择性。

7. 分析方法的稳健性

稳健性(robustness)表示当测定条件在一定程度内变动时，测定结果不受影响的承受程度。为测定方法的稳健性，一系列方法的参数，如 pH、温度、检测波长、样品的用量，在色谱分析中如进样体积、流速、同性质不同批次或品牌的色谱柱、流动相组成等应在一定合理范围内变化,在此基础上应用分析方法进行样品定量测定。如果参数的变化对分析结果的影响在允许的范围内，则分析方法对该参数有较好的耐受度，当在不同实验室或环境下使用该分析方法时，该条件的改变不会影响分析结果。如果在稳健性研究中发现分析方法对某个或某些实验条件敏感或要求苛刻，在分析方法中应予以说明。在建立新的分析方法时，条件的优化和选择应考虑到方法的耐用性，在一些条件下，虽然灵敏度可能比较高，但是条件很苛刻，微小的变化就会影响分析结果的精密度，如有其他选择，则可牺牲一点灵敏度。

稳健性研究对于方法的适用性很重要，在不同的环境下采用该方法时，根据方法的稳健性数据可以帮助实验者判断是否需要对分析方法重新评价。

不同行业对分析方法的评价有不同的要求，依据新的原理或技术建立分析方法时，对方法进行评价应考虑方法的应用范围。

第二篇　光谱分析法

第 5 章　原子吸收分光光度法

5.1　原子吸收分光光度计的组成和测量过程

原子吸收分光光度法是用来测定金属离子含量的快速、简单且经济的分析方法，是环境和食品样品中重金属含量测定的基本方法。

5.1.1　原子吸收分光光度计的组成

原子吸收分光光度计有火焰和石墨炉（无火焰）两种类型。火焰原子吸收分光光度计的组成如图 5-1 所示。

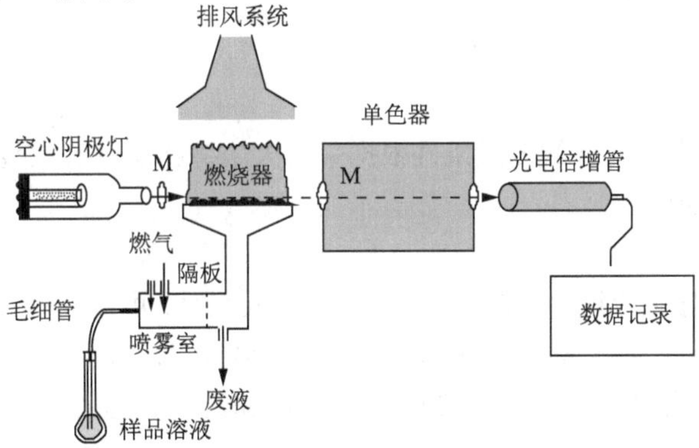

图 5-1　火焰原子吸收分光光度计的组成

石墨炉无火焰原子吸收分光光度计的原子化器是石墨管，见图 5-2。样品可以通过手动用微量进样器加到石墨管中，也可以用仪器配备的自动进样器进样。自动进样器进样得到结果的精密度较好。由于不需要喷雾过程，溶液的浓度不会被稀释，采用石墨炉的原子化方式灵敏度较高。

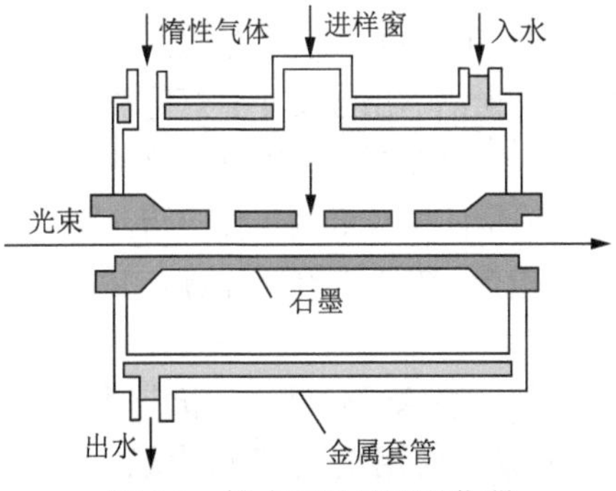

图 5-2　管式石墨炉原子化器

5.1.2 原子吸收分光光度计的测量过程

1. 测量的基本过程

检测光源是否是待测元素的空心阴极灯，检查所需的燃气或载气、冷却水、排风系统是否工作正常。

(1) 开启总电源。

(2) 开启冷却通风系统。

①火焰型要开启乙炔-空气或其他燃气、通风系统。

②石墨炉型要开启循环水和氩气。

(3) 打开主机并打开计算机，进入控制操作软件系统，从操作软件界面上打开元素灯。

(4) 设定测定方法文件(详见具体仪器的操作步骤)。

(5) 测定，应配制适宜的空白溶液和样品溶液，依次进样进行测定。样品溶液应平行配制 3～5 份，每份样品应重复测定 2～3 次。

2. 测量条件的选择

原子吸收分光光度计的测量条件根据采用火焰型还是石墨炉型主要从以下几个方面分别进行介绍。

1) 分析线选择

通常选用共振吸收线为分析线，测定高含量元素时，可以选用灵敏度较低的非共振吸收线为分析线。As、Se 等共振吸收线位于 200 nm 以下的远紫外区，火焰组分对其有明显吸收，故用火焰原子吸收法测定这些元素时，不宜选用共振吸收线为分析线。

2) 狭缝宽度选择

狭缝宽度影响光谱通带宽度与检测器接收的能量。原子吸收光谱分析中，光谱重叠干扰的概率小，可以允许使用较宽的狭缝。调节不同的狭缝宽度，测定吸光度随狭缝宽度而变化，当有其他谱线或非吸收光进入光谱通带内，吸光度将立即减小。不引起吸光度减小的最大狭缝宽度即为应选取的合适的狭缝宽度。

3) 空心阴极灯的工作电流选择

空心阴极灯一般需要预热 10～30 min 才能达到稳定输出。灯电流过小，放电不稳定，故光谱输出不稳定，且光谱输出强度小；灯电流过大，发射谱线变宽，导致灵敏度下降，校正曲线弯曲，灯寿命缩短。选用灯电流的一般原则是，在保证有足够强且稳定的光强输出条件下，尽量使用较低的工作电流。通常以空心阴极灯上标明的最大电流的 1/2～2/3 作为工作电流。在具体的分析场合，最适宜的工作电流由实验确定。

4) 原子化条件的选择

(1) 火焰类型和特性：在火焰原子化法中，火焰类型和特性是影响原子化效率的主要因素。对低、中温元素，使用空气-乙炔火焰；对高温元素，宜采用氧化亚氮-乙炔高温火焰；对分析线位于短波区(200 nm以下)的元素，使用空气-氢火焰是合适的。对于确定类型的火焰，稍富燃的火焰(燃气量大于化学计量)是有利的。对氧化物不十分稳定的元素(如Cu、Mg、Fe、Co、Ni等)，用化学计量火焰(燃气与助燃气的比例与它们之间化学反应计量比相近)或贫燃火焰(燃气量小于化学计量)也是可以的。为了获得所需特性的火焰，需要调节燃气与助燃气的比例。

(2)燃烧器的高度选择：在火焰区内，自由原子的空间分布不均匀，且随火焰条件而改变，因此应调节燃烧器的高度，以使来自空心阴极灯的光束从自由原子浓度最大的火焰区域通过，以期获得高的灵敏度。

(3)程序升温的条件选择：在石墨炉原子化法中，合理选择干燥、灰化、原子化及除残温度与时间是十分重要的。干燥应在稍低于溶剂沸点的温度下进行，以防止试液飞溅。灰化的目的是除去基体和局外组分，在保证被测元素没有损失的前提下应尽可能使用较高的灰化温度。原子化温度的选择原则是选用达到最大吸收信号的最低温度作为原子化温度。原子化时间的选择应以保证完全原子化为准。原子化阶段停止通保护气，以延长自由原子在石墨炉内的平均停留时间。除残的目的是为了消除残留物产生的记忆效应，除残温度应高于原子化温度。

5)进样量选择

进样量过小，吸收信号弱，不便于测量；进样量过大，在火焰原子化法中，对火焰产生冷却效应，在石墨炉原子化法中，会增加除残的困难。在实际工作中，应测定吸光度随进样量的变化，达到最满意的吸光度的进样量，即为应选择的进样量。

3. 器皿要求及原子吸收分光光度计使用的注意事项

所有器皿均需在20%～30%的硝酸中浸泡过夜，用去离子水冲洗干净后才能使用。配制标准溶液应该用二次水或纯度更高的水。如果样品中有盐酸，使用后应及时清洁燃烧器等器件，避免仪器腐蚀损坏。

原子吸收分光光度计使用的注意事项：

(1)在火焰光度中由于使用可燃气体和助燃气体，必须注意安全，乙炔气钢瓶应妥善安置在具有报警装置的气柜中，使用时注意检查压力、阀门和连接管路是否正常，实验结束后必须检查钢瓶是否关闭，所有的压力表都应为零。

(2)原子化器的工作温度很高，原子化器材料中的固体微粒、载气和燃气的气态分子成分等都有可能产生背景吸收(分子吸收)或对光的散射。无火焰原子化器背景吸收可能更严重，在测量时应注意对背景吸收的校正。一般仪器具有校正背景的功能，性能较高的仪器还具有塞曼效应(Zeeman effect)背景校正功能。此外可以用与试样溶液有相似组成的标准溶液校正或适宜的空白溶液进行校正，在基体干扰严重时，需要对样品进行预处理，分离基体消除影响。

(3)与火焰法相比，石墨炉原子吸收法常包含预想不到的误差，因此用单次测量来决定分析结果是不可靠的。测量应该重复两次或多次，剔除异常值，得到可靠的结果。一般测量应该重复两次，若所得到的测量值的偏差在 5%以内，计算出其平均值可作为确定值。如果大于 5%，应该进行第三次测量或多次测量，剔除异常值后再取平均。

(4)当石墨管经过一定次数使用时，质量逐渐下降，灵敏度明显发生变化，尤其是用标准曲线法时，常要分别测量空白溶液和试样溶液。灵敏度变化，测量误差也会变化。当测定大批试样时，通常在测定过程中重新测量标准溶液(应该用最高浓度的标准点溶液)，重新计算校准曲线的斜率，以发现或防止测量精度的降低。

(5)当更换新的石墨管后，要空烧几次，直至达到允许的空白程度。应注意每支石墨管的电阻不同，会影响待测元素的原子化情况，一定要重新制作标准曲线。

(6)测量精度不仅与仪器的性质有关，还与试样溶液的化学物理性质(黏度、浓度、共存物质干扰、待测元素的种类等)、分析技术(吸管的使用、稀释方法、试样吸取和注入石墨管的技术、加热程序的设定、污染等)及其他因素有关，需要操作者在实验中积累经验，对于相关的进样技术多加练习。例如，对于 Cu、Mg 等普通元素的简单水溶液，其重复性为 2%～3%。对于 Ba、Sr、Li 和其他测定波长大于 400 nm 的元素，石墨管的热辐射对测量经过影响较大，测量误差会更大，尤其是接近最低检测质量浓度的测定，误差往往可达到 50%。

5.2　原子吸收分光光度计使用指南

TAS-990 原子吸收分光光度计使用指南(石墨炉法)如下：

(1)开机。依次打开计算机、主机、石墨炉电源、氩气、循环水。

(2)双击桌面软件“ ”快捷方式。联机确定，仪器自检成功后，在出现的操作界面中选择工作灯，单击“下一步”。出现元素测量参数界面，设定工作灯的参数后，单击“下一步”，出现波长设定界面，在界面中单击“寻峰”。待寻峰完毕后，出现界面如图 5-3 所示(能量为 95%～105%)。

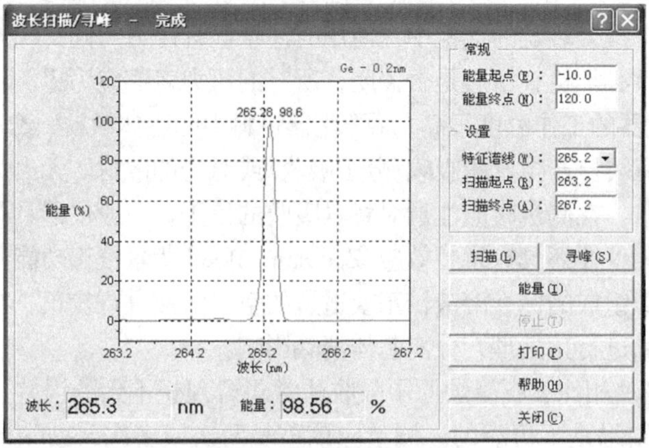

图 5-3　测量参数设定界面

单击“关闭”和后续界面中“完成”。进入测量界面。

(3)测量。

①设置升温程序：单击工具栏中“
”图标，出现温度设置界面，根据实验要求设置被测元素的升温程序后，单击“确定”按钮。

②设置参数：单击工具栏中“
”图标，可设定样品测定和信号处理方法，选择计算方法(峰高)、积分时间、滤波系数后，单击“确定”按钮。

③设置样品参数：单击工具栏中“
”图标，出现样品设置界面，根据向导提示进行操作，输入标准系列浓度后，单击“完成”按钮。

④测定标准曲线和样品的吸光值：单击工具栏中“
”图标，出现数据记录界面，点击“校零”按钮后，点击“开始”按钮，空测 1 次，分别进入 10 μL 空白、标液、样品，点击“开始”按钮，分别测定各自吸光值。

(4)测量结束。依次关闭冷却水、氩气、石墨炉电源，关闭主机、计算机。

5.3　PE-AA800 原子吸收分光光度计操作规程

5.3.1　火焰快速开始模式

1. 开机

(1)开乙炔气 90～100 kPa，开空气 450～500 kPa，开通风系统。

(2)打开计算机和主机。

(3)双击 Windows 32 forAA 软件进入工作界面。

2. 优化测量条件

打开待测元素(Cu)的方法如下：

(1)灯优化。

①点击“Lamps”图标进入 Lamp Setup。

②点击“Cu on/off ”，打开 Cu 灯。

③Lamp 1Cu 灯优化。

④Cu 灯“Lamp Energy”显示。

(2) Burner 垂直位置优化。

①点击“Flame”图标进入 Flame Control。

②点击“Align Burner”。

③选“Automatically align the Burner”，点击“next”。

④不点火吸入空白(测定波长在仪器推荐波长以上)，点击“Adjust”，仪器开始寻找最佳垂直位置。

⑤出现对话框，显示“Vertical reference position found”。

⑥点击“ok”。

(3) Burner 水平位置优化。

①点击“Flame Control”图标，单击“off/on”点燃火焰。

②吸入一定浓度(参考仪器推荐)待测元素的标准溶液。

③点击“Adjust”，仪器开始寻找最佳水平位置。

④出现对话框，显示“Horizontal reference position found”。

⑤点击“ok”，再点击“finish”完成燃烧头最优化。

(4) 灵敏度检查。

3. 建立分析方法文件

(1) 点击“File”→“New”→“Method”，进入 New Method 对话框，选择“ELEMENT：Cu”，点击“ok”。

(2) 在 Method Editor 中，设置测量参数。

(3) 设置积分时间和重复次数。

(4) 选择气体流量。

(5) 选择小数位数、有效数字和浓度单位。

(6) 设置“Blank”(空白)、“Standard”(校准浓度)、“Reagent Blank”(试剂空白)。

(7) 保存新方法。点击“File”→“Save as”→“Method”。

(8) 输入新方法名，点击“ok”保存。

4. 建立样品信息文件

点击“File”→“New”→“Sample info file”，进入 Sample information editor 对话框。

(1) 在 Sample information editor 对话框中，设置样品参数。

(2) 保存新的样品信息文件。点击“File”→“Save As”→“Sample info file”。

(3) 点击“Manual”，进入 Manual Analysis Control，在 Results Date Set Name 处，点击“Open”。

(4) 在 Select Result date Set 对话框中，在 Name 处输入结果文件名。

5. 设置工作界面

包括 Manual Analysis Control、Flame Control、Calibration Display、Results。

参数设置后，保存工作界面：点击“File”→“Save As”→“Workspace”。

6. 分析测定

(1) 在 Manual Analysis Control 对话框中，吸入空白，点击“Analyze Blank”分析 Calibration Blank。

(2) 点击“Analyze Standard”，测量校准浓度 1。

(3) 测量校准浓度 2、3、4。

(4) 校准曲线。

(5) 点击“Analyze Blank”分析 Reagent Blank。

(6) 样品测定。点击“Analyze Sample”分析样品。

(7) 分析结束后，点击“Flame Control”后，点击“off”熄灭火焰，关闭乙炔气瓶，点击“Bleed Gas”排除管路中残留的乙炔，关闭排风系统。

(8) 在 Lamp Setup 中点击“off”关闭灯。

(9) 点击“Window”，在下拉菜单中，点击“Close All Windows”，关闭所有窗口，改变 Change Technique，进入石墨炉分析；或关闭 Window 32 软件，退出菜单，关闭空压机、主机、计算机。

5.3.2　石墨炉

1. 开机步骤

(1) 开电源、总电源。

(2) 开氩气为 350～400 kPa，开空气为 450～500 kPa，开通风系统、循环水。

(3) 打开计算机和主机。

(4) 双击“Winlab32 for AA”软件进入工作界面，点击“File-Change Technique-Furnace”。

(5) 在 Winlab32 对话框，出现“The system is about to move the atomizer”，点击“OK”，再出现“The technique will now be changed”，点击“OK”。

(6) 火焰与石墨炉的切换。

2. 设定和优化测量参数

(1) 启动光源。

①点击“Lamps”图标进入 Lamp Setup，点击“on/off”，打开灯。

②点击“Lamp”灯，“Lamp Energy”显示。

(2) 光度测量条件设定。

根据实验方法(参考文献或实验讲义)依次设定以下参数：测量波长、狭缝、灯电流。

3. 石墨炉方法文件建立

(1) 点击“File”→“New”→“Method”。

(2) 选择待测元素(Cu)，点击“OK”。

(3) 在 Method Editor 对话框的 Define Element 中，编辑 Cu 方法。

(4) 在 Setting 中，选择测定次数 Replicates(一般为 3)。

(5) 仪器推荐的或参考文献或实验讲义中的干燥、灰化、原子化、清洗条件(应注意文献参数是否有基体改进剂条件下的参数)。

(6) 推荐条件“Tools”→“Recommended conditions”。

(7) Sample Volume 是 20 μL，Diluent Volume 是 10 μL。

(8) Sequence 对话框中，Pipet Speed：Take up 是取样速度，Dispensing 是进样速度。

(9) 选择“Nonlinear Through Zero”。

(10) 在 Method Editor、Standard Concentrations 中，点击“Calculate Standard Volumes”图标。

(11) 设置标样位置和浓度，标准系列（10 ng/mL、20 ng/mL、30 ng/mL、40 ng/mL、50 ng/mL），空白。

(12) 保存方法为“File”→“Save Method as”。

4. 试样信息建立

(1) 点击试样信息编辑器图标“Sam Info Icon”。

(2) 编辑自动进样器的位置 A/S Location，试样识别码 Sample ID。

(3) 保存样品信息文件 Sam Info File，点击“File”→“Save Sam Info as”。

5. 分析测试

(1) 点击“Automated Analysis Control”窗口图标。

(2) 在 Results data set name 输入结果数据文件名。

(3) 在 Automated Analysis Control 窗口，点击“Rebuild List”，显示分析序列。

(4) “Peak icon”峰图标显示。

(5) “Results icon”结果图标显示。

(6) “Calib icon”图标显示。

(7) “Furnace icon”石墨炉控制图标显示。

(8) 自动分析控制图标显示。

(9) 工作界面设置。

(10) 保存工作界面 Workspace。

(11) 点击“Analyze All”全部分析（Blank + Standard+ Sample），再点击“Analyze All”，出现“Stopping an Analytical Sequence”图标，点击“OK”立即停止分析，点击“Reset Sequence”结束分析序列。

(12) 点击“Rebuild List”重建分析序列，点“Calibrate”进行标准系列浓度分析。

6. 关机

(1) 关灯。点击“Lamps”图标进入 Lamp Setup，点“on/off ”关闭灯。

(2) 关石墨炉。在石墨炉控制画面（Furnace 画面）点击“Furnace on/off ”图标，仪器自动灭火，同时断水、断气（进系统的水和气），排风。

(3) 退出仪器工作站，关计算机、仪器电源及总电源。

实验 1　石墨炉原子吸收分光光度法测定废水中的铅

一、实验目的

(1) 深入了解石墨炉原子吸收分光光度法的原理和光谱仪的组成。
(2) 学会石墨炉原子吸收分光光度计的条件选择。
(3) 掌握原子吸收分光光度法标准曲线制作和废水中铅的测定。

二、实验原理

石墨炉原子吸收就是用电热石墨炉作为原子化器，它的作用是将样品中的分析物(固体、液体或气体)转变成可被测量的气态原子。石墨炉原子化器也称为电热原子化器。

石墨炉升温程序包括以下 5 个基本步骤：①干燥温度，使溶剂挥发，样品干燥；②灰化温度，将样品加热到使分析物不发生原子化的温度，从而使样品基体发生热分解；③原子化温度，迅速加热到原子化温度，使分析物产生自由原子；④高温除残，将原子化器加热到最大温度并保持一定时间使石墨炉净化；⑤冷却，利用水冷或惰性气体使原子化器的温度降到室温。石墨炉的升温程序如图 5-4 所示。

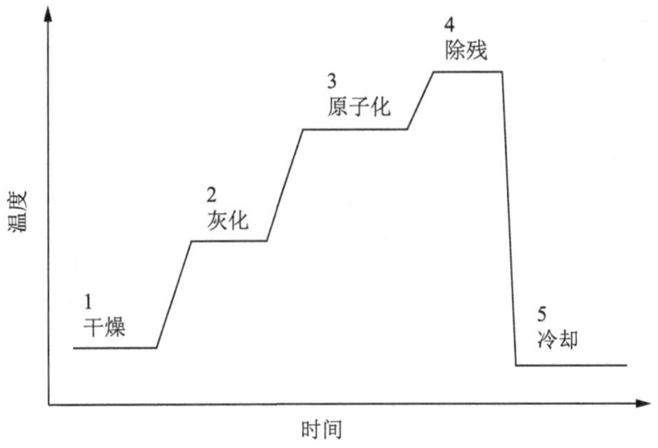

图 5-4　石墨炉升温程序示意图

电热原子化器的高灵敏度是由于在观察区内在给定的时刻分析物浓度较高。在原子化过程中，自由原子的形成速率必须等于或大于从光路中移除的速率，即

$$\mathrm{d}N(t)/\mathrm{d}t=(\mathrm{d}N/\mathrm{d}t)_{\mathrm{in}}-(\mathrm{d}N/\mathrm{d}t)_{\mathrm{out}}$$

在最大吸收处，自由原子的形成速率与移除速率相等：

$$(\mathrm{d}N/\mathrm{d}t)_{\mathrm{in}}=(\mathrm{d}N/\mathrm{d}t)_{\mathrm{out}}$$

自由原子从吸收区移除的方式有扩散过程、气体的膨胀与收缩、分子的复合。显然，石墨炉原子化器要比其他开端式原子化器能更好地满足这个要求。这也是石墨炉原子化器得到如此广泛应用的基本原因之一。

三、仪器及试剂

1. 仪器

TAS-900 原子吸收光谱仪。

2. 试剂

Pb 标准溶液(1 μg/mL)；稀硝酸溶液(0.5%)，以稀硝酸为空白；实验中所用水均为二次纯净水。

四、实验内容

1. 石墨炉原子吸收分光光度计操作与工作曲线制作

参照 5.2.1 的操作指南进行：

(1)开机(氩气、电源、计算机)。

(2)新方法建立。

(3)灯优化，石墨炉优化。

(4)进入工作界面。

(5)数据管理。

(6)查看数据。

参考的测量条件见表 5-1。

表 5-1　仪器测量参数

条件	参数
工作灯电流	6.0 mA
预热灯电流	2.0 mA
狭缝	0.2 nm
负高压	300.0 V
原子化器位置	1.0 mm
波长	283.3 nm

2. 测试条件的优化

(1)工作灯电流对测量的影响，将灯电流依次设置为 2 mA、4 mA 和 6 mA，记录背景和测量溶液的信号值，测试 Pb 溶液浓度为 20 ng/mL，进样量为 10 μL。

(2)氩气流量设定为 0.3 L/min，将干燥温度和时间设定为 90 ℃、20 s，105 ℃、20 s 和 110 ℃、10 s，灰化温度和时间设定为 250 ℃、15 s。在此条件下在 1000～

2000 ℃考察确定原子化温度及时间(选择 3～5 个实验温度)，在 2000～2500 ℃考察确定高温除残的温度和时间，最终确定分析方法文件。

3. Pb 工作曲线的制作

分别量取浓度为 1 μg/mL 的 Pb 标准溶液 0 mL、1 mL、2 mL、4 mL、5 mL，用稀硝酸稀释至 50 mL，得到标准系列浓度分别为 0 ng/mL、20 ng/mL、40 ng/mL、80 ng/mL、100 ng/mL。用稀硝酸为空白制作标准曲线。

4. 废水中 Pb 的测定

量取处理后的废水样品 10 μL 加到石墨管中，对样品进行测定。平行测定 3 次，计算废水样品中 Pb 的测定标准偏差和平均值。

五、数据处理

(1) 绘制原子化温度和吸光度的关系曲线，确定最佳原子化温度，讨论高温除残温度对吸光度的影响，选择最佳温度。

(2) 绘制标准工作曲线，并给出相关系数。

(3) 废水样品中铅含量及相对标准偏差。

六、注意事项

(1) 本实验用水均为纯净水。

(2) 在实验过程中要随时注意氩气的压力。

(3) 要按照操作指南进行参数设置；只设置有关的参数，指南中未说明的参数不要修改。

(4) 每次进样后要更换进样器的进样尖管。

七、思考和讨论

(1) 石墨炉原子吸收法与火焰原子吸收法相比有哪些优点?

(2) 为什么在加热时要使用干燥和灰化升温程序?

(3) 高温除残的目的是什么？如何设置高温除残的温度?

实验 2　悬浮进样-石墨炉原子吸收分光光度法直接测定化妆品中的铅

一、实验目的

(1) 了解原子吸收测定过程中化学干扰的产生及消除方法。

(2)掌握石墨炉原子吸收分光光度法的基本操作和测试条件的优化。

(3)学习用标准加入法绘制工作曲线。

二、实验原理

2007 年版《化妆品卫生规范》明确规定铅是化妆品的禁用成分，但考虑到存在杂质的问题，规定铅杂质含量必须低于 40 mg/kg，这是衡量化妆品安全性的一个非常重要的指标。《化妆品卫生规范》规定采用湿法消解-火焰原子吸收分光光度法测定铅。该方法样品前处理时间长，且部分化妆品中含有 TiO_2 等不易消解的无机盐，在消解过程中易造成暴沸，一些样品还需要加入氢氟酸才能完全消解，前处理过程很烦琐也不易控制，试剂消耗大，同时也易带入铅的空白污染。虽然通过优化实验条件，火焰原子吸收分光光度法的检出限能够满足铅的限量要求(≤ 40 mg/kg)，但是现有化妆品中铅的含量远低于 40 mg/kg 的限量。因此，要准确检测铅含量，对产品的安全性进行更准确的评价就需要采用更高灵敏度的检测手段。

石墨炉技术可用于直接分析液体、溶解的样品和固体样品。悬浮进样是一种将样品分散，直接进样，在石墨炉内消解测量的过程。由于化妆品样品基体复杂，含有很多有机物和无机物，采用外标法定量时，由于基体抑制效应，铅的检测结果通常偏低 20%。为抑制基体干扰，需要加入适当的基体消除剂，并采用标准加入法进行定量。

三、仪器及试剂

1. 仪器

AA800 石墨炉原子吸收光谱仪(美国 Perkin Elmer 公司)，配有 AS800 自动进样系统；超声波清洗器(昆山市超声仪器有限公司)；Mili-Q Element 超纯水机(德国 Merk 公司)。

2. 试剂

铅标准储备液(1000 mg/L)；硝酸钯溶液(10 g/L)；曲拉通 X-100 (A.R.)；硝酸(G.R.)；实验用水为超纯水；实验样品为膏霜类化妆品。

四、实验内容

1. 溶液配制方法

1)标准品溶液的配制

基体改进剂：10 g/L 硝酸钯溶液用 0.2 g 浓硝酸和 0.1 g 曲拉通 X-100 混合液稀释，配制成 10 g/L 的硝酸钯溶液，作为基体改进剂。

2)标准溶液的配制

铅标准工作液(30 μg/L)：用 0.2% 硝酸和 0.1%曲拉通 X-100 混合液(配制方法：

称取 0.2 g 浓硝酸和 0.1 g 曲拉通 X-100，加入 99.7 g 超纯水)，将铅标准储备液稀释成铅标准工作液。

2. 样品制备方法

准确称取 0.2 g 化妆品样品于聚乙烯材料的带盖 50 mL 塑料瓶中，用 0.2%硝酸和 0.1%曲拉通 X-100 混合液稀释定容至 20～50 mL，用力摇匀或超声，待测。同时处理空白溶液。

3. 仪器方法设置

按照仪器操作说明设置分析方法，具体参数见表 5-2 和表 5-3。

表 5-2　石墨炉原子吸收光谱仪工作条件

工作参数	设定条件	工作参数	设定条件
波长	283.3 nm	信号测量	峰面积
狭缝宽度	0.7 mm	测量方式	AA-BG
灯电流	10 mA	积分时间	4 s

表 5-3　石墨炉原子吸收光谱仪检测条件

步骤	温度/℃	升温时间/s	保持时间/s	气流量/(mL/min)	气体类型
干燥	110	5	30	250	氩气
干燥	130	15	30	250	氩气
灰化	450	15	15	50	空气
灰化	600	10	20	250	氩气
原子化	1800	0	4	0	氩气
清洗程序	2500	1	5	250	氩气

4. 分析测试

(1)分析测试条件的优化。

曲拉通 X-100 的用量优化：曲拉通 X-100 在本实验中作为样品分散剂，配制曲拉通 X-100 的 0.2%硝酸溶液 0.05%、0.1%、0.2%、0.5%溶液，按上述样品处理方法和测量条件进行实验，记录测量结果，选择最佳的曲拉通 X-100 用量。

原子化温度优化：在表 5-3 的条件下，改变原子化温度分别为 1300 ℃、1500 ℃和 1800 ℃，记录测量结果，选择最佳的原子化温度。

(2)测试标准溶液：将化妆品悬浮样品、稀释溶液(0.2%硝酸和 0.1%曲拉通 X-100 混合液)、标准溶液(30 μg/L)、基体改进剂，按表 5-4 设置体积，吸取各溶液于石墨管中进行分析。以样品空白、10 μg/L、20 μg/L、30 μg/L 各浓度点为横坐标，吸光度值为纵坐标，绘制标准曲线，延长标准曲线与 X 轴的交点对应的浓度值即为样品中铅的含量。采用标准加入法绘制的曲线可以用于基体相似的样品分析。

表 5-4　自动进样器取样程序

加入试剂	吸取体积/μL			
	样品空白	10 μg/L	20 μg/L	30 μg/L
化妆品悬浮样品	12	12	12	12
稀释溶液	12	8	4	0
标准溶液	0	4	8	12
基体改进剂	5	5	5	5
采集总体积	29	29	29	29

(3)实际样品的测定：吸取样品溶液，测量吸光度。从标准曲线上查出和计算样品溶液中铅的含量(单位为 μg/L)，从而计算样品中铅的含量(单位为 mg/kg)。

(4)精密度考察：取浓度为 30 μg/L 的砷标准溶液，连续测定 20 次吸收度值(n=20)，计算 RSD。

(5)检出限的计算：连续测定样品空白(稀释液)11 次，以测定结果的 3 倍标准偏差计算得到方法的检出限。

(6)加标回收率：取某个化妆品样品 6 份，于本底(3 份)中加入约等倍的铅标准溶液，另 3 份本底加入于本底值两倍的铅标准溶液，按照样品的制备方法，上机测试，计算含量，按照公式：加标回收率=(加标试样测定值−试样测定值)÷加标量×100%，计算该样品的加标回收率。

五、数据处理

(1)绘制曲拉通 X-100 浓度和吸光度的关系曲线，确定最佳浓度；绘制原子化温度和吸光度的关系曲线，确定最佳温度。

(2)绘制标准工作曲线，并给出相关系数。

(3)实际样品中待测组分含量的计算。

(4)精密度、检出限、加标回收率的计算。

六、思考和讨论

(1)外标法和标准加入法的选取原则是什么？

(2)什么是基体改进剂？加入基体改进剂对原子化温度有什么影响？

(3)在本实验中，曲拉通溶液中加入 0.2%硝酸目的是什么？

第 6 章　电感耦合等离子体原子发射光谱法

6.1　电感耦合等离子体原子发射光谱仪的组成

电感耦合等离子体原子发射光谱法(ICP-AES)是以电感耦合等离子炬为激发光源的一类光谱分析方法。它是一种由原子发射光谱法衍生出来的新型分析技术，能够方便、快速、准确地测定水样中的多种金属元素和准金属元素，且没有显著的基体效应。就仪器类型而言，目前市场主要以光电倍增管(PMT)作检测器的单道扫描型、多通道型以及单多通道组合型 ICP-AES 仪器为主，其他检测装置的仪器次之。图 6-1 为 ICP-AES 光谱仪示意图。

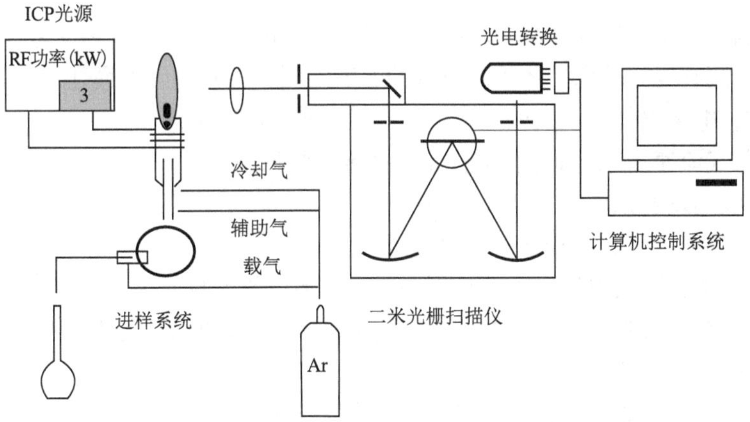

图 6-1　ICP-AES 光谱仪示意图

ICP-AES 系统的主要部件有：作为载气、辅助气、冷却气的氩气源和氩气流量控制装置；进样系统；炬管；射频发生器；传输光路和分光计；单个或多个检测器；数据处理系统。

图 6-1 中用电感耦合等离子体(ICP)作为激发能源,光源的温度可以达到 4000 K 以上；检测器可以用光电倍增管，也可以用电荷耦合器件(CCD)等可快速获取光谱信息的检测器。

ICP-AES 主要工作参数有三个，即高频功率、载气流量和观测高度。对于不同的分析项目和分析要求，这三个参数存在一定的差异。

6.2 电感耦合等离子体原子发射光谱法测量的基本过程和测量条件的选择

6.2.1 测量基本过程

ICP-AES 仪器在高温下运行，和其他原子光谱仪器一样，首先要检查开启冷却系统和通风系统，检查钢瓶的压力。工作正常后打开仪器的开关，调整载气压力和流量。然后连接计算机，打开操作软件/工作站。通常在操作软件中点燃光源。光源需预热稳定一定时间。在关机时，先关光源，待温度降低后，最后关闭冷却系统。

6.2.2 测量条件选择

原子发射光谱法测量条件的选择包括高频功率、观测高度、载气流速和波长选择。

(1) 高频功率的选择。高频功率不易过高，一般在 0.9～1.4 kV 选择。

(2) 观测高度。等离子体不同位置的温度不同，不同的元素最佳观测高度不同，一般来讲，电离电位和激发电位较高的谱线有较高的观测高度。

(3) 载气流速。在保证雾化进样系统稳定工作的条件下，较低的中心气流量有利于增强谱线的发射强度。

(4) 灵敏线、最后线和分析线的选择。

每种元素可以发射许多条波长不一、强度不一的谱线。

灵敏线指谱线强度比较大的谱线，理论上是第一共振线。它们是激发能低，跃迁概率大的原子或离子线。

最后线指分析过程中随被测元素浓度减少原有的谱线逐渐消失，最后消失的谱线。

分析线一般选用最后线，因为它最灵敏。要求无其他谱线干扰，否则用其他次灵敏线。表 6-1 列出了部分元素和镧系元素的分析线。

表 6-1 部分元素和镧系元素的分析线(nm)

元素	分析线	元素	分析线	元素	分析线
Ca	317.933	Sr	407.771	Tb	367.635
Al	396.152	La	379.477	Dy	353.171
Cu	324.754	Ce	446.021	Ho	339.898
Fe	259.940	Pr	529.263	Er	369.265
Mn	257.610	Nd	403.358	Tm	313.126
Ti	334.941	Sm	446.734	Yb	369.420
Y	224.306	Eu	381.965	Lu	261.542
Zn	203.200	Gd	342.246	Si	251.611

6.2.3　器皿要求及 ICP-AES 光谱仪使用的注意事项

1. 器皿要求

(1) 使用后的玻璃及聚四氟乙烯器皿用一般蒸馏水冲洗 3 次，浸没在 6 mol/L 的硝酸溶液中 5 天以上。

(2) 取出后分别用一般蒸馏水冲洗 5 次以上，高纯水冲洗 3 次。

(3) 置于无灰尘处自然晾干（可盖保鲜膜等）。

(4) 容量瓶可装满高纯水存放。

2. 注意事项

(1) 进样前要对进样系统进行检查，用高纯稀硝酸溶液进样，检测系统是否有较大的背景噪声；测定后进样系统同样要进行检查和清洗，确保系统中残留的样品溶液能清除干净。

(2) 承接废液的容器中的废液要经常清理。

(3) 炬管、雾化器、雾化室应定期清洗清洗。

(4) 冷却水、真空泵油、分子筛需定期更换。

6.3　ICP-AES 光谱仪操作规程

热电元素公司的 TEVA ICP-AES 操作如下：

1. 开机预热

打开稳压电源；确认氩气的储备量，保证够用，打开氩气，调节分压为 0.5～0.7 MPa，吹扫光室 30 min 以上；开启光谱仪主机电源。

2. 进入 TEVA 操作软件

打开计算机及显示器；双击 TEVA 图标进入 TEVA 软件；进入分析栏，编辑或选择合适分析测定方法。

3. 点火

确认光室温度稳定在 (90±0.5) ℉ (1 ℉= –17.22 ℃)；确认氩气的储备量，打开抽风，移去热气罩；压紧蠕动泵管夹，把进样毛细管放入水中；单击 “Ignite” 进入点火窗口点火。

4. 样品测试

点火稳定 20～30 min 后，按照选择或编辑的分析方法进行分析测定。

5. 实验结束

(1) 将进样毛细管放到 3%～5% (V/V) 的稀硝酸中冲洗 3～5 min，然后再放入纯水中冲洗 3～5 min。

(2) 单击"Shutdown"熄火图标进行熄火；退出 TEVA 软件，松开蠕动泵泵夹、关闭抽风，依次关掉光谱仪、计算机及附件、稳压电源；保证熄火 30 min 后关闭氩气；盖上仪器热气罩，定期倒去废液桶中的废液。

(3) 检查实验室的水、电、气，填写好仪器使用记录。

6. 仪器的日常保养维护

(1) 开关氩气原则：在启动光谱仪前 30 min 打开氩气瓶，分别调节两瓶气体使分压表压力到 0.5～0.7 MPa，吹扫光室和电荷注入检测器 (CID)；熄火后，不要马上关掉氩气，必须继续吹扫 CID 检测器 30 min 后再关掉氩气瓶。

(2) 定期清洗炬管：一般在炬管变脏后 (表面变黑) 必须拆卸下来，用 8%～10% 的稀硝酸浸泡 2～3 h，然后用去离子水冲洗干净，晾干装上；注意切不可用王水浸泡，同时浸泡深度以红线以上 2～3 mm 为限。如用超声波清洗仪清洗时，时间可缩短到 20～30 min。

(3) 定期更换冷却循环水：经常开机情况下，一般半年至一年需要对冷却循环水进行更换，用参照工厂冷却循环水的配制方法配制的溶液 (或电阻率大于 15 MΩ · cm 的蒸馏去离子水) 更换一次。

(4) 定期清洁光谱仪左侧的空气过滤网，一般以 3 个月为限。

(5) 样品测定完成后，先用 3%～5%的稀硝酸冲洗 2～3 min，然后再用去离子水冲洗 2～3 min 后熄灭等离子体，松开泵夹。

(6) 在开机前将射频 (RF) 盒子上的红色热气罩移开，关机后 10 min 将其罩上，避免灰尘进入仪器。另外，在更换新气瓶时必须将新气瓶与表头的接口进行吹扫除尘清洁处理。

(7) 定量测定时必须在光室温度达到并稳定在 90 ℉左右，点火 20～30 min 后测定。

(8) 检查雾化器，看是否有堵塞现象，及时清洁雾化器、中心管。

实验 3　ICP-AES 同时测定自来水中的钙、镁、铁

一、实验目的

(1) 了解 ICP-AES 光谱仪的基本原理和基本结构。

(2) 掌握 ICP-AES 的定性和定量方法。

(3) 学会工作条件的选择与优化。

二、实验原理

电感耦合等离子体原子发射(ICP-AES，也称 ICP-OES)光谱仪是原子发射光谱仪的一种，能测定 70 余种元素的含量，包括大部分金属元素和一些非金属元素，但它只能测元素的总量，不能区分价态。

ICP-AES 多采用液体进样方式，将样品溶液雾化成合适粒径的气溶胶，然后在等离子体中激发，不同的元素发出不同波长的光，这些光由分光系统分光后投射在检测器上，不同波长的光投射在不同的检测单元上，因此通过检测特定单元上是否有光强，可以判断是否含有此种元素。仪器用标准溶液标定后，通过比较标准溶液和待测溶液的光强，可以对元素进行定量测定。

自来水中钙、镁、钠的含量与人类的生活和健康密切相关。因此，准确测定这些元素的含量至关重要。常用的测定水中钙、镁、钠的方法主要有滴定法、原子吸收法等。滴定法不仅耗时较长，而且还容易引入人为误差。原子吸收法则常需要加入一定的电离剂和释放剂，且需分组测定。本实验采用 ICP-AES 法同时测定自来水中的钙、镁、钠。样品中不需加入任何试剂，可直接上机测定。

三、仪器及试剂

1. 仪器

WLD-2C 型 ICP 直读光谱仪，北京瑞利分析仪器公司生产。

2. 试剂

1000 μg/mL 钙、镁、铁标准溶液。

四、实验内容

1. 溶液配制方法

标准溶液的配制：用 1000 μg/mL 的钙、镁、铁标准溶液配制一系列不同浓度的混合标准溶液(0 μg/mL、1 μg/mL、10 μg/mL、20 μg/mL、50 μg/mL、100 μg/mL)。

2. 样品制备方法

取样：取 10～50 mL 水样。若水样中有悬浮物或有浑浊，先将水样通过 0.45 μm 微孔滤膜抽滤。将过滤后的水样直接进样测定，平行测定 3～5 份。如钙、镁浓度较高，可适当稀释后再进行测定。

3. 仪器方法设置

按照仪器操作说明设置分析方法，具体参数见表 6-2。

表 6-2　仪器参数

条件	参数
射频功率	1200 W
冷却气流量	12 L/min
辅助气流量	0.5 L/min
载气流量	0.5 L/min
观测高度	12 mm
溶液提升量	0.8 mL/min
积分时间	2 s
积分次数	3 次

4. 分析测试

(1)分析测试条件的优化：对射频功率、冷却气流量、辅助气流量、载气流量、观测高度、溶液提升量等参数进行优化。观察元素干扰及酸度的影响。

(2)测试标准溶液：将配制好的系列标准溶液导入 ICP，测定其光强，以浓度为横坐标，光强为纵坐标，仪器自动同时绘制工作曲线(浓度单位为μg/mL)。

(3)实际样品的测定：吸取样品溶液，测量光强度。从标准曲线上查出和计算样品溶液中钙、镁、铁的含量(单位为μg/mL)，从而计算样品中钙、镁、铁的含量(单位为 μg/mL)。

(4)精密度考察：取浓度为 20 μg/mL 的钙、镁、铁标准溶液，连续测定 20 次吸收值(n=20)，计算 RSD。

(5)检出限的计算：连续测定样品空白(稀释液)11 次，以测定结果的 3 倍标准偏差计算得到方法的检出限。

(6)加标回收率：取样品 6 份，于本底(3 份)中加入约等倍的钙、镁、铁标准溶液，另 3 份本底加入于本底值两倍的钙、镁、铁标准溶液，按照样品的制备方法，上机测试计算含量，按照公式：加标回收率= (加标试样测定值–试样测定值)÷加标量×100%，计算该样品的加标回收率。

五、数据处理

(1)绘制标准工作曲线，并给出相关系数。

(2)实际样品中待测组分含量的计算。

(3)精密度、检出限、加标回收率的计算。

六、思考和讨论

(1)ICP-AES 的干扰有哪些？如何消除？

(2)ICP-AES 在定量分析时，需要优化哪些仪器参数？各参数对实验有什么影响？

实验 4　微波消解 ICP-AES 法测定婴幼儿配方乳粉中 9 种微量元素

一、实验目的

(1) 了解 ICP-AES 光谱仪的基本原理和基本结构。
(2) 掌握 ICP-AES 法定量分析样品中金属元素的方法。
(3) 学会乳粉样品的预处理方法。

二、实验原理

婴幼儿配方乳粉又称母乳化奶粉，是人乳的代用品，除人乳外，婴幼儿配方乳粉是婴幼儿营养物质的主要来源。它是为了满足婴幼儿的营养需要，在普通奶粉的基础上加以调配的奶制品。它除去了牛奶中不符合婴幼儿吸收利用的成分，而且改进了母乳中铁含量过低等一些不足之处，是婴幼儿健康成长所必需的，因此给婴幼儿添加配方奶粉成为世界各地普遍采用的做法。乳粉中的微量元素具有实际意义。

目前，食品中的微量元素测定多采用分光光度法、原子吸收法和示波极谱法，这些方法具有操作步骤烦琐、耗时费力、测定速度慢且无法实现多元素同时测定等缺点。采用 ICP-AES 法测定婴幼儿配方乳粉中微量元素，与其他测定方法相比具有准确、快速、检出限低、灵敏度高、线性范围宽和多元素同时测定等优点。

三、仪器及试剂

1. 仪器

Optima 2000 DV ICP-AES 光谱仪 (美国 Perkin Elmer 公司)，十字交叉雾化器，石英炬管，1.8 mm 陶瓷中心管；CEM MARS 5 微波消解仪 (美国 CEM 公司)，包括微波炉、聚四氟乙烯-四氟乙烯 (PTFE -TFE) 高压消解罐及固定装置，有可编程温度/压力-时间监控功能，可以在消解过程中监测温度；Milli-Q 超纯水系统 (美国 Millipore 公司)。

2. 试剂

1000 mg/L Fe、Zn、Ca、Mg、Na、K、P、Mn、Cu 标准储备溶液；国家一级标准参考物质：奶粉 (GBW10017)；HNO_3 (G.R.)；H_2O_2 (G.R.)；超纯水 (电阻率为 18.2 MΩ · cm，由 Milli-Q 超纯水系统制得，用于配制所有标准溶液与样品溶液)。

四、实验内容

1. 标准溶液的配制

1000 mg/L Ca、Na、K、P 标准储备溶液分别用 1% HNO_3 逐级稀释为 0 mg/L、50 mg/L、100 mg/L、200 mg/L、500 mg/L。

1000 mg/L Mg 标准储备溶液分别用 1% HNO_3 逐级稀释到 0 mg/L、5 mg/L、10 mg/L、20 mg/L、50 mg/L。

1000 mg/L Fe、Zn 标准储备溶液分别用 1% HNO_3 逐级稀释到 0 mg/L、1 mg/L、2 mg/L、5 mg/L、10 mg/L。

1000 mg/L Mn、Cu 标准储备溶液分别用 1% HNO_3 逐级稀释到 0 mg/L、0.1 mg/L、0.2 mg/L、0.5 mg/L、1 mg/L。

2. 样品的处理

准确称取均匀的固体样品 0.25 g，精确至 0.0001 g，置于酸煮洗净的聚四氟乙烯消解罐中，加入 4 mL HNO_3 和 2 mL H_2O_2。按照表 6-3 中消解程序加热消解。消解完毕后，冷却至室温，打开密闭消解罐，样品消解液转移至干净的 50 mL 塑料瓶，以少量超纯水洗涤消解罐与盖子 3～4 次，洗液合并至塑料瓶中称量至 25 g，精确至 0.01 g，溶液待测。

表 6-3　微波消解程序

步骤	最大功率/W	升温时间/min	升至温度/℃	保持时间/min
1	1600	5	120	5
2	1600	5	150	10
3	1600	5	180	10

3. 测量方法设置

测量波长：K 766.490 nm、Na 589.592 nm、Ca 317.933 nm、Mg 285.213 nm、Fe 238.204 nm、Zn 206.200 nm、Mn 257.610 nm、Cu 327.393 nm、P 213.617 nm，功率 300 W，进样速率 1.5 mL/min，载气流量 0.8 L/min，辅助气流量 0.2 L/min，冷却气流量 15 L/min。

4. 分析测试

(1)分析测试条件的优化：对射频功率、冷却气流量、辅助气流量、载气流量、观测高度、溶液提升量等参数进行优化。观察元素干扰及酸度的影响。

(2)测试标准溶液：将配制好的系列标准溶液导入 ICP，测定其光强，以浓度为横坐标，光强为纵坐标，仪器自动同时绘制工作曲线(浓度单位为 mg/L)。

(3)实际样品的测定：分别测定上述制备样品和空白溶液的信号强度，同一溶液应重复测定 2～3 次，取平均值。从标准曲线上查出和计算样品溶液中各元素的含量

(单位为 mg/L)，从而计算样品中各元素的含量(单位为 mg/kg)。

(4)精密度考察:取浓度为 20 mg/L 的镁标准溶液,连续测定 11 次吸收值(n=11)，计算 RSD。

(5)检出限的计算：连续测定样品空白(稀释液)11 次，以测定结果的 3 倍标准偏差计算得到方法的检出限。

五、数据处理

(1)绘制标准曲线，拟合线性方程，计算线性相关系数。

(2)计算样品中各元素的浓度，以 mg/kg 表示，计算结果。

(3)计算本方法的检出限和精密度，与标准物质的标示量比较，计算测量误差和相对误差。

六、思考和讨论

(1)本实验中奶粉标准物质的作用是什么?

(2)测定样品中金属元素时，样品的前处理方法有哪些?

第 7 章　电感耦合等离子体质谱法

电感耦合等离子体质谱法(ICP-MS)是以电感耦合等离子体为离子源，以质谱仪进行检测的无机多元素分析技术。被分析样品通常以水溶液的气溶胶形式引入氩气流中，然后进入由射频能量激发的处于大气压下的氩等离子体中心区中被蒸发、解离、原子化和离子化。部分等离子体经过不同的压力区进入真空系统，在真空系统内，正离子被拉出并按照其质荷比分离。检测器将离子转换成电子脉冲，然后由积分测量线路计数。电子脉冲的大小与样品中分析离子的浓度有关。通过与已知的标准或参考物质比较，实现未知样品的痕量元素定量分析。

7.1　ICP-MS 仪器的基本组成

ICP-MS 仪器由以下几部分组成：①进样系统；②ICP 离子源；③接口部分；④离子聚焦系统；⑤质量分析器；⑥检测系统。此外，仪器中还配置真空系统、供电系统以及用于仪器控制和数据处理的计算机系统。典型的 ICP-MS 仪器的基本结构见图 7-1。

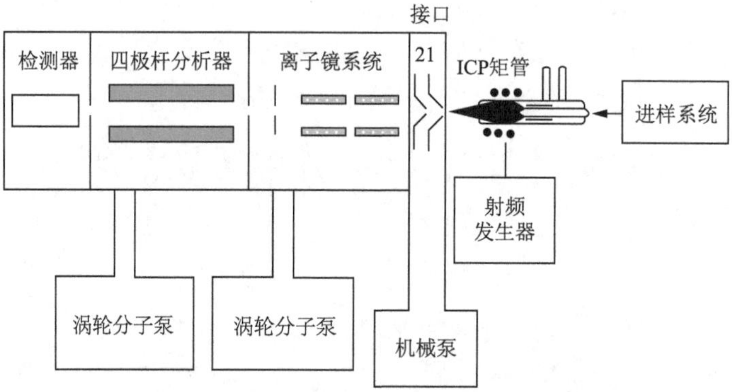

图 7-1　典型的 ICP-MS 仪器结构示意图

1-采样锥；2-截取锥

ICP 中心通道温度约高达 7000 K，引入的样品可完全解离，具有高的单电荷分析物离子产率、低的双电荷离子、氧化物及其他分子复合离子产率。质谱与 ICP 的接口由采样锥和截取锥组成，两锥之间为第一级真空。离子束以超音速通过采样锥孔并迅速膨胀，形成超声射流通过截取锥。中性粒子和光子在此被分离掉，而离子进入第二级真空的离子透镜系统被聚焦。聚焦后的离子束传输至第三级真空质谱分析器。第三级真空度必须保证四极杆分析器和倍增器在施加高压的操作过程中不致产生电弧，同时使由于离子束与真空中存在的气体分子的碰撞而产生的散射不致过于严重。

ICP 要求所有样品以气体、蒸气和细雾滴的气溶胶或固体小颗粒的形式引入中心通道气流中。样品导入的方式很多，但主要分为三大类型：溶液气溶胶进样系统（如气动雾化或超声雾化法）；气化进样系统（如氢化物发生法、电热气化、激光剥蚀以及气相色谱等）；固态粉末进样系统（如粉末或固体直接插入或吹入等离子体）。无论采用哪种样品引入方法，最终的目的是在质谱仪入口处形成离子，即通过上述的样品引入过程，将载流中分散的很细的固体颗粒蒸发、原子化和电离。目前最常用最基本的还是溶液气动雾化进样系统，对雾化系统则要求雾化效率高，雾化器不易堵塞，尽可能减少溶剂导入，以减少氧化物和其他干扰（通常采用半导体制冷的双层雾室系统），进样管路的长度尽可能短，减少记忆效应，进样系统应外置，便于操作、更换或清洗。

7.2　测量的基本过程和测量条件的选择

7.2.1　测量基本过程

ICP-MS 仪器和其他原子光谱仪器一样，首先要检查开启冷却系统，一般操作步骤为：

（1）打开冷却系统和通风系统，检查钢瓶的压力。

（2）打开计算机，打开操作软件/工作站，调整载气压力和流量。

（3）点燃等离子体，预热稳定一定时间。

（4）测量条件的优化。通过仪器调谐将仪器工作条件最佳化。对于多元素分析，一般是采取折中条件。调谐的主要指标是灵敏度、稳定性、氧化物等干扰水平。通常采用含有轻、中、重质量范围的元素混合溶液（如 Li、Be、Co、In、Rh、Ce、Th、Bi、U，浓度范围一般为 1～10 ng/mL）进行最佳化调谐实验。调谐的仪器参数包括透镜组电压、等离子体采样位置（深度和上下左右定位）、等离子体发生器的入射功率和反射功率、载气流速、检测器电压（需要时）等。性能较高的仪器都有自动调谐功能。

（5）建立保存方法文件。

（6）数据采集。由于四极杆 ICP-MS 是顺序测量，因此数据采集方式非常关键。通常采用两种信号测量方式，一种是扫描，另一种是跳峰。

测量空白溶液，仪器正常后，检测空白，标准溶液系列和样品溶液。

（7）清洗系统。

（8）关机。熄灭等离子体火焰，关气，关通风系统。

7.2.2 测量条件的选择

在进行分析前，要根据分析需要选择离子透镜参数、ICP 功率、载气压力及流量、采样深度、溶液提升量、每个通道积分时间、质谱测量方式(扫描还是跳峰)、仪器分辨率等仪器参数。

(1)初始化仪器操作条件。由于仪器硬件各不相同，在此不提供具体的仪器操作条件。分析者有责任检验仪器配制和操作条件是否满足分析要求，仪器性能和分析数据是否符合质量监控规范。

(2)调谐。仪器点燃后至少稳定 30 min，期间用含 1 ng/mL 的 Li、Be、Mg、Co、Y、In、Ce、Tl、U 中的各个元素的调谐溶液进行仪器参数最佳化调试。观测调谐元素的灵敏度、稳定性以及氧化物水平(CeO /Ce 比值≤3%)等分析指标，以确定仪器最佳工作条件。

(3)校准。以校准空白为零点，一个或多个浓度水平的校准标准建立校准曲线。校准数据采集至少 3 次。

(4)样品测定过程中，必须遵守 ICP-MS 的质量控制措施。每批测定同时分析单元素干扰溶液，以获得干扰系数 *r* 并进行干扰校正。样品测定中间应穿插清洗空白来清洗系统，要有充足的清洗时间以去除上一样品的记忆效应。数据采集前应有 30 s 的样品提升时间。样品浓度高于设定的线性动态范围时，应将样品稀释至浓度范围内重新分析。另外可以通过选择自然丰度低的同位素来调整动态范围，但要保证所选的同位素在已建立的质量监控范围内，不能随便改变仪器条件来调整动态范围。

(5)器皿要求及注意事项。

对于痕量元素的测定来讲，污染和损失是首要考虑的问题。潜在的污染源包括实验室所用器皿的不正确清洗以及来自实验室环境一般的灰尘污染等。微量元素的样品处理必须保证干净的实验室操作环境。所有可重复使用的实验室器皿(玻璃、石英、聚乙烯、PTFE、FEP 等材料）都应该充分清洗，直到满足分析要求。采用以下的几个步骤能提供干净的实验室器皿：浸泡过夜，然后用洗涤剂和水彻底清洗，自来水洗，在 20% (*V*/*V*) 硝酸中浸泡 4 h 或更长时间，或用稀的硝酸和盐酸混合酸(1 + 2 + 9)清洗，最后用试剂水清洗，然后保存在干净的地方。

注：铬酸绝对不能用来清洗玻璃器皿，因为会对痕量和超痕量铬的测定带来污染问题。

7.3 Agilent 7500ce 电感耦合等离子体质谱仪操作规程

1. 开机步骤

(1)开气：按照所需模式开所需气体，Ar(标准模式)，500 kPa±3.5%。

（2）开排风、水箱。

（3）点火：从仪器控制画面中点击“点火”图标，则仪器自动点火（点火时，样品台一定放液体，一般为超纯水或5%硝酸）。

2. 调谐以及ICP-MS仪器参数

（1）检查仪器硬件情况。

①检查真空、气体压力和流量、蠕动泵管线和接头等。

②用放大镜检查锥的状态。

（2）检查等离子体参数。

①向系统引入调谐溶液，并预热系统15～30 min。

②检查灵敏度的精密度。

③仔细调节载气和或混合气流速，使得信号响应值最大，RSD最小。

④检查调节炬管位置。

⑤检查氧化物含量。

（3）检查离子透镜参数。调节离子透镜参数，提高信号响应，降低噪声和RSD。

（4）优化四极杆参数。

（5）优化检测器参数。

3. 建立方法

1）半定量方法

要编辑一个半定量的分析方法，需要完成以下步骤：

（1）点击“ICP-MS Top”窗口中“Method”→“Load”→“Default.M”，单击“OK”；随即出现“Default.C”，单击“OK”退出对话框。

（2）点击“ICP-MS Top”窗口中“Method”→“Edit Entire Method”。然后在弹出的“Edit Method”窗口中选择所有的项目（除干扰方程“Interference Equation”外），然后点击“OK”退出对话框。

（3）随后即可出现“Method Information”窗口，参数设置结束后，单击“OK”退出对话框。进入“Selected sample Types”窗口，点击“OK”退出对话框。

（4）即可自动进入方法参数设置的下一步“采集模式”窗口，即“Acquisition Mode”窗口，选择“Spectrum”模式，然后单击“OK”退出。

（5）在弹出的“Spectrum Acquisition Parameters”窗口中点击“Mass scale”→“clean all”，鼠标放在每个轴上双击，单击“OK”退出。回到“Spectrum Acquisition Parameters”窗口，选中所有元素，设置每个元素的积分时间0.1 s，“Repetition：1”；“SemiQuant（6）”，然后检查参数，如果没有错误，点击“OK”退出。

（6）设置蠕动泵转动参数：样品提升速率0.3 r/s，样品提升时间30 s，稳定时间30 s，然后单击退出此窗口。进入“Chromatographic Analysis Settings”，点击“OK”退出。

(7) 进入到其他参数采集模式，不选择“扣除背景”和“Interference correction”，单击“OK”退出。

(8) 进入到报告参数设置模式，选择“半定量报告”，单击“OK”退出。进入“Edit Analysis Parameters”，选择“SemiQuant”，单击“OK”退出。

(9) 规定半定量的报告的输出为“Screen”或者“Printer”，并选择半定量报告的类型为“Detailed，Text Only”，然后单击“OK”键。

(10) 在半定量数据分析窗口直接单击“OK”，待所有样品数据采集结束后再进行参数设置和优化。

(11) 在“SemiQuant Parameters”窗口中直接单击“OK”。

(12) 在“Method Save Options”窗口中选择所有的四个选项，单击“OK”。

(13) 输入半定量校正文件名称，如“SemiQ1”，单击“OK”，并再次单击“OK”完成整个半定量方法的编辑。

2) 全定量方法

要编辑一个全定量的分析方法，需要完成以下步骤：

(1) 点击“ICP-MS Top”窗口中“Method”→“Load”→“Default.M”，单击“OK”；随即出现“Default.C”，单击“OK”退出对话框。

(2) 点击“ICP-MS Top”窗口中“Method”→“Edit Entire Method”。然后在弹出的“Edit Method”窗口中选择所有的项目，然后点击“OK”退出对话框。

(3) 随后即可出现“Method Information”窗口，参数设置结束后，单击“OK”退出对话框。进入“Selected sample Types”窗口，点击“OK”退出对话框。

(4) 即可自动进入“Interference Equation”窗口，点击“OK”退出对话框。

(5) 进入方法参数设置的下一步“采集模式”窗口，即“Acquisition Mode”窗口，选择“Spectrum”模式，然后单击“OK”退出。

(6) 在弹出的“Spectrum Acquisition Parameters”窗口中点击“Periodic Table”，从中选择你感兴趣的待测元素。每个元素的积分时间 0.3 s，重复 3 次，然后检查参数，如果没有错误，点击“OK”退出。

(7) 进入“Chromatographic Analysis Settings ”窗口，点击“OK”退出。

(8) 设置蠕动泵转动参数：样品提升速率 0.3 r/s，样品提升时间 30 s，稳定时间 30 s，然后单击“OK”退出此窗口。

(9) 进入到其他参数采集模式，选择“Interference correction”，单击“OK”退出。

(10) 进入到报告参数设置模式，选择“定量报告”，单击“OK”退出。进入“Edit Analysis Parameters”窗口，选择“FullQuant”，进入窗口中选“New”，选择“Load Element List from Current Method”，单击“OK”回到“Edit Analysis Parameters”窗口，点击“Configure Analyte /ISTD”窗口，选择相应的 ISTD（内标元素），点击“Add”，单击“OK”退出。

(11) 规定全定量的报告的输出为“Screen”，并选择全定量报告的类型为“Detailed，Text Only”，然后单击“OK”键。

(12) 在全定量数据分析窗口直接单击“OK”，待所有样品数据采集结束后再进行参数设置和优化。

(13) 在“Method Save Options”窗口中选择所有的五个选项，单击“OK”。

(14) 输入全定量校正文件名称，如“QuantQ1”，单击“OK”，并再次单击“OK”完成整个全定量方法的编辑。

4. 分析测试

(1) 在 ICP-MS Top 界面选择“Acquire Date”→“Main Pane”，在采集界面里选择“Acquire Date”→“Acquire Date”，在弹出的界面中输入文件名称、操作者姓名、样品瓶号、样品名称、样品信息等内容，然后单击“Acquire”。

(2) 分别采取不同浓度的环境混标绘制标准曲线。

(3) 分别采集待测样品的空白数据及待测样品数据。

5. 数据处理

根据实验要求进行数据处理，计算线性回归方程、精密度、空白值，进行样品中待测组分浓度的定量分析。

6. 关机

(1) 在仪器控制画面(ICP-MS Top 画面)点击“仪器控制”图标，再点“灭火”图标，仪器自动灭火，同时断水、断气(进系统的水和气)。使仪器处于“Analysis”→“Standby”状态。

(2) 关闭气源、水箱和排风系统的电源。

实验 5　ICP-MS 定量测定水样中的多种微量元素

一、实验目的

(1) 了解 ICP-MS 半定量测定微量元素的方法原理。

(2) 掌握使用 ICP-MS 的基本操作步骤。

(3) 学会 ICP-MS 半定量分析时重要操作条件的选择。

二、实验原理

电感耦合等离子体质谱(ICP-MS)是 20 世纪 80 年代发展起来的无机元素分析测定技术，它是以独特的接口技术将电离特性和四极杆质谱仪的灵敏快速扫描的优点相结合而形成的一种新的元素和同位素分析技术，是最近 20 年来发展比较快的一种分析仪器。

ICP-MS 中产生的等离子体火炬可达 6000～8000 K 的高温。样品溶液通过蠕动泵进入雾化器，通过雾化室进入等离子体中原子化和离子化。接口从常压等离子体中提取离子进入质谱仪的高真空区，经四极杆质量过滤器，使特定质荷比的离子在任一指定时间内通过并到达检测器。数据用每秒计数表示，计数与该质量元素的浓度成正比关系，与标准溶液比较，即可定量测定样品中各元素的含量。ICP-MS 检测灵敏度高，可以进行多通道扫描，实现多元素同时测定，特别适用于样品中金属元素的定性和定量分析。

三、仪器及试剂

1. 仪器

Agilent 7500Ce 电感耦合等离子体质谱仪；雾化器：Babington 高盐雾化器；雾化室：石英双通道，Piltier 半导体控温于(2±0.1)℃；矩管：石英一体化，2.5 mm 中心通道；样品锥：Ni 材质。

Milli-Q 超纯水系统(Millipore，Bedford MA)。

2. 试剂

调谐溶液：10 ng/mL 的锂、钴、钇、铈、铊混合标准溶液(5%稀硝酸介质)(Agilent，Part#5184-3566)；10 μg/mL 的环境混合标准溶液(environmental calibration standard，Agilent)。

四、实验内容

1. 标准溶液的配制

10 ng/mL 环境混合标准溶液：10 μg/mL 环境混合标准溶液用 1% HNO_3 逐级稀释，得到 10 ng/mL。检测元素为 Cr、Mn、Ni、Co、Cu、Zn、As、Cd、Pb。

2. 样品的处理

取样：取 10～50 mL 水样。若水样中有悬浮物或有浑浊，先将水样通过 0.45 μm 微孔滤膜抽滤。将过滤后的水样直接进样测定，平行测定 3～5 份。

3. 仪器方法设置

调谐后的仪器参数如下：功率 1350 W；冷却气流量 15.0 L/min；辅助气流量 1.0 L/min；载气流量 1.12 L/min；样品提升速率 0.4 mL/min；采样深度 7 mm；积分时间 0.3 s/同位素；氧化物 $CeO^+/Ce^+<1.5\%$；双电荷 $Ce^{2+}/Ce^+<2\%$。在上述条件下采用全定量分析模式进行各元素分析。

4. 分析测试

(1)分析测试条件的优化：对射频功率、冷却气流量、辅助气流量、载气流量、采样深度等参数进行优化。

(2) 测试标准溶液：将配制好的标准溶液导入 ICP-MS，测定其响应信号(CPS)；以浓度为横坐标，CPS 为纵坐标，仪器自动同时绘制工作曲线(浓度单位为 ng/mL)。

(3) 实际样品的测定：分别测定上述制备样品和空白溶液的信号强度，同一溶液应重复测定两三次，取平均值。从标准曲线上查出和计算样品溶液中各元素的含量(单位为 ng/mL)。

五、数据处理

(1) 根据实验数据，讨论测量的最佳参数。

(2) 绘制工作曲线，给出回归方程和线性相关系数。

(3) 计算测量水样的金属元素平均含量，比较不同水样品中微量元素的异同，归纳不同水中不同元素的含量的差别。

六、思考和讨论

(1) ICP-MS 仪器的基本原理是什么?

(2) ICP-MS 半定量测定微量元素的基本方法是什么?

(3) 测定不同水质样品时应注意哪些问题?

实验 6　ICP-MS 全定量测定茶叶中的铜和铅

一、实验目的

(1) 了解 ICP-MS 的基本原理和基本结构。

(2) 掌握 ICP-MS 分析时重要操作条件的选择。

(3) 学会样品前处理的方法。

二、实验原理

茶叶的质量关系到人体的健康，同时也关系到我国茶叶在国际市场的销售。重金属元素有可能通过茶树吸收进入到茶叶中。虽然茶叶中富含人体必需的多种微量元素，但同时也含有铅、铬、镍、铜、锌等毒性较大的重金属元素。虽然有些元素(如铜等)是人体不可缺少的微量元素，但大部分重金属元素并非人体生命活动所必需，摄入量过多会对人体造成伤害。

本实验采用湿法消解将茶叶样品消解，得到的消解溶液可以直接上机进行金属离子含量的测定。实验采用环境混合标准溶液(含有 Fe、K、Ca、Na、Mg、Ag、As、Se、Cd、Pb、Ni、Cu、Zn 等)为测定的标准溶液，测定茶叶中 Pb 和 Cu 的含量(根据需要也可多选)。

三、仪器及试剂

1. 仪器

Agilent 7500 Ce 电感耦合等离子体质谱仪；雾化器：Babington 高盐雾化器；雾化室：石英双通道，Piltier 半导体控温于(2±0.1)℃；矩管：石英一体化，2.5 mm 中心通道；样品锥：Ni 材质。

Milli-Q 超纯水系统(Millipore，Bedford MA)。

2. 试剂

调谐溶液：10 ng/mL 的锂、钴、钇、铈、铊混合标准溶液(5%稀硝酸介质)(Agilent，Part#5184-3566)。

内标溶液：1 μg/mL 的锂、钪、锗、铑、铟、铋等混合标准溶液。

10 μg/mL 的环境混合标准溶液(environmental calibration standard，Agilent)。

茶叶若干种。

四、实验内容

1. 标准溶液的配制

10 μg/mL 环境混合标准溶液用 1% HNO_3 逐级稀释为 0 ng/mL、0.5 ng/mL、2.0 ng/mL、10.0 ng/mL、50.0 ng/mL。

2. 样品制备

准确称取均匀的固体样品 0.1000 g，精确至 0.0001 g，置于酸煮洗净的聚四氟乙烯烧杯中，加入 5 mL HNO_3 和 1 mL H_2O_2，盖上盖子，于室温预消解 30 min，放在可控温的电热板上加热消解。消解完毕，冷却至室温，打开烧杯盖，将样品消解液转移至干净的 50 mL 塑料瓶，以少量超纯水洗涤消解罐与盖子三四次，洗液合并至塑料瓶中称量至 25.00 g，精确至 0.01 g，溶液待测。

3. 仪器方法设置

调谐后的仪器参数如下：功率 1350 W；冷却气流量 15.0 L/min；辅助气流量 1.0 L/min；载气流量 1.12 L/min；样品提升速率 0.4 mL/min；采样深度 7 mm；积分时间 0.3 s/同位素；氧化物 $CeO^+/Ce^+<1.5\%$；双电荷 $Ce^{2+}/Ce^+<2\%$。在上述条件下采用全定量分析模式进行各元素分析。

4. 分析测试

(1)分析测试条件的优化：对射频功率、冷却气流量、辅助气流量、载气流量、采样深度等参数进行优化。

(2)测试标准溶液：将配制好的标准系列溶液导入 ICP-MS ，测定 Pb 和 Cu 的响应信号(CPS)；以浓度为横坐标，CPS 为纵坐标，仪器自动同时绘制工作曲线得到线性方程和相关系数。

(3)实际样品的测定：分别测定上述制备样品和空白溶液的信号强度，同一溶液应重复测定两三次，取平均值。从标准曲线上查出和计算样品溶液中各元素的含量(单位为 ng/mL)。

(4)精密度考察：取浓度为 20 ng/mL 的标准溶液，连续测定 20 次吸收值(n=20)，计算 RSD。

(5)检出限的计算：连续测定样品空白(稀释液)11 次 ，以测定结果的 3 倍标准偏差计算得到方法的检出限。

(6)加标回收率：取样品 6 份，于本底(3 份)中加入约等倍的标准溶液，另 3 份本底加入于本底值两倍的标准溶液，按照样品的制备方法，上机测试，计算含量。按照公式：加标回收率=(加标试样测定值−试样测定值)÷加标量×100%，计算该样品的加标回收率。

五、数据处理

(1)绘制标准曲线，拟合线性方程，计算线性相关系数。

(2)计算样品中 Pb 和 Cu 的浓度，以 mg/kg 表示，计算结果。

六、思考和讨论

(1)如何选择内标元素？一般常用的内标元素有哪几种？

(2)半定量和全定量分析方法有什么不同？二者有何联系？

第 8 章　原子荧光光谱法

8.1　原子荧光光谱仪的基本组成和测量条件的选择

原子荧光光谱产生信号的方式和原子吸收的过程不同，是原子吸收来自空心阴极灯的特征波长后被激发，激发的原子返回基态时，能量以光的形式放出，称为原子荧光。发出的荧光波长和激发波长一致，称为共振荧光，波长比激发波长长的荧光为非共振荧光，共振荧光的强度最高。原子荧光光谱仪简单、经济，对能够发荧光的元素(如砷、汞、硒、铅)的测定灵敏度高于原子吸收法。仪器的几何构型是 L 形设计，见图 8-1。

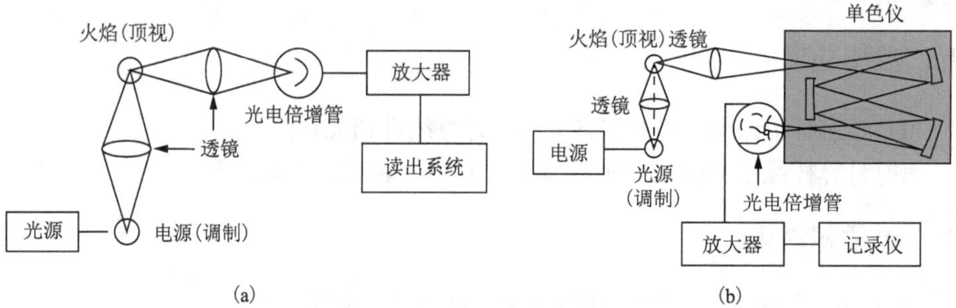

图 8-1　原子荧光光谱仪结构示意图

(a)图中没有单色器，是非色散型光谱仪；(b)图有单色器，是色散型光谱仪

原子荧光光谱仪的测量条件主要有以下几项。

1. 灯电流的选择

灯的辐射强度直接影响荧光强度，原子荧光用的元素灯工艺特殊，与原子吸收(AAS)元素灯不同，它允许瞬时大电流而不会产生自吸，一般用推荐值即可。对双阴极灯可以通过调整主阴极和辅阴极的电流比例来调节灯能量，灯电流的调节与高压没有任何关系，它与原子吸收不同，灯电流越大产生的荧光强度信号越大，也就是灵敏度越高，一般主阴极电流对信号灵敏度起主要作用。对于 Hg 灯，由于其工艺特殊而且是阳极灯，使用时最好不要超过其推荐值。

元素灯或包装盒上标明的是最大平均工作电流，而仪器上设定的电流是脉冲峰值电流。例如，设定 100 mA 工作电流，其实际的平均电流在 3 mA 左右。

2. 负高压选择

负高压是光电倍增管的工作电压，负高压的调节与灯电流没有关系，不存在原子吸收的自动平衡概念，高压越高，则荧光信号越大，同样噪声也增大，稳定性就相对差一点，光电倍增管有一定的耐压范围，高压与灵敏度呈指数关系。根据具体信号强度进行选择，一般推荐在 300 V 左右，总调整范围是 200～500 V。

实际操作中根据不同元素灵敏度的高低可以改变负高压。例如，硒元素灯灵敏度比较低，一般需要加大高压。

3. 载气流量的选择

载气的作用就是携带被测元素的氢化物到原子化器进行原子化。载气流量太大就会造成气流速度快，冲淡原子浓度，导致原子化效率降低，从而影响灵敏度，但气流小则会造成信号不稳定，影响原子化效率，一般采用推荐值。

4. 屏蔽气的选择

屏蔽气的主要作用是对原子化环境进行屏蔽，防止氢化物被氧化，同时减少荧光猝灭现象。屏蔽气太小会造成屏蔽效果不好，影响信号的灵敏度和稳定性，太大则会造成影响原子化效率，灵敏度降低。屏蔽气和原子吸收一样，多使用氩气。

5. 原子化器高度的选择

炉高是指原子化器顶部距光电倍增管中心的距离，也就是光轴与原子化顶部的距离，其高度与气流量的选择有关，一般在 8 mm 左右，主要目的是使元素灯发光照射在原子化效率最好最稳定的区域。如果气流量选择较大，则原子化器应适当降低，一般采用推荐值即可，做 Hg 时，一般调整在 10 mm 左右。

6. 进样量的选择

进样量主要取决于采样环的长短，推荐条件下每次的进样量为 1.2 mL 左右，一般情况下要保证样品充满采样环，过量采样会造成浪费和管道污染。

7. 读数时间和进样时间的选择

读数时间是具体的信号有效测量时间，在该时间内进行信号采集，读数时间一般大于进样时间，便于把有效信号都采集在内。读数时间太长会造成过多采集空白信号，采完信号后的那段时间继续转泵主要是为了清洗管路和原子化器，可根据信号峰型和样品含量选择合适的清洗和读数延迟时间。

8.2　原子荧光光谱仪操作的基本步骤和注意事项

原子荧光光谱仪的操作和原子吸收有相同之处，基本操作步骤如下：

(1) 检查开启辅助设备，如排放系统、载气系统。

(2) 打开主机电源和计算机，点击操作软件，仪器进入自检过程。

(3) 开启光源，如元素阴极灯，有的仪器可装置多个元素灯，可以选择待测元素的灯，开灯后，应预热一段时间。

(4) 设置仪器和测量条件，保存方法文件。

(5) 开启原子化器，并预热 30 min。

(6) 测量，配制空白溶液和标准系列溶液，依次测量。

仪器使用的注意事项如下：

(1) 应先预测样品的浓度，按照所使用仪器的检测范围(最高限和最低限)，确定标准系列的浓度，样品最终测定溶液浓度应在标准系列范围。根据标准系列溶液的浓度范围设置仪器的各项参数，高浓度的标准系列要把仪器的各项参数(如灯电流、负高压等)降低，反之，则要提高。

(2) 原子荧光同样存在光谱干扰，消除干扰可采用适当的络合剂掩蔽干扰元素，调节氢化反应的酸度等。

(3) 荧光测量的灵敏度高，配制溶液的溶剂或反应试剂的纯度要高，高纯水为 18 MΩ 的二次水，硼氢化钠(钾)含量在 95%以上，盐酸、硝酸等为优级纯以上。

(4) 为了提高原子化效率，原子荧光的检测经常采用生成氢化物的方式进样，与流动注射系统联用，在流动注射系统中进行氢化物反应，反应产物进样，因此对流动注射系统要保持清洁。在测试结束后，一定在空白溶液杯和还原剂容器内加入蒸馏水，运行测量程序以清洗管道。最后关闭载气，并打开压块，放松泵管，再次测量前最好重新调整压块的松紧。

(5) 与原子吸收相同，为避免待测物或样品中杂质在原子化器或管路中残留或积累，测量后应保持一段运行时间，以清洗管路和原子化器，准备下一次测量。

8.3　Lumina3300 原子荧光光谱仪操作规程

图 8-2 为蠕动泵进样 Lumina3300 原子荧光光谱仪。

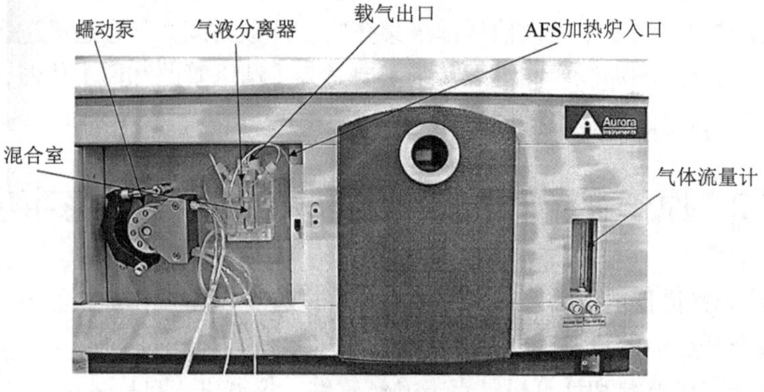

图 8-2　Lumina3300 的前面板

1. 辅助系统检查

打开室内排风管道电源；打开室内空调，设定室温为 25 ℃；开启载气(氩气)，设置送气压力为 0.25 MPa。

2. 通电

先打开主机电源，再打开自动进样器系统电源，等待十几秒后，打开联机的计算机，用鼠标点击桌面图标进入 LUMINA3300 软件系统。软件与主机和进样器连接，若联机正常，点击“继续”，软件进入程序主界面；若连接不上，可点击“Re-Scan”，重新连接。主界面包括主菜单和工具栏、仪器状态界面、方法建立和样品分析。在仪器状态界面可以直接进行仪器的参数设定、打开石英炉、设定保护气和载气等操作。仪器状态的主程序界面见图 8-3。

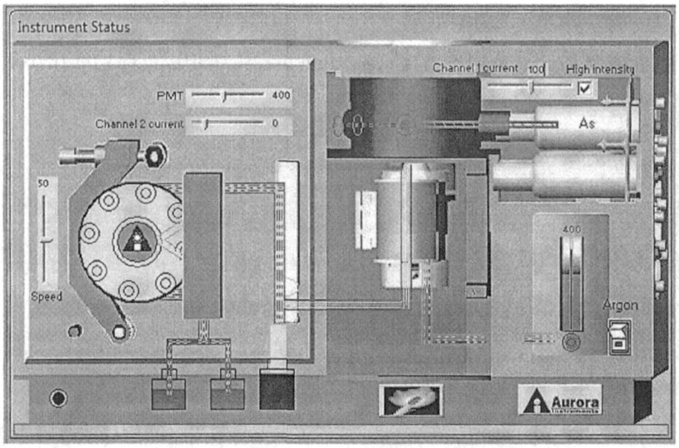

图 8-3　LUMINA3300 控制软件仪器状态界面

3. 设置仪器参数和方法

主程序界面显示的参数均为目前正在工作的参数，部分参数设定可以直接在界面上进行，如蠕动泵速度、灯电流、PMT 电流、开启原子化器、保护气和载气流量设定等，点击相应参数或图标，则可设定条件。点击工具栏的“元素灯”按钮，设置 CH1 和 CH2 的元素灯，CH2 只放汞灯，CH1 可以根据安装所需的元素灯，点击元素符号可以从下拉菜单中选择元素种类。在界面上方可以设定灯电流，当设置灯电流为零时，灯会关闭；当电流不为零时，灯则开启。在右上方可以根据需要选择“High Intensity Mode”(高强度测量模式)，此时将有辅助电流供给光源。

原子化器的开关在界面的底部，可以直接点击图标启动，动画可以显示原子化器是否工作。原子化器必须预热 30 min 后才能进行测量。

泵的开关也可以从界面上直接进行，要注意氩气的开关必须事先打开，否则泵无法工作。泵开启前要先松开压块，待泵开始工作后再将压块复位。

其他测量参数设定在方法文件中进行。点击工具栏中第一个图标“New”，可以选择方法设定，弹出方法设定窗口，设定参数后，点击“方法另存为”，输入文件名，点击“保存”。除上述提到的参数外，主要设定的参数为 Delay Time（延迟时间），Integ.Time（积分时间）和 Auto Zero Every（自动调零）的参数。

4. 测量和定量分析

进行条件优化时，测量可以采用单次运行的状态，点击左侧工具栏“S.Run”，手动进样可进行测量。进行工作曲线测定和样品溶液测定时，应事先将样品信息编制在批处理文件中，点击软件界面左侧“B.Run”图标即可弹出设置界面，录入相应的信息。可以采用自动进样器，也可以采用手动进样的方式进行测量。配制好标准溶液和样品溶液，将样品管放入溶液中，依次进样，记录信号强度。要注意每次进样间应用空白溶液清洗。

5. 报告

将文件导出成 excel 或 word 格式文件，给予相同的文件名和保存路径（原文件不能在没装仪器操作系统的计算机上打开）。

6. 关机

测试结束后，一定将载流管、进样管和还原剂管放入蒸馏水中，再运行清洗程序，然后将上述 3 根管子从水中取出，继续运行清洗程序至各管中没有溶液为止；关闭载气，并打开泵的压块（定期向泵管和压块间滴加硅油），放松泵管；关闭主机、进样系统、计算机和排风管道电源。

实验 7　氢化物原子荧光光谱法测定生活饮用水及其水源中的铅

一、实验目的

(1) 了解原子荧光光谱法测定过程中干扰的产生及消除方法。

(2) 学习使用原子荧光光谱法定量分析元素的方法。

二、实验原理

在酸性介质中，铅与硼氢化钠（$NaBH_4$）或硼氢化钾（KBH_4）反应生成铅的挥发性氢化物（PbH），由载气（氩气）带入石英原子化器中原子化，在特制铅空心阴极灯照射下，基态铅原子被激发至高能态，在去活化回到基态时，发射出特征波长的荧光，在一定浓度范围内其荧光强度与铅含量成正比，与标准系列比较定量。

二价铅不能直接与 KBH_4 生成氢化物，需要先氧化，再生成氢化物。

三、仪器及试剂

1. 仪器

LUMINA3300 原子荧光光谱仪；铅空心阴极灯。

2. 试剂

硝酸、盐酸均为优级纯。

铁氰化钾(200 g/L)：称取 20.0 g 铁氰化钾，溶于 100 mL 蒸馏水中。

硼氢化钠溶液(20 g/L，含铁氰化钾 8 g/L)：称取 0.5 g 氢氧化钠溶于少量纯水中，加入硼氢化钠 10.0 g，混匀。加入 20 mL 铁氰化钾(200 g/L)，用纯水定容至 500 mL，此溶液现用现配。

草酸(20 g/L)：称取 20 g 草酸，溶于 100 mL 纯水中。

硫氰酸钠(20 g/L)：称取 2.0 g 硫氰酸钠，溶于 100 mL 纯水中。

铅标准储备溶液(1.00 mg/mL)：购于国家标准物质中心。

铅标准溶液(1.00 mg/mL)：取 10.0 mL 铅标准储备溶液(1.00 mg/mL)于 100 mL 容量瓶中，用 1%硝酸溶液逐级稀释成 1.0 μg/mL 的铅标准溶液。

铅标准使用溶液(100.0 ng/mL)：取 10.0 mL 铅标准溶液(1.0 μg/mL)于 100 mL 容量瓶中，用纯水定容至刻度。实验所用试剂均为优级纯。

四、实验内容

1. 标准系列的配制

分别吸取含铅 100.0 ng/mL 标准使用溶液 0.0 mL、0.05 mL、0.1 mL、0.5 mL、1.0 mL、3.0 mL、5.0 mL 于具塞比色管中，用纯水定容至 10 mL，使铅的浓度分别为 0.0 μg/L、0.5 μg/L、1.0 μg/L、5.0 μg/L、10.0 μg/L、30.0 μg/L、50.0 μg/L。

2. 样品处理

取 10 mL 水样于具塞比色管中，在样品溶液和标准系列溶液中分别加入 0.2 mL 浓盐酸、0.2 mL 草酸(20 g/L)、0.4 mL 硫氰酸钠(20 g/L)，混匀，上机测定。

3. 仪器参考条件

负高压：260 V；灯电流：60 mA；炉高：10 mm；载气流量：300 mL/min；屏蔽气流量：600 mL/min；测量方式：标准曲线法；读数方式：峰面积；延迟时间：1 s；读数时间：12 s；进样体积：0.5 mL；载流：2%盐酸溶液。

4. 样品测定

测定试剂空白，依次测定标准系列的荧光强度。测定样品溶液的荧光强度，平行测定 3～5 次。

五、数据处理

(1)绘制 Pb 的标准曲线，给出线性方程和线性相关系数。
(2)计算样品中 Pb 的含量，以 mg/L 表示，计算测量的标准偏差。

六、思考和讨论

(1)原子荧光光谱法在测定过程中干扰的产生及消除方法是什么?
(2)影响原子荧光光谱法测定的因素有哪些?

实验 8　原子荧光光谱法测定水果中的砷

一、实验目的

(1)了解原子荧光光谱法测定过程中干扰的产生及消除方法。
(2)学习使用原子荧光光谱法定量分析元素的方法。

二、实验原理

原子荧光光谱法仪器简单，操作方便，在测定 As、Se、Sb、Cd 等元素时有很好的灵敏度，检出限可以在 0.02 ng/mL 以下。在酸性介质中，As 与硼氢化钠($NaBH_4$)或硼氢化钾(KBH_4)的碱性溶液反应生成 As 的挥发性氢化物，由载气(氩气)带入石英原子化器中原子化，在特制砷空心阴极灯照射下，基态 As 原子被激发至高能态，在去活化回到基态时，发射出特征波长的荧光，在一定浓度范围内其荧光强度与 As 含量成正比，与标准系列比较定量。

样品中的 As 以有机砷和无机砷的形态存在，无机砷化合物中砷有三价和五价两种价态。与有机砷相比，无机砷的毒性较大，而不同价态的砷的毒性不同，三价砷的毒性最大。测定砷的不同形态有重要的实际意义。本实验检测的是样品中总砷含量。

三、仪器及试剂

1. 仪器

Lumina3300 型原子荧光光谱仪；砷空心阴极灯。

仪器测定条件为：光电倍增管电压 325 V；砷空心阴极灯电流 35 mA；原子化器温度 200 ℃；原子化器高度 7 mm；氩气流速：载气 600 mL/min；屏蔽气流速 800 mL/min；测量方式为荧光强度；读数方式为峰面积；读数延迟时间 1 s；读数时间 15 s；加还原剂时间 7 s；进样体积 2 mL。

2. 试剂

实验用水均为去离子水。

(1 + 1)硫酸(G.R.)：量取 50 mL 硫酸，小心加到 50 mL 水中，并不断搅拌。(1 + 1)盐酸(G.R.)：量取 100 mL 盐酸，用水稀释至 200 mL。

硝酸-高氯酸混合液：硝酸(G.R.)∶高氯酸(G.R.)= 4∶1，即量取 80 mL 硝酸，加 20 mL 高氯酸，混匀。

5 %硫脲-5 %抗坏血酸混合液：称取 5. 00 g 硫脲、5. 00 g 抗坏血酸于 100 mL 烧杯中，再加入 100 mL 去离子水溶解，临用前现配。

1. 00 %硼氢化钠溶液：称取 1 g 硼氢化钠(G.R.)，溶于 100 mL 氢氧化钠(2 g/L)溶液中，临用前现配。

砷(Ⅲ)标准储备液：含砷 0.1 mg/mL。准确称取于 100 ℃干燥 2 h 以上的三氧化二砷 0.1320 g，加 10 mL 100 g/L 的氢氧化钠溶液，用水定量转入 1000 mL 容量瓶中，加(1 + 9)硫酸 25 mL，定容至刻度。

砷(Ⅲ)标准使用液：含砷 1 μg/mL。吸取 1.00 mL 砷标准储备液于 100 mL 容量瓶中，用水稀释至刻度。

四、实验内容

1. 标准曲线测定

在砷标准浓度为 0. 005～0. 25 μg/mL 范围配制 7 个系列浓度，量取一定体积的 1 μg/mL 砷标准溶液于 50 mL 容量瓶内，加入 5 mL 5 %硫脲-5 %抗坏血酸混合液，加入 20 mL(1+1)盐酸，用水稀释至刻度，摇匀，同时配制空白溶液，放置 20 min 后进行测定，记录荧光强度。

2. 样品预处理和测定

称取 5～10 g(或 mL)洗净打成匀浆的样品于 100 mL 锥形瓶中，同时做两份试剂空白。加入混合酸液 10 mL，加入 2 mL(1+1)硫酸，同时加入数粒玻璃珠，盖上表面皿，放置过夜。电热板上消化，如酸量不够，可补加适当的混合酸液，持续蒸发至高氯酸的白烟散尽、硫酸的白烟开始冒出，冷却、加水 25 mL，再蒸发至冒硫酸白烟。取下冷却，用少量水将消化液转入 50 mL 容量瓶中，加入 5 mL 5 %硫脲-5 %抗坏血酸混合液，加入 20 mL(1+1)盐酸，用水稀释至刻度。摇匀，放置 20 min 后测定荧光强度，平行测定三份。

载流的酸度和硫脲-抗坏血酸浓度与标准系列相同，并于室温放置 15～30 min。

五、数据处理

(1)绘制标准曲线图，并拟合线性方程和线性相关系数，线性相关系数应>0.99。

(2)计算样品中 As 的含量，以 mg/kg 或 mg/L 表示。计算样品含量时必须扣除空白值，计算样品测定的标准偏差。

六、思考和讨论

(1)样品预处理方法的准则有哪些?

(2)砷、汞样品分解时应注意的事项有哪些?

第 9 章　紫外-可见分光光度法

9.1　紫外-可见分光光度计组成和测量条件的选择

紫外-可见分光光度计是使用最广泛也是结构较为简单的分析仪器，仪器的组成框图见图 9-1。

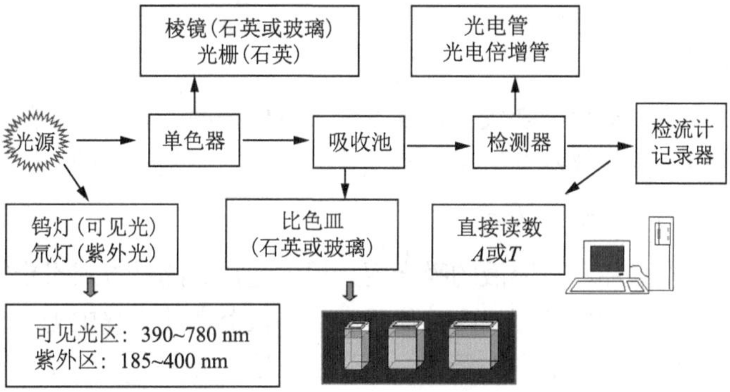

图 9-1　紫外-可见分光光度计组成

实际应用的分光光度计有单波长和双波长，以及单光路和双光路等不同类型，各种类型的光路示意图见图 9-2。

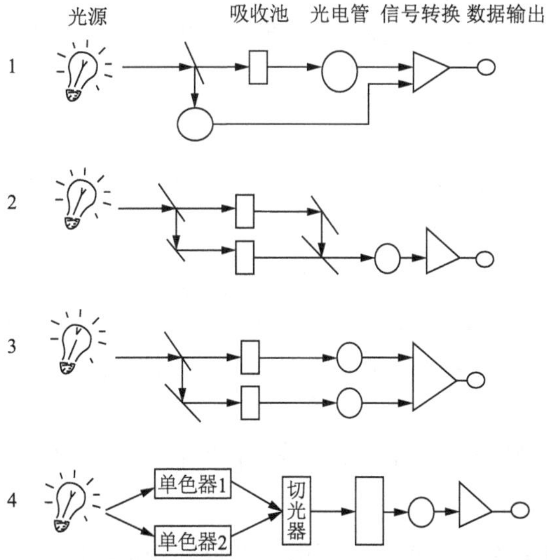

图 9-2　不同类型紫外-可见分光光度计光路示意图

图 9-2 中，1 为准双光束紫外-可见分光光度计，有两个光电管，其中一个为参比光电管；2 为双光束紫外-可见分光光度计，有两个吸收池，一个光电管，其中一个放置空白/参比溶液，需有切光器；3 为双光束双光电管紫外-可见分光光度计，设计与 2 类似，但有两个光电管，测量精度比较高；4 为双波长双光束紫外-可见分光光度计，可用于多组分多波长的测定。

双波长设计的分光光度计在化合物的选择性检测方面有较好的优势，而双光路的设计主要是考虑校正电子或来自样品的干扰。目前常用于教学的国产分光光度计有 TU1810 等型号。

分光光度计的型号很多，操作的基本方法是一样的。使用分光光度计的基本步骤如下：

1. 开机预热

虽然现在仪器自动化程度较高，仪器都有自检程序，需要一定的时间，但是为了测量数据的稳定性，仪器自检后仍然预热一定时间还是必要的。

2. 选择测量方式和设定参数

欲测定吸收光谱和测定溶液的吸光度，根据选择的测量方式设定波长范围、测量波长等相关参数。性能较好、自动化程度高的仪器在此步骤中为方法设定，根据需要完成的测量任务，设定方法条件，并保存方法，方便下次调用。

分光光度法设定的主要参数是波长，如扫描光谱的波长范围，对于未知物的扫描波长范围可以宽一些，如果颜色较深，波长范围选在可见光区内；如果是无色的溶液，则波长范围只需要选择紫外光区。在定量分析中一般测量波长设在最大吸收波长处，有时为了避免共存物质的光谱干扰，可能会选择其他测量波长。

其他参数包括读数读取方式(是吸光度还是透光率)、光谱扫描速率、狭缝和灵敏度相关的参数。

3. 基线校正或调零

事先配制好参比(空白溶液)，在光谱扫描或溶液吸光度测定前进行基线校正。

4. 测量和数据处理

一般仪器都有提供光谱信息和数据处理的功能。例如，扫描光谱后，仪器软件可以给出吸收峰波长和最大吸收波长的位置；定量分析，仪器软件可以直接处理数据，得到线性方程、线性相关系数以及计算样品溶液的浓度。

9.2 使用紫外-可见分光光度计的注意事项

在使用紫外-可见分光光度计测量时，要保证测量的准确性和精密度，应注意以下几个问题：

(1) 比色皿的使用和选择。在测量光谱包括紫外范围(< 400 nm)或在紫外范围的波长测定时，必须选择石英比色皿。石英比色皿的价格比普通的玻璃比色皿高很多，因此使用和洗涤时必须谨慎，以防损坏。由于加工制作的关系，比色皿之间存在一定的差异，对读数有一定影响，因此在测定空白溶液和样品溶液时，尽量使用同一比色皿。如要测定的样品数量多，必须使用多只比色皿时，应事先测量每一比色皿的透光率，尽量选择透光率大小一致的比色皿。选择后应做好标记，供以后使用参考；双光路的仪器，比色皿应事先配对，固定使用，如需更换，需校正两只比色皿之间的差异。

(2) 参比(空白)溶液的选择。参比溶液主要是用来校正由于溶剂、样品基体以及比色皿材质等背景吸收干扰的，正确地选择参比溶液是保证测量准确度的前提。参比溶液有以下几种类型：

a.溶剂参比，若仅待测组分与显色剂反应产物在测定波长处有吸收，其他所加试剂均无吸收，用纯溶剂(水)作参比溶液。如果使用的是有机溶剂，无论是否有颜色，必须使用有机溶剂作为溶剂参比。

b.试剂参比，是最常用的参比溶液，若显色剂或其他所加试剂在测定波长处略有吸收，而试液本身无吸收，或试剂和使用的溶剂中容易存在被测物质，用“试剂空白”(不加试样溶液)作参比溶液。这种方法一般用于光度法测定金属离子，配位剂通常情况下对光都有一定的吸收，尽管最大吸收波长与有色配合物的波长不一样，但是在测量波长下仍对目标物的测量有干扰，需要通过参比溶液校正。

c.试液参比，分析样品有时本身会有一定的颜色，一般在测量前会通过样品处理去除颜色。如处理后的待测溶液仍然有一定的颜色，在测定波长处有吸收，而显色剂等无吸收，则可用“试样空白”，即不加显色剂，其他试剂和用量与配制测量溶液相同，配制的试样溶液作参比溶液。

(3) 取放比色皿时应注意不要把测量溶液洒到样品池内。如不慎把溶液洒到样品池上，必须马上清洁，否则会腐蚀样品池。

9.3　TU1810 紫外-可见分光光度计操作方法

TU1810 是北京普析通用仪器公司生产的紫外-可见分光光度计，采用准双光路的光路设计，见图 9-3。

图 9-3 中，M 为反光镜；D 和 W 分别为氘灯和钨灯；P 为参比光电管。一部分入射光通过分光镜由参比光电管接收，形成“准双光路”。

TU1810 操作方法流程如下：

(1) 开机，仪器自检及初始化，约 3 min。然后预热 15～30 min。

(2) 仪器显示主菜单，根据测量任务选择主菜单的选项。

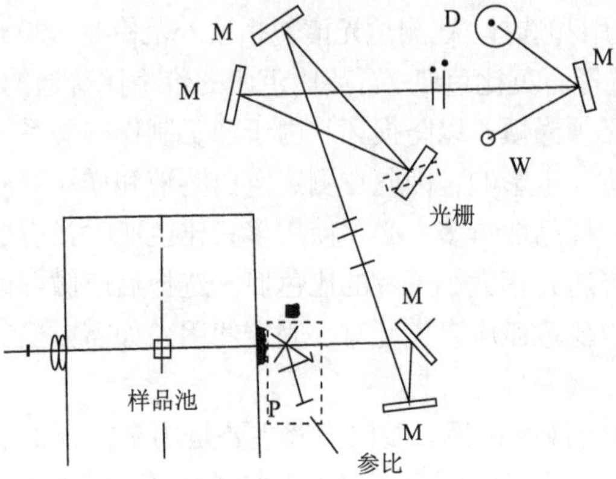

图 9-3 TU1810 紫外-可见分光光度计的光路设计

a.光度测量：

在主界面中，按“1”键，进入 光度测量 界面。

按 GOTO WL ，输入测定波长数字后，按确认 ↙ 。

调零：放入空白，按 AUTO ZERO。

测定：放入样品，按 START 。

测定完毕：按 RETURN ，返回光度测量界面。

b.光谱测量：

在主界面中按“2”键，进入 光谱测量 界面。

按 F_1 “参数设定”。

按“1”选 Abs。

按“2”选 中 。

按“3”选 采样间隔 ，1 (nm)。

按“4”选 波长范围 ，输入数字后，按确认 ↙ 。

按“5”选 纵坐标范围 ，输入数字后，按确认 ↙ 。

按 RETURN ，返回 光谱测量 界面。

基线校正：放入空白，按 Auto zero 。

取出空白，放入样品，按 START。

出图后，按 F_2，输入 1 按确认 ↙ 。

读出数值或按 F_4 打印。

c.定量测量：

在主界面中，按“3”键，进入 定量测量 界面。

调零：放入空白，按 Auto zero ，取出空白。

按 F_1 “参数设定”。

按“1”选 标样法 。
按“2”输入测量波长值后，按确认 ↙ 。
按“3”选择浓度单位。
按 F_1 “标样法参数设置”。
按“1”选 标样数 ，输入数字后，按确认 ↙ 。
按“2”选 标样序号 ，输入数字后，按确认 ↙ 输入浓度后，测 *A* 值。
按 RETURN 返回定量测定界面。
按 F_3 “试样”。
按“2”选 使用样池数 “1”。
按“3”选 一号空白校正 “否”。
按 RETURN 返回光度测量界面。
测试样品，放入试样，按 START 。
按 F_4 “打印”。
(3)测量完成后，返回主菜单，取出比色皿。关机。

9.4　UV2550PC 紫外-可见分光光度计操作方法

UV2550PC 分光光度计是双光路设计，光路设计图如图 9-4 所示。

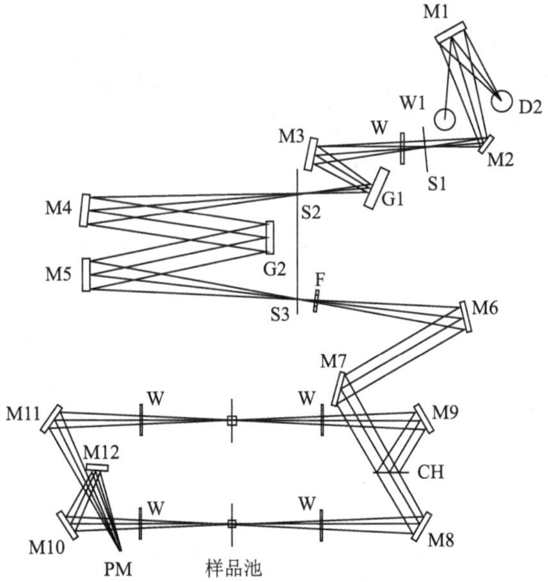

图 9-4　UV2550PC 光路图

图 9-4 中，M 为反射镜；F 为滤光片；W 为石英窗；S 为狭缝；G1 和 G2 为光栅；CH 为斩光器；PM 为光电倍增管；W1 和 D2 分别为卤素灯和氘等灯。

UV2550PC 紫外-可见分光光度计基本使用流程如下。

1. 开机

打开 UV2550PC 电源开关，打开计算机，双击桌面“UVprobe”，进入主界面，点击屏幕下方的连接，电脑弹出自检窗口，仪器开始自检，等待光点都变成绿色，确定变为活动按钮，点击确定，再继续预热 0.5 h。

2. 光谱扫描，绘制吸收曲线

设置参数：点击屏幕上方工具栏中光谱测定按钮(将鼠标放在图标上即可显示相应文字)，进入光谱测定方式。进行方法设定，点击图标“M”，弹出扫描光谱的对话窗口，输入扫描波长范围，设定相应参数。

基线校正：在两个样品池中均装入空白溶液，加盖，点击屏幕下方的基线。

测量：样品池换成待测溶液，点击开始，仪器开始扫描光谱。扫描结束后，屏幕自动弹出对话框，输入文件名保存数据文件。

确定最大吸收波长 λ_{max}，点击屏幕上方工具栏中峰值检测按钮，光谱中吸收峰数据表则显示在屏幕中，找出最大吸收峰。如果显示的峰值过多或有些峰值没有显示，可在峰值检测表中点击右键，选择快捷菜单中的属性，修改阈值至得到合理的峰值信息。

打印光谱：在光谱信息表处点击右键，选择打印，即可打印光谱和吸收峰信息。

3. 光度测量，定量分析

设置参数：点击屏幕上方工具栏中光度测定按钮(将鼠标放在图标上即可显示相应文字)，进入光度测定方式。进行方法设定，点击图标“M”，弹出光度测量的对话窗口，设定测量波长，通常为最大吸收波长，设定相应参数，如进行工作曲线测量则类型选择“多点”。点击“确定”后屏幕出现标准表。

调零：在两个样品池中均装入空白溶液，加盖，点击屏幕下方的自动调零。

标准曲线测量：设置标准系列表，双击标准表中任意位置激活标准表，点击下拉菜单中的“I–”扣空白，在标准表中依次输入标准溶液的参数(浓度、体积或样品号)，将标准溶液依次放入外侧(靠操作者)的样品池中，点击读取。测定完成后，将鼠标置于标准表位置点击右键，选择属性，在属性中选择“方程式”、“相关系数”，查看标准曲线。

样品测量：点击样品表中任意位置激活样品表，输入样品编号，依次放入待测样品，进行读取。软件自行根据标准溶液浓度单位计算样品浓度。

结果打印：测定结果可点击文件保存，如直接打印结果，点击“文件”→“打印”→选择打印标准曲线表或样品表。

仪器操作注意事项：①主界面下方的断开按钮具有断开仪器和计算机连接的功能，在操作过程中不要轻易点击此按钮；②本仪器有两个样品池，靠里面的样品池始终放置空白溶液，靠外侧(靠操作者)的样品池在调零或基线校正时放空白溶液，在测量时放置样品溶液；③比色皿中溶液最多加到 2/3 处，取放比色皿时注意不要让溶液洒到样品池周围，如有溶液洒出，应立即清洁；④两个比色皿应事先校正二者之间的差异，配对使用，不要轻易更换比色皿。

实验 9　差值吸收光谱法测定废水中微量苯酚

一、实验目的

(1) 学会使用 UV2550 紫外-可见分光光度计。

(2) 掌握差值吸收光谱法测定废水中微量苯酚的方法。

二、实验原理

酚类化合物在酸、碱溶液中发生不同的解离(图 9-5)，其吸收光谱也发生变化。例如，苯酚在紫外区有两个吸收峰，在酸性或中性溶液中，λ_{max} 为 210 nm 和 272 nm；在碱性溶液中，λ_{max} 位移至 235 nm 和 288 nm。

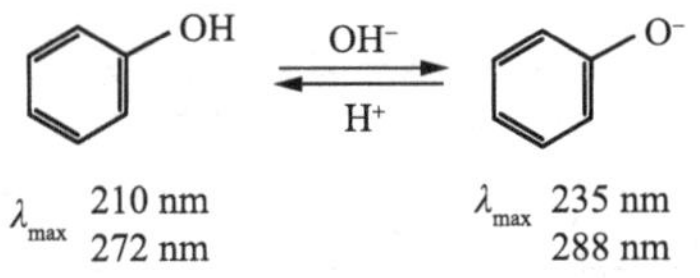

图 9-5　苯酚的解离平衡

图 9-6 为苯酚在两种溶液中的紫外吸收光谱。在紫外分析中，有时利用不同的酸、碱条件下光谱变化的规律，直接对有机物进行测定。

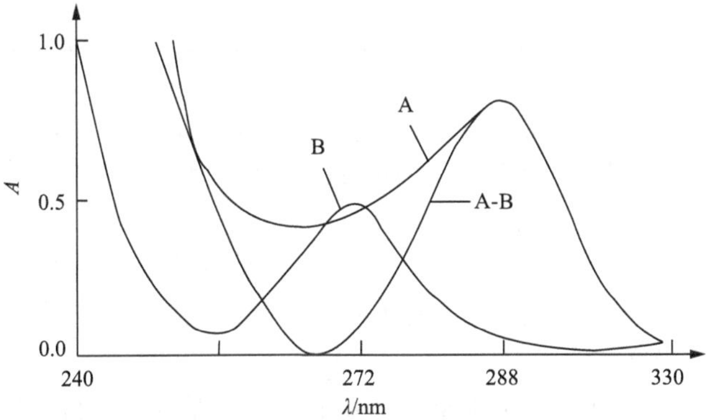

图 9-6　苯酚的紫外吸收光谱

曲线A-在0.1 mol/L KOH溶液中苯酚的吸收光谱；曲线B-在中性溶液中苯酚的吸收光谱；曲线A-B-苯酚的差值光谱

废水中含有多种有机杂质，干扰苯酚在紫外区的直接测定。如果将苯酚的中性溶液作为参比溶液，测定苯酚碱性溶液的吸收光谱，利用两种光谱的差值光谱，有可能消除杂质的干扰，实现废水中苯酚含量的直接测定。这种利用两种溶液中吸收光谱的差异进行测定的方法，称为差值吸收光谱法。

三、仪器及试剂

1. 仪器

UV2550 紫外-可见分光光度计；1 cm 石英吸收池 2 个；50 mL 容量瓶 10 个；10 mL 移液管 1 个(用于 KOH)；5 mL 移液管 1 个(用于苯酚)。

2. 试剂

苯酚标准溶液：称取苯酚 0.3000 g，置于 1 L 容量瓶中(0.3000 mg/mL)。

KOH 溶液：0.1 mol/L。

四、实验内容

配制苯酚的标准系列溶液：将 10 个 50 mL 容量瓶分成两组，各自编号。按表 9-1 所示加入各种溶液，再用水稀释至刻度、摇匀，即得一组浓度为 6 mg/L、12 mg/L、18 mg/L、24 mg/L、30 mg/L 的苯酚标准系列溶液。

表 9-1 标准溶液配制方法

瓶号	第一组	第二组		吸光度
	苯酚/mL	苯酚/mL	KOH/mL	
1	1.0	1.0	5.0	
2	2.0	2.0	5.0	
3	3.0	3.0	5.0	
4	4.0	4.0	5.0	
5	5.0	5.0	5.0	

(1) 绘制苯酚的吸收光谱：取上述 5 号溶液，用 1 cm 吸收池，以水作参比溶液，分别绘制苯酚在中性溶液和碱性溶液中的吸收光谱。然后用苯酚的中性溶液作参比溶液，绘制苯酚在碱性溶液中的差值光谱。

(2) 测定苯酚两种溶液的光谱差值：从上述绘制的差值光谱中，选择 288 nm 附近最大吸收波长作为测定波长 λ_{max}，在 UV2550 上固定 λ_{max}，然后成对地测定苯酚溶液两种光谱的吸光度差值。

(3) 未知试样中苯酚含量的测定：将 6 个 50 mL 容量瓶分成两组，每组 3 个，分别加入 5 mL 未知样。将其中 3 个用去离子水稀释，其余 3 个加入 5.0 mL KOH 溶液，再用去离子水稀释至刻度，分别摇匀。分成 3 对，用 1 cm 吸收池测定光度差值。

五、数据处理

(1) 利用表中测得的光谱差值，绘制成吸光度-浓度曲线，计算回归方程、R^2 值。

(2) 利用所得曲线或回归方程，计算未知样品中苯酚的含量(用 mol/L 表示)。

(3) 计算苯酚在碱性溶液(288 nm 附近)中的表观摩尔吸光系数。

六、注意事项

关于仪器使用及注意事项如下：

(1) 在使用本仪器前，先了解仪器的结构、功能及操作程序。

(2) 仪器开机前，确定样品室没有任何物品，并且样品室的盖子是关闭的。

(3) 在自检过程和扫描过程中，不要按动任何键，不要任意打开样品室盖子。

(4) 切勿将任何样品或溶液溅于仪器上或样品室内，应保持样品室的清洁和干燥。

(5) 注意保护比色皿，比色皿的光洁面必须清洁干净，不准用手触摸。光洁面外有污物或溶液，要用擦镜纸轻轻拭去后，再放入样品室。

(6) 利用差值光谱法进行定量测定，两种溶液中被测物的浓度必须相等。

七、思考和讨论

(1) 绘制苯酚在中性溶液、碱性溶液中的光谱和差值光谱时，应如何选择参比溶液?

(2) 在苯酚的差值光谱上有两个吸收峰，本实验采用 288 nm 测定波长，是否可以用 235 nm 波长作测定波长?为什么?

(3) 简单说明差值吸收光谱法的优点。

实验 10　紫外-可见分光光度法同时测定维生素 C 和维生素 E

一、实验目的

(1) 进一步熟悉 UV2550 型双光束紫外-可见分光光度计。

(2) 学习在紫外光谱区同时测定双组分体系——维生素 C 和维生素 E。

二、实验原理

维生素 C 和维生素 E 起抗氧化剂作用，即它们在一定时间内能防止油脂酸败。两者结合在一起比单独使用的效果更佳，因为它们在抗氧化性能方面是“协同的”。所以它们作为一种有用的组合试剂用于各种食品。

维生素 C 是水溶性的，维生素 E 是脂溶性的，但它们都能溶于无水乙醇，因此能用在同一溶液中测定双组分的原理来测定它们。

三、仪器及试剂

1. 仪器

UV2550 型双光束紫外-可见分光光度计；石英比色皿 2 只；50 mL 容量瓶 9 个；10 mL 吸量管 2 支。

2. 试剂

维生素 C：称取 0.0132 g 维生素 C 溶于无水乙醇中，并用无水乙醇定容至 1000 mL（7.50×10^{-5} mol/L）。

维生素 E：称取 0.0488 g 维生素 E 溶于无水乙醇中，并用无水乙醇定容至 1000 mL（1.13×10^{-4} mol/L）。

无水乙醇。

四、实验内容

1. 配制标准溶液

(1) 分别取维生素 C 储备液 4.00 mL、6.00 mL、8.00 mL、10.00 mL 于 4 个 50 mL 容量瓶中，用无水乙醇稀释至刻度、摇匀。

(2) 分别取维生素 E 储备液 4.00 mL、6.00 mL、8.00 mL、10.00 mL 于 4 个 50 mL 容量瓶中，用无水乙醇稀释至刻度、摇匀。

2. 绘制吸收光谱

以无水乙醇为参比，在 220～320 nm 波长范围，测绘出维生素 C 和维生素 E 的吸收光谱，并确定最大吸收波长 λ_1 和 λ_2。

3. 绘制标准曲线

以无水乙醇为参比，在波长 λ_1 和 λ_2 处分别测定步骤 1 中配制的 8 种标准溶液的吸光度。

4. 未知液的测定

取未知液 5.00 mL 于 50 mL 容量瓶中，用无水乙醇稀释至刻度、摇匀。在 λ_1 和 λ_2 处分别测其吸光度。

五、数据处理

(1) 绘制维生素 C 和维生素 E 的吸收光谱，确定 λ_1 和 λ_2。

(2) 分别绘制维生素 C 和维生素 E 在 λ_1 和 λ_2 的 4 条标准曲线，求出 4 条直线的斜率。

(3) 计算未知液中维生素 C 和维生素 E 的浓度。

六、注意事项

维生素 C 会缓慢地氧化成脱氢维生素 C，所以维生素 C 的标准溶液必须在实验时配制新鲜溶液。

七、思考和讨论

(1) 写出维生素 C 和维生素 E 的结构式，并解释一个是“水溶性”，一个是“脂溶性”的原因。

(2) 根据实验数据计算维生素 C 和维生素 E 的摩尔吸光系数，使用本方法测定维生素 C 和维生素 E 是否灵敏？解释其原因。

第 10 章　分子荧光光谱分析法

10.1　荧光分光光度计的基本组成

常温下，处于基态的分子吸收一定的紫外-可见光的辐射能成为激发态分子，激发态分子通过无辐射跃迁至第一激发态的最低振动能级，再以辐射跃迁的形式回到基态，发出比吸收光波长长的光而产生荧光。荧光光谱分析法具有检测限低、灵敏度高、选择性好、取样量少、方法简捷快速等特点，在化学、生命科学、环境学和医学等研究领域已得到广泛应用。

常见的荧光分光光度计由光源、激发单色器、样品室、发射单色器、检测器等组成，见图 10-1。

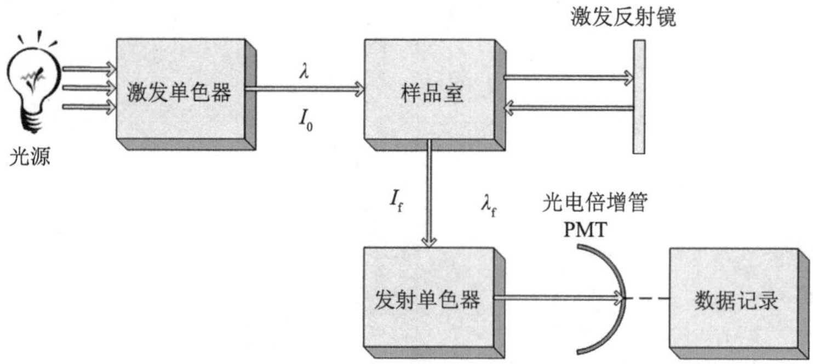

图 10-1　荧光仪器组成示意图

图 10-1 中，λ和λ_f为荧光的激发波长和发射波长，I_0 和 I_f 为激发光强度和发射光强度。荧光分光光度计有两个主要特征。其特征之一为荧光分光光度计有两个单色器，可以选择激发和发射波长，得到两个特征光谱，并可以有效去除入射光、入射光的散射光和背景光的干扰，提高选择性；第二个特征是入射光方向和荧光测量方向呈直角设计，光是直线传播，可消除透射光和散射光的干扰，使得荧光的测量可以在暗背景下进行。

目前的荧光分光光度计一般可用于测量荧光、磷光和化学发光，是一种定性、定量分析的仪器。通过荧光分光光度计的检测，可以获得物质的激发光谱、发射光谱、量子产率、荧光强度、荧光寿命、斯托克斯位移、荧光偏振与去偏振特性，以及荧光的猝灭方面的信息。根据荧光性能不同，荧光分光光度计可分为稳态荧光仪和瞬态荧光仪两种类型。稳态荧光仪可用于测定物质的激发光谱、发射光谱、量子产率、荧光强度等方面的信息。瞬态荧光仪除具有上述功能外，还可以测定发光寿命、时间分辨荧光光谱以及时间相关荧光偏振和光谱等性能。在瞬态荧光仪中，可以使用纳秒灯、微秒灯和脉冲激光灯测量样品的寿命。

10.2　荧光分光光度计的基本操作步骤和主要参数选择

10.2.1　一般荧光分光光度计的基本操作步骤

(1) 开机：打开荧光仪器上的主电源，冷却系统开始工作。

(2) 启动光源：荧光仪上多采用高压氙灯，不随主电源开启而启动，一般有单独的启动按钮。启动时有较大的电流变化，必须先启动光源。

(3) 打开计算机上的控制软件，仪器自检。仪器通过自检后，一般需预热 0.5 h 以上，才能正常使用测试样品荧光性能。

(4) 波长、狭缝和扫描速率等主要参数设定。

(5) 样品测定：荧光分光光度计上用的样品池是四面透明的石英荧光杯，无论空白测定还是样品测定都使用同一只荧光杯。常规的样品池光程是 1 cm，样品溶液加至荧光杯高度的 1/2 或稍多即可。也有更小规格的荧光杯，但外周的大小和标准的荧光杯是一致的。荧光杯石英玻璃面不能用手触摸，取放要拿在棱的位置，装好待测溶液后应用镜头纸(不能用软卫生纸！)仔细擦拭，进行测定。如测定固体样品，应用仪器配备的固体样品架，固体样品应均匀密实。

10.2.2　主要参数波长、狭缝和扫描速率选择

(1) 波长设定：进行荧光光谱扫描时，对已知荧光光谱的化合物的测定，扫描荧光光谱时，先固定已知激发波长，设定发射波长的扫描范围，起始波长设定高于激发波长 10 nm，结束波长根据需要设定；扫描激发光谱时，先固定发射波长，一般为最大荧光波长，起始波长根据需要设定，结束波长应设定为低于发射波长 10 nm。这样设定是为了避免激发单色器和发射单色器在扫描中处于波长相同的位置，防止强烈的散射光进入检测器，保护光电倍增管，也防止散射峰出现，导致测量错误。如果是未知的荧光物质，可以先根据分子结构判断其紫外-可见光的吸收波长，设定此波长为激发波长，进行预扫描。进行光度测定或动力学测定时，激发波长和发射波长设定为待测物的最大吸收波长和最大发射波长。

(2) 狭缝设定：狭缝的选择在荧光测量中很重要，溶液荧光测量时，一般选择 5 nm 以下的狭缝宽度，如果荧光很强，可进一步减小狭缝。荧光信号较弱时，发射端的狭缝可适当增大，入射端最好保持不变。入射端的狭缝过大可能会导致单色光的波长精度下降。测定固体样品荧光时，开始时应设定较小的狭缝，防止过强的散射光对仪器造成损害，根据测量情况再适当增大狭缝。磷光的强度一般远小于相应的荧光强度，

可以设置较宽的狭缝。

(3)扫描速率：扫描荧光波长有高、中、低不同的速率，起始的光谱扫描设置在中等的速率进行扫描。快速扫描可能会使光谱失真，而过慢的扫描速率噪声水平较高，曲线不光滑。最快的扫描速率一般是用于流通池测量或作为液相色谱的检测器时设定，样品通过测量窗口的时间只有几秒钟，必须快速扫描才能获得光谱信息。在扫描三维光谱时也需要较高的扫描速率，否则需要很长的测量时间。

10.2.3　荧光测定的注意事项

荧光仪的灵敏度高，影响因素很多，要保证准确获得荧光信息，使用时必须注意以下问题：

(1)荧光测量的灵敏度很高,荧光杯以及配制溶液用的容量瓶等玻璃器皿使用一段时间或测量物质改变时，应彻底清洗，可采用 1∶1 的高纯硝酸浸泡 10～30 min，清洗最后用二次水清洗。严重污染的比色皿可用有机溶剂如三氯甲烷、甲醇或四氢呋喃等除去有机物。洗涤干净后，晾干，置于比色皿盒内保存。

(2)配制荧光测定溶液必须用纯度高的溶剂(分析纯及以上)和二次水配制,相应的容器也必须用相应纯度的溶剂清洗，当对测量结果有疑问时，首先检查溶剂的荧光背景。

(3)荧光的强度和浓度只有在吸光度小于 0.05 时才呈线性关系，在进行定量分析，进行标准曲线测定时，注意高浓度溶液的吸光度不能高于 0.05。

(4)荧光仪的光源会产生很高的热量，因此开机时必须先开冷却系统，并观察工作正常再开启光源。常规的氙灯光源使用排风扇来降温，开机时应能听到排风扇工作的声音，关机时应让冷却系统继续工作一段时间，以保护光源和其他电子器件。

10.3　F-4500 荧光分光光度计的使用说明

F-4500 荧光分光光度计是用于测定荧光、磷光和化学发光的荧光仪，荧光仪的光路图见图 10-2。

在荧光测定时，光闸处于固定的位置，当在磷光测定模式下，光闸会以一定速率转动。

1. 开机前准备

实验室温度应保持在 15～30 ℃，湿度应保持在 45%～70%。确认样品室内无样品后，关上样品室盖。

2. 开机

(1)打开电源开关(“POWER” → “ON”)待风扇正常运转。

(2)按“Xe LAMP START”钮，黄色指示灯亮(按钮时间不能超过 5 s)。

(3) 在氙灯点亮后，打开“MAIN”→“ON”。

(4) 开计算机及外设，点击桌面上的 FLsolution 软件，等待光谱仪自检，绿色指示灯亮。

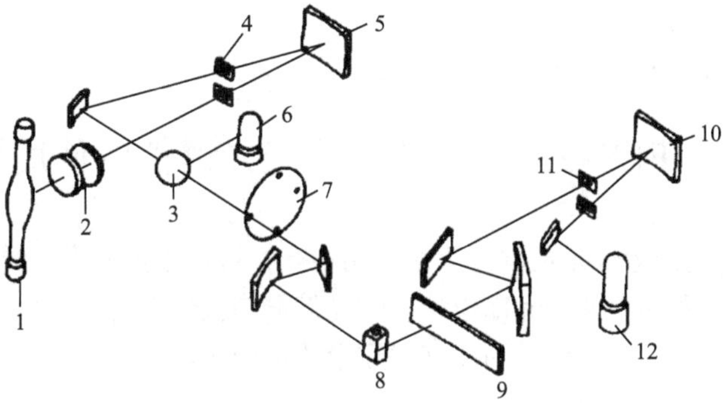

图 10-2　F-4500 荧光光度计的光路图

1-氙灯；2-透镜；3-光束分裂器；4, 11-狭缝；5, 10-激发和发射单色器；6-参考光电管；7-光闸；8-样品池；9-样品室光闸；12-光电倍增管(R-3788)

3. 编辑分析方法和测量

(1) 点击右边菜单的“Method”按钮。

(2) 出现一个 Analysis method 对话框。

(3) 点击“General”按钮。

(4) 在 Measurement 中可选择“Wavelength scan(波长扫描)”、“Time scan(时间扫描)”、“Photometry(光度测量)”、“3D scan(三维扫描)”。扫描荧光光谱选择波长扫描，进行定量分析选择光度测量。

(5) 点击“instrument”，测量模式可选择“Fluorescence(荧光)”、“Luminescence(发光)”、“Phosphorescence(磷光)”。可设定“Excitation(荧光激发)”、“Emission(荧光发射)”，同步“Synchronous”等参数。

(6) 分析方法建立后，点击“OK”，方法生成。

(7) 点击“measure”，仪器开始测量。测量完成后出现图谱处理图标，可选择相应的功能，如荧光光谱面积积分等。

4. 生成报告，保存文件

(1) 用 Excel 格式保存数据，点击“Report”，自动生成的文件选择“文件”→“副本另存为”→“重命名”保存在指定文件夹。

(2) 关掉图谱窗口，系统提示保存图谱文件，设置文件名，保存。

5. 关机

(1) 拿出样品池中样品，退出软件所显示的所有窗口，关掉计算机。

(2) 关闭(“Main”→“OFF”)。注：主电源关闭时，氙灯也关闭，不用单独关闭光源。

(3)关闭电源。

(4)打开电源开关(“POWER”→“ON”)风扇正常运转，排氙灯热量，直至排风处吹冷风为止(约 15 min)。

(5)在记录本上记录使用情况。

注意：开机、关机顺序千万不能搞错。

10.4　FLS920 稳态/瞬态荧光光谱仪的使用说明

FLS920 荧光光谱仪是英国爱丁堡公司生产，可用于荧光发射光谱、量子产率、荧光强度、荧光寿命、斯托克斯位移、荧光偏振与去偏振特性，以及磷光光谱方面的性能。仪器外观如图 10-3 所示，其光路图如图 10-4 所示。

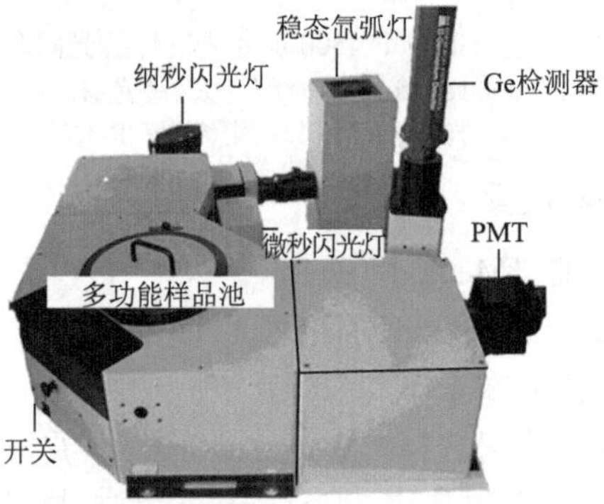

图 10-3　FLS920 荧光光谱仪外观

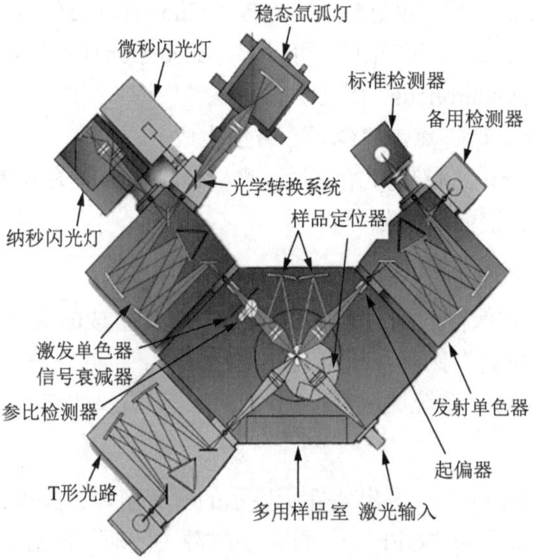

图 10-4　FLS920 荧光光谱仪的光路图

10.4.1　测量之前需要特别注意的事项

(1) 在切换光源、修改设置或放样品之前必须把狭缝($\Delta\lambda$)关到最小(0.01 nm)，否则会损坏光电倍增管！如果打开样品室盖子之后，发射单色器的 Signal Rate 增加，请停止实验并立即与工作人员联系！

(2) 用 PMT 检测时，必须等稳压电源的温度示数在−18 ℃以下才可以开始采集数据。

(3) 狭缝范围为 0.01～15 nm，调节时注意不要超过其上限。

(4) 每次设置完参数后都要点击“Apply”或者回车键确定。

(5) 扫描发射谱图时，一定要设置的发射谱的最小波长大于激发波长的 10 nm。

(6) 用专门 U 盘拷取数据，以邮件形式发送。

10.4.2　稳态荧光光谱的测定

1. 操作步骤

(1) 打开 Xe900 电源，待其稳定，稳定后电压为 16～17 V，电流为 25 A。

(2) 打开 CO1 电源和 FLS920 主机电源。

(3) 打开计算机，双击桌面上“F900”图标，进入工作站。

(4) 点击窗口左上角的“”按钮，进入 Signal Rate 设置窗口，先将“Excitation Wavelength”和“Em1 Wavelength”处的 $\Delta\lambda$ 均设置为 0.01 nm，按“Enter”或者点击“Apply”确认，再将 Source 设置为 Xe900，Em1 Detector 设置为 Red PMT 探测器，然后点击“Apply”。

(5) 打开样品室的盖子，放入待测样品，然后盖好。

(6) 在 Signal Rate 设置窗口内输入相应的“Excitation Wavelength”和“Em1 Wavelength”值，逐渐加大 $\Delta\lambda$，使 Em1 获得一个合适的 Signal Rate(一般小于 10^5)(注意：在设置后需要按下“回车”或者“Apply”按钮，设置才真正生效，Ref 的 Signal Rate 不要超过 10^7，Em1 的 Signal Rate 千万不要超过 10^6)。

(7) 单击“”按钮，选择“Excitation Scan”，进入设置窗口，在“Excitation Scan Parameters”内设置波长扫描范围、“step(扫描间隔)”、“Dwell Time(停留时间)”和“Number of Scans(扫描次数)”，设置完毕后点击“Start”即开始测量，得到激发光谱。

(8) 点击“”按钮，选择“Emission Scan”，进入设置窗口，在“Emission Scan Parameters”内设置波长扫描范围、扫描间隔、停留时间和扫描次数，设置完毕后点击“Start”即开始测量，得到发射光谱(荧光光谱)。

2. 数据处理

(1) 测量完成后，直接点击保存图标保存原始文件。

(2) 数据处理的功能都在 Data 菜单下。

(3) “Scale”：将当前的谱图坐标乘以输入的数值显示出来。

(4) “Normalize”：归一化，用此功能可以比较峰位是否相同。

(5) “Subtract Baseline”：扣基线。

(6) “Crop Range”：设置横坐标显示范围。

(7) “Differentiate”：显示微分曲线。

(8) “Integrate”：积分。

(9) “Reverse”：将横坐标刻度倒过来显示。

(10) “Correction”：谱图校正。

(11) 谱图处理结束后点击“File”，选择 Export ASC Ⅱ 即可以转换成文本文件。

10.4.3 荧光寿命的测量

注意：目前仪器的配置只能测量紫外-可见光区的荧光寿命，FLS920 配有三个脉冲灯(氢灯、脉冲激光灯和微秒灯)，一般情况下荧光寿命小于 25 μs 常使用氢灯或者脉冲激光灯(激发波长 404 nm)，荧光寿命大于 25 μs 常使用微秒灯。

1. 紫外-可见荧光寿命小于 25 μs 使用氢灯测量

(1) 打开 CO1、主机和 nF900 电源。

(2) 打开计算机，双击桌面上“F900”图标进入工作站。

(3) 点击“View”菜单，选择“nF Lamp Setup”进入窗口，点击“Switch Lamp On”，观察纳秒灯的频率，注意在此窗口不要更改设置，观察正常后关闭窗口。如果发现频率不能稳定在 40 kHz，请通知工作人员清洗氢灯。

(4) 点击软件窗口左上角的“”按钮，进入 Signal Rate 设置窗口，先将“Excitation Wavelength”和“Em1 Wavelength”处的 Δλ 均设置为 0.01 nm，按回车键“Enter”或者点击“Apply”，再将“Source”设置为“nF Lamp”，然后点击“Apply”。

(5) 打开样品室，放入样品，盖好盖子，输入样品的“Excitation Wavelength”和“Em1 Wavelength”值，逐渐加大 Δλ，使 Em1 获得一个合适的“Signal Rate”(一般不超过 2000)。

(6) 点击“”按钮，选择“Manual Lifetime”，进入设置菜单，在“Excitation”栏内设置好激发波长和“Light Source”，然后开始设置下部的“Lifetime Sample 1”菜单，在“Rates”标签内一边观察“Stop Rate”一边调节“Iris Setting”，使“Stop Rate”务必在 2000 以下，再在“Time Range”标签内选择一个合适的“Time Range”和“Channels”，在“Stop Condition”标签内根据样品情况选择一个合适的条件，设置好之后，点击“New”开始测试。

2. 紫外-可见荧光寿命小于 25 μs 使用脉冲激光灯测量

(1) 调节衰减片至最小挡位。

(2)单击“”按钮，进入“Signal Rate”设置窗口，将“Source”设置为“uf”或是“nf”或是关闭氙灯 Xe900。在“Ex wavelength”里填写不为 404 nm 及左右 15 nm 的波长，即不能在 389～419 nm 范围内取值。

(3)开启电源钥匙，待 laser ready 对应的灯亮且不再闪烁时可以按“laser on/off”，随着“laser on”对应的灯闪两下后即稳定，此时可以在样品上看到激光的散射光。注：激光器开启温度需达到 25 ℃左右，如果温度过低激光器将不能开启。

(4)点击“Manual lifetime”，查看下窗口里“Start rate”的读数，可调节激光器上的“pulse period”，对应的时间的倒数即为“stop rate”里的读数。

(5)在用液体样品架时需在架子透光侧放置一挡光的黑色铁块吸收热量。

(6)样品放好以后，放置大于 407 nm、约 450 nm 的滤光片，盖上盖子。调节衰减片，直至窗口里的“Stop rate”为频率的 1/20。与氢灯一样，设置合适的时间段、“stop condition”等，点击“new”查看信号。若出现多个峰，则需要减少激光频率即调小“pulse period”。

(7)对于短寿命的样品同样需要做仪器的衰减(IRF)。

(8)做 IRF 方法。将“life time”窗口关闭，打开“Signal Rate”窗口。对于液体样品，将同样的比色皿内放置硅胶水溶液作为散射体。对于固体样品可以依靠固体表面的散射作为信号。

(9)在移开样品室盖子的情况下，在“Signal Rate”窗口里设置“Iris”从 100 到 1。将发射波长设为同激发波长一致。狭缝宽度不能改动。将盖子盖上，查看 Em 信号强度。调节“Iris”，直至信号强度变大并且不超过 2000。

(10)关闭“Signal Rate”窗口，打开“Manual lifetime”窗口，在不改变任何设置的情况下，点击上面窗口的“IRF”、“Add”选框。点击“new”按键，软件立即开始进行采集操作并叠加到原来窗口。图为采集后的相关信号图。

(11)用软件的放大镜功能，选中需要的信号部分。一般为信号顶端前即信号上升沿至信号衰减到噪声部分为止。

(12)点击“Data/Exponential Fit/Reconvolution Fit”，进行寿命拟和。在拟和窗口的“τ1”空框内写入接近所测样品寿命的值，点击“Apply”，软件即做出相应的计算，最后得出实际测得的荧光寿命及其相应的误差。χ^2 一般为 1～1.3，Residuals 曲线应均匀分布在标线 0 的两边，没有大的曲线抖动即为比较符合真实值的数据。

3. 紫外-可见荧光寿命(荧光强度大于 25 μs 才能衰减到零)测量步骤

对于荧光寿命大于 25 μs 的样品，需要用到微秒灯，其设置和步骤如下：

(1)打开 CO1、主机和 nF900 电源。

(2)打开计算机，双击桌面上“F900”图标进入工作站。

(3)点击“Options”菜单，选择“Hardware Configuration”，在“Lamps”栏中将“Steady State Lamp”勾掉，再将“Microsecond Flash lamp”勾上，然后确定并重启程序，并去把 Xe 灯处的光路切换开关拨向上方(注意：实验完成后一定要将此开关拨回)。

(4)点击软件窗口左上角的“ ”按钮，进入“Signal Rate”设置窗口，先将“Excitation Wavelength”和“Em1 Wavelength”处的 $\Delta\lambda$ 均设置为 0.01 nm，按回车键“Enter”或者点击“Apply”，再将“Source”设置为“μF Lamp”，“Em1 Detector”设置为“R928-P A”，然后点击“Apply”。

(5)打开样品室，放入样品，盖好盖子，输入样品的“Excitation Wavelength”和“Em1 Wavelength”值，逐渐加大 $\Delta\lambda$，使 Em1 获得一个合适的“Signal Rate”。

(6)点击“ ”按钮，选择“Manual Lifetime”，进入设置菜单，在“Excitation”栏内设置激发波长和“Light Source”，在“Emission 1”栏内设置发射波长和“Detector”，将“Live”选择框勾上，再在“Time Range”标签内选择一个合适的“Time Range”和“Channels”，在“Stop Condition”标签内根据样品情况选择一个合适的条件，设置之后，点击“New”开始测试。

4. 数据处理

(1)测量完成后，点击保存，将原始文件保存。

(2)点击“Zoom In”按钮，然后在图上选取一个需要进行拟合的范围，在“Data”菜单下选择“Exponential Fit”中的“Tail Fit”，在弹出的窗口内输入数值进行拟合，得到衰减寿命。

(3)对于寿命很短的样品，在样品测量完成后，要做仪器的衰减(IRF)，液体样品用 30%硅胶水溶液作散射体，固体样品用固体本身作散射体，在“Signal Rate”设置窗口中将“Excitation Wavelength”和“Em1 Wavelength”值都设置为“Excitation Wavelength”值，然后调整 $\Delta\lambda$ 获得合适的 Em1 值，完成后关闭窗口。

(4)点击“ ”按钮，选择“Manual Lifetime”，进入设置菜单，将“Live”、“IRF”和“Add”选择框勾上，别的设置与样品一致，设置之后，点击“New”开始测试。

(5)测量完成后，选择拟合范围，点击“Data”菜单，选择“Exponential Fit”中的“Reconvolution Fit”进行拟合。

(6)拟合完成后，保存拟合的文件，共三种类型的文件：原始文件、ASCⅡ文件和图片文件。直接点击保存可以保存原始文件；点击“File”选择“Export ASCⅡ”即可以保存成文本文件；选择“save as”，保存文件。

10.4.4 关机程序

(1)关闭所使用灯源。

(2)关闭 F900 程序和计算机。

(3)关闭 MF-1 电源、Bentham 225 电源。
(4)关闭 CO1 电源。
(5)关闭 FLS920 主机电源。
(6)在仪器使用记录本上做好使用记录。

实验 11　邻、间和对羟基苯甲酸的荧光性质研究

一、实验目的

(1)学习荧光分析法的基本原理和操作。
(2)了解化合物的荧光性质及其与结构的关系。

二、实验原理

邻羟基苯甲酸(也称水杨酸，见图 10-5)、间羟基苯甲酸和对羟基苯甲酸分子组成相同，均含一个能发射荧光的苯环，但因其取代基的位置不同而具不同的荧光性质。由于羟基和羧基上氢离子的解离对 pH 的变化比较敏感，在不同的 pH 下，呈现不同的荧光发射性质。在 pH 12 的碱性溶液中，邻羟基苯甲酸和间羟基苯甲酸在 310 nm 附近紫外光的激发下均会发射荧光；在 pH 5.5 的近中性溶液中，间和对羟基苯甲酸荧光较弱，邻羟基苯甲酸因分子内形成氢键增加分子刚性而有较强荧光，且其荧光强度与 pH 12 时相同。

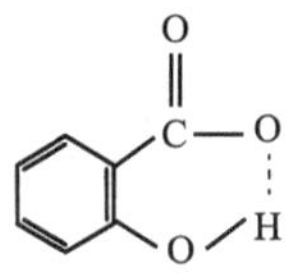

图 10-5　水杨酸的分子内氢键

利用此性质，可在 pH 5.5 时测定二者混合物中邻羟基苯甲酸含量，间羟基苯甲酸不干扰，对羟基苯甲酸的荧光很弱。通过本实验可研究考察取代基的不同位置以及酸度对有机酸分子的荧光光谱和强度的影响。

三、仪器及试剂

1. 仪器

日立 F4500 型荧光分光光度计，需设定的主要仪器参数有：带通(bandpass，或称狭缝)5 nm；扫描速率(scan speed)适中；灵敏度(纵坐标)。

10 mL 比色管、吸量管。

2. 试剂

邻羟基、间羟基和对羟基苯甲酸储备液：1×10^{-3} mol/L（水溶液）；配制溶液时如溶解困难，可加入少量 NaOH 助溶，再用水稀释到刻度。

HAc-NaAc 缓冲溶液：47 g NaAc 和 6 g 冰醋酸溶于水并稀释至 1 L，得 pH 5.5 的缓冲溶液。

NaOH 水溶液：0.01 mol/L。

HCl 水溶液：0.1 mol/L。

四、实验内容

1. pH 对荧光光谱的影响

在 10 mL 比色管中，取 0.1 mL 储备液，加入 5 mL 相应 pH 溶液，稀释至刻度，配制三种化合物的标准溶液浓度约为 1×10^{-5} mol/L，pH 分别为 1.0、5.5 和 12 的溶液，扫描荧光光谱。

测定荧光激发光谱和发射光谱：先固定发射波长为 400 nm，在 250～350 nm 进行激发波长扫描，获得溶液的激发光谱和荧光最大激发波长；再固定激发波长，在 350～500 nm 进行发射波长扫描，获得溶液的发射光谱和荧光最大发射波长。此时，在激发光谱最大激发波长处和发射光谱最大发射波长处的荧光强度应基本相同。

2. 荧光的内滤效应和猝灭现象

根据上述激发光谱和发射光谱扫描结果，确定最佳酸度条件，一组波长（最大激发和发射波长）测定水杨酸的浓度和荧光强度的关系。

(1) 内滤效应：配制浓度为 1×10^{-6}～3×10^{-5} mol/L 水杨酸标准系列（7 个点）于已编号的 10 mL 比色管中，各加入 2.0 mL pH 5.5 的 HAc-NaAc 缓冲溶液（或选择的其他缓冲溶液），用去离子水稀释至刻度，测定荧光强度，绘制标准曲线。

(2) 猝灭现象考察：配制 5×10^{-6} mol/L 水杨酸溶液，分别加入 0.1 mol/L 或 0.05 mol/L 的 KI、$NaNO_3$、$Pb(NO_3)_2$、$MgCl_2$ 溶液 0.5 mL，测定各溶液的荧光强度，并与未加试剂的荧光强度比较。

五、数据处理

(1) 根据不同 pH 下，三种化合物的荧光光谱总结其荧光性质、pH 影响规律，并分析原因。

(2) 制作标准曲线，确定线性范围和线性相关系数。

(3) 记录不同化合物存在的荧光强度，计算未加试剂与加入试剂的荧光强度比值。

六、思考和讨论

(1) pH 5.5 时，邻羟基苯甲酸（$pK_{a_1}=3.00$, $pK_{a_2}=12.38$）和间羟基苯甲酸（$pK_{a_1}=4.05$, $pK_{a_2}=9.85$）水溶液中主要存在的酸、碱型体是什么?为什么二者的荧光性质不同?如果要考察激发态的 pK_a 值是否与基态不同，应如何设计实验?

(2) 从本实验可总结出几条影响物质荧光强度的因素?

(3) 哪些物质对荧光有较强的猝灭作用？为什么？

实验 12　分子荧光光谱分析法测定阿司匹林中乙酰水杨酸的含量

一、实验目的

(1) 了解化合物的荧光性质及其与结构的关系。

(2) 掌握 F4500 荧光分光光度计的操作方法。

(3) 学会荧光法测定药物中的乙酰水杨酸含量的方法。

二、实验原理

邻羟基苯甲酸(水杨酸，SA)在 pH 12 的碱性溶液中和 pH 5.5 的近中性溶液中，在 310 nm 附近紫外光的激发下会发射荧光；邻羟基苯甲酸因分子内形成氢键增加分子刚性而有较强荧光，且其荧光强度与 pH 12 时相同。乙酰基水杨酸(图 10-6)是水杨酸的衍生物，它是有机弱酸(pK_a=3.0)，微溶于水，易溶于乙醇。在 NaOH 或 Na_2CO_3 等强碱性溶液中溶解并分解为水杨酸(邻羟基苯甲酸)。乙酰基水杨酸在水溶液中的荧光强度较弱，但其可以在碱性溶液中迅速水解，呈现水杨酸的荧光性质，因此可用于定量分析。

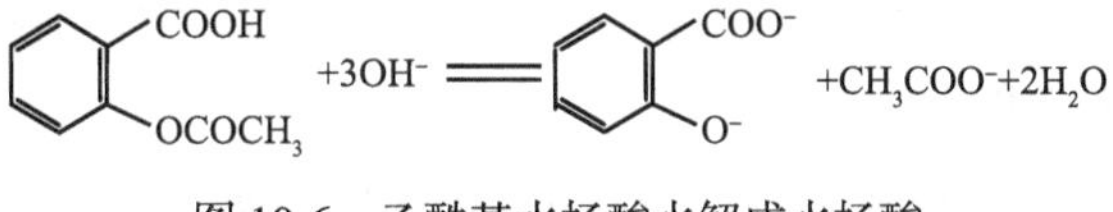

图 10-6　乙酰基水杨酸水解成水杨酸

三、仪器及试剂

1. 仪器

日立 F4500 荧光分光光度计；100 mL 容量瓶；研钵；称量瓶；玻璃棒；10 mL 比色管、分度吸量管。

2. 试剂

1.0×10^{-3} mol/L 水杨酸；乙酰水杨酸；阿司匹林；乙酸；0.1 mol/L NaOH 水溶液。

四、实验内容

1. 溶液配制方法

(1) HAc-NaAc 缓冲溶液：47 g NaAc 和 6 g 冰醋酸溶于水并稀释至 1 L，得 pH 5.5 的缓冲溶液。

(2) 乙酰基水杨酸储备液：精密称取 105 ℃干燥至恒量的阿司匹林对照品 10 mg，置于 100 mL 容量瓶中，加水 10 mL，加 0.1 mol/L 氢氧化钠溶液 10 mL，置沸水浴中水解 5 min，放冷至室温，加稀硫酸 4 mL，加水稀释至刻度，摇匀作为储备液。

(3) 标准系列配制：分别移取 0.30 mL、0.50 mL、0.7 mL、0.9 mL 和 1.2 mL 乙酰基水杨酸水解溶液于已编号的 10 mL 比色管中，各加入 2.0 mL pH 5.5 的 HAc-NaAc 缓冲溶液，用去离子水稀释至刻度，摇匀备用。

2. 样品制备方法

(1) 取样品 10 片，精密称定，研细，精密称取适量(约相当于阿司匹林 10 mg)置于 100 mL 容量瓶中，按标准阿司匹林对照储备液同法水解并稀释至刻度、摇匀，过滤，取续滤液适量，以 pH 5.5 的 HAc-NaAc 缓冲溶液制成浓度约为 1 μg/mL 的溶液作为供试液。平行 3 份。

(2) 另精密称取本品细粉适量(约相当于阿司匹林 10 mg)置于 50 mL 容量瓶中，用 pH 5.5 的 HAc-NaAc 缓冲溶液溶解并稀释至刻度、摇匀，过滤，滤液作为参比液。

3. 仪器方法设置

参照实验 11 设置仪器参数。

4. 分析测试

(1) 荧光光谱。配制水杨酸标准溶液浓度约为 1×10^{-5} mol/L (pH 5.5)，配制同样浓度的乙酰基水杨酸水解溶液。扫描荧光激发光谱和发射光谱：先固定发射波长为 400 nm，在 250～350 nm 进行激发波长扫描，获得溶液的激发光谱和荧光最大激发波长；再固定激发波长，在 350～500 nm 进行发射波长扫描，获得溶液的发射光谱和荧光最大发射波长。

(2) 测试标准溶液：以试剂为空白，将 1.(3) 配制的一系列乙酸水杨酸水解标准溶液，在相应的最大发射波长，测试最大激发波长下的荧光强度，测定 3 次。

(3) 待测样品测试：用测定标准系列时相同的条件，测定供试液和参比液，平行测量其荧光强度 3 次。

(4) 配制 5 份试剂空白溶液，测定荧光强度，计算标准偏差 s，根据标准曲线估计 3 倍 S/N 所对应的乙酰水杨酸浓度。配制低浓度的乙酰水杨酸溶液(浓度为检出限的两三倍)，扫描荧光光谱，验证检出限。

五、数据处理

(1) 以各标准溶液的荧光强度 (I_F) 为纵坐标，以乙酰基水杨酸的浓度为横坐标制作工作曲线，求出线性方程和线性相关系数。

(2) 根据标准曲线，扣除样品参比液的空白值后，计算乙酰基水杨酸在未知液中的浓度，计算样品含量。

(3) 根据空白值的标准偏差计算检出限，计算出阿司匹林、水杨酸的百分含量。

六、思考和讨论

(1) 在测定样品时，以未水解的样品溶液作参比，为什么？测定出的荧光可能是什么化合物的荧光？

(2) 在分析化学中检出限的定义是什么？本实验中乙酰基水杨酸的检出限是多少？

实验 13　时间相关单光子计数法测定罗丹明 B 的寿命

一、实验目的

(1) 测量荧光物质的荧光量子产率的基本原理。

(2) 掌握溶液荧光寿命的测量方法和相关影响因素。

二、实验原理

FLS920 测量荧光寿命的原理是基于时间相关单光子计数法。时间相关单光子计数法 (time-correlated single photon counting，TCSPC) 简称单光子计数 (SPC) 法，TCSPC 的工作原理见图 10-7，光源发出的脉冲光引起，起始光电倍增管产生电信号，该信号通过恒分信号甄别器 1 启动时辐转换器工作，时幅转换器产生一个随时间线性增长的电压信号。另外，光源发出的脉冲光通过激发单色器到达样品池，样品产生的荧光信号再经过发射单色器到达终止光电倍增管，由此产生的电信号经由恒分信号甄别器 2 到达时幅转换器，并使其停止工作。这时时幅转换器根据累积电压输出一个数字信号，并在多道分析仪 (multichannel analyzer) 的相应时间通道计入一个信号，表明检测到寿命为该时间的一个光子。脉冲光源激发样品后，样品发射荧光光子信号，每次脉冲后只记录某特定波长单个光子出现的时间 t，经过多次计数，测得荧光光子出现的概率分布 $P(t)$，此 $P(t)$ 曲线就相当于激发停止后荧光强度随时间衰减的 $I(t)$ 曲线，如图 10-8 所示的直方图，此图经过平滑处理得到荧光衰减曲线。这好比一束光 (许多光子) 通过一个小孔形成的衍射图与单光子一个一个地通过小孔长时间的累积得完全相同的衍射图的原理是相同的。

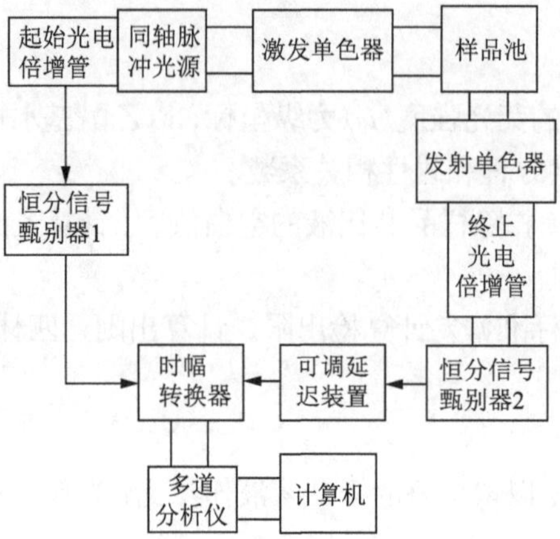

图 10-7　TCSPC 测定荧光寿命的工作原理

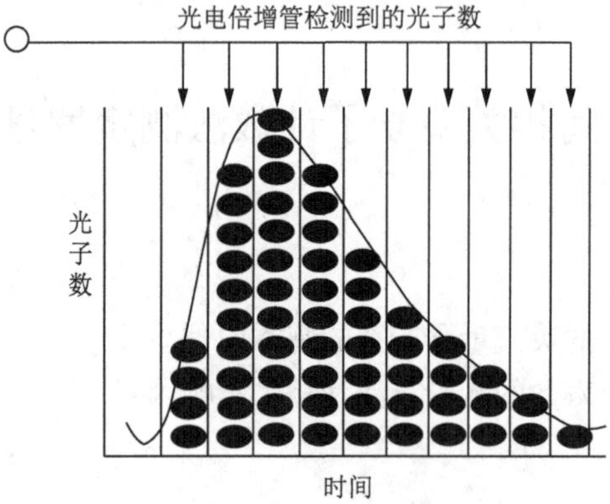

图 10-8　单光子计数荧光衰减曲线形成示意图

三、仪器及试剂

1. 仪器

FLS920 稳态/瞬态荧光光谱仪；石英比色皿；吸量管。

2. 试剂

罗丹明 B 标准溶液：1.0×10^{-3} g/L。

四、实验内容

1. 溶液配制方法

使用无水乙醇配制罗丹明 B 母液 1.0×10^{-3} g/L，然后使用去离子水稀释至 1.0×10^{-6} g/L。

2. 仪器方法设置

按照 10.4.2 和 10.4.3 小节仪器操作说明进行分析方法设置。选择“nF Lamp”，设置样品的“Excitation Wavelength”和“Em1 Wavelength”值分别为 554 nm 和 570 nm，在“Time Range”设置为 50 ns（罗丹明 B 水溶液荧光寿命约为 3.0 ns）。

五、数据处理

(1) 用软件的放大镜功能，选中需要的信号部分。一般为信号顶端前即信号上升沿至信号衰减到噪声部分为止。

(2) 点击“Data/Exponential Fit/Reconvolution Fit”，进行寿命拟和。

(3) 在拟和窗口的“τ1”空框内写入接近所测样品寿命的值，点击“Apply”，软件即做出相应的计算，最后得出实际测得的荧光寿命及其相应的误差。χ^2一般为 1～1.3，Residuals 曲线应均匀分布在标线 0 的两边，没有大的曲线抖动即为比较符合真实值的数据。

六、思考和讨论

(1) 可否选择脉冲激光纳秒灯（激发波长 404 nm）测试罗丹明 B 寿命？何种情况下选择此纳秒灯？

(2) 如果荧光物质的寿命超过 25 μs，应选择何种光源测定其荧光寿命？

实验 14　相对法测定水杨酸的量子产率

一、实验目的

(1) 了解测量荧光物质的荧光量子产率的基本原理。

(2) 掌握溶液荧光量子产率的测量方法和相关影响因素。

二、实验原理

荧光光谱分析法在有机电致发光、生物医药、临床诊断等领域得到广泛应用。高性能荧光材料的制备已成为这些领域的研究热点与前沿，而这些荧光材料的荧光量子产率的高低直接影响它们的性能优劣。荧光量子产率（Q_f）即荧光物质吸光后所发射的荧光的光子数与所吸收的激发光的光子数的比值，见式(10-1)。Q_f 的数值在通常情况下总是小于 1。Q_f 的数值越大则化合物的荧光越强，有分析应用价值的荧光化合物的 Q_f 一般常为 0.1～1，而无荧光的物质的 Q_f 等于或非常接近于零。

$$Q_f = \frac{k_f}{k_f + \sum k_{nf}} = \frac{\text{photons}_{em}}{\text{photons}_{abs}} \tag{10-1}$$

式中，k_f为荧光发射速率常数；k_{nf}为各种非辐射跃迁的速率常数；$photons_{em}$为发射的光子数；$photons_{abs}$为吸收的光子数。

测定荧光物质溶液的荧光量子产率一般采用参比法测定。即在相同激发条件下，分别测定待测荧光试样和已知量子产率的参比荧光标准物质两种稀溶液的积分荧光强度（校正荧光光谱所包括的面积）以及对一相同激发波长的入射光（紫外-可见光）的吸光度，再将这些值分别代入式(10-2)进行计算，就可获得待测荧光试样的量子产率。

$$Q_s = Q_R \frac{m_s}{m_R} \frac{n_s^2}{n_R^2} \tag{10-2}$$

式中，R表示参比物质；s表示待测样品；m为荧光发射光谱面积(F)与相应吸光度的比值，$m = \frac{F}{A}$；n为溶液的折射率（如果参比物质和样品用同样的溶剂则为1）。运用式(10-2)时一般要求吸光度A_s、A_R低于0.05，参比标准样最好选择其激发波长值与待测物质相近的荧光物质。

量子产率可以用单点法测定，即分别配制1个浓度水平的参比和待测物质的标准溶液，但是测量误差会比较大。比较准确的方法是配制系列浓度的标准溶液，调整标准溶液的浓度使其吸光度在0.01～0.05范围内，测定参比和待测物质标准系列在最大激发波长下的吸光度和荧光光谱，绘制相关曲线，如图10-9为标准参考物质的相关曲线，相关曲线的线性相关系数应大于0.99，计算曲线的斜率m，代入式(10-2)进行计算。

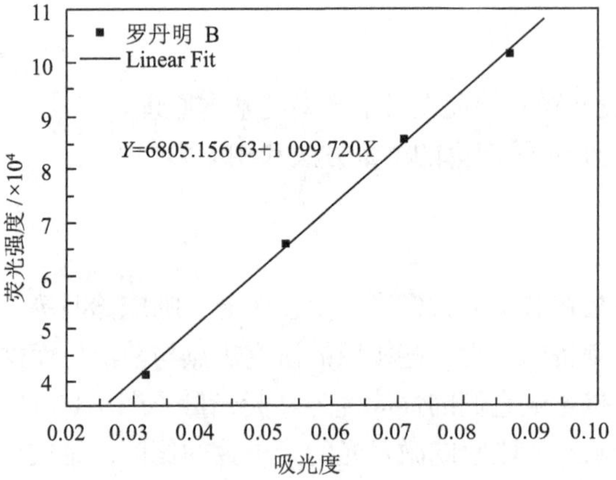

图10-9　吸光度和荧光光谱积分面积的线性相关图

本实验以硫酸奎宁为参考物质，测定水杨酸的荧光量子产量。

三、仪器及试剂

1. 仪器

F4500 荧光分光光度计；紫外-可见分光光度计；荧光比色皿 1 个；紫外石英比色皿 1 对；10 mL 具塞比色管、移液管。

2. 试剂

硫酸奎宁溶液：5×10^{-5} mol/L（0.1 mol/L 硫酸溶液）。

水杨酸储备液：5×10^{-5} mol/L 溶液（水溶液）。

四、实验内容

(1) 扫描硫酸奎宁的荧光激发和发射光谱，找出其最大激发波长，激发波长应与水杨酸接近。

(2) 校正荧光仪的激发和发射波长强度：激发波长校正用罗丹明 B 溶液（5 g/L），校正发射波长用散射光池；已校正的仪器可略过此步骤。

(3) 配制 3～5 种不同浓度的硫酸奎宁溶液和水杨酸溶液（最佳条件），使其吸光度（最佳激发波长下）在 0.01、0.03、0.05 左右（浓度最大溶液的吸光度必须在 0.1 以下），本实验配制 3 个不同浓度。

(4) 测定硫酸奎宁和水杨酸溶液的吸光度（波长设置为二者的激发波长）；测定溶剂空白的吸光度。

(5) 扫描硫酸奎宁和水杨酸溶液的荧光光谱，测定荧光发射光谱的面积，测定溶剂空白的荧光光谱，测定相应波长范围的面积。

五、数据处理

(1) 以吸光度为横坐标，荧光面积为纵坐标，分别绘制两种化合物的吸光度与荧光发射面积（必须扣除空白）的相关关系，得到线性方程和线性相关系数，线性相关系数至少应为 0.99。

(2) 将所得斜率代入计算方程，查出溶剂的折射率，计算荧光量子产率。

六、思考和讨论

(1) 用相对法测定荧光量子产量对参比物质有什么要求？

(2) 本实验采用相关曲线的方法测定量子产率有什么优点？

第 11 章　近红外光谱法

近红外光谱(near infrared，NIR)是介于可见光和中红外之间的电磁辐射波，美国材料与试验协会(American Society for Testing and Materials，ASTM)将近红外光谱区定义为 780～2526 nm 的区域，是人们在吸收光谱中发现的第一个非可见光区。近红外光谱区与有机分子中含氢基团(OH、NH、CH)振动的合频和各级倍频的吸收区一致，通过扫描样品的近红外光谱，可以得到样品中有机分子含氢基团的特征信息，而且利用近红外光谱技术分析样品具有方便、快速、高效、准确、成本较低、不破坏样品、不消耗化学试剂、不污染环境等优点，因此该技术受到越来越多人的青睐。

11.1　近红外光谱仪的基本组成和测量条件的选择

近红外光谱仪无论按何种方式设计，一般由光源、分光系统、测样器件、检测器、数据处理系统和记录仪(或打印机)等 6 部分构成，其结构示意图见图 11-1。

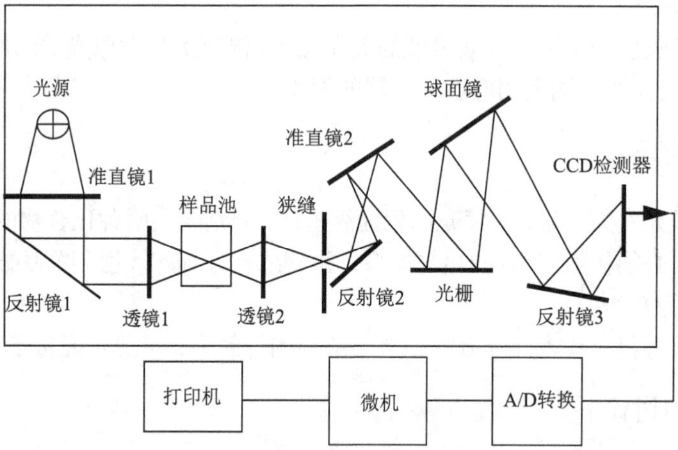

图 11-1　近红外光谱仪的结构示意图

近红外光谱仪根据分光系统可分为固定波长滤光片、光栅色散、快速傅里叶变换、声光可调滤光器和阵列检测五种类型。由于滤光片数量有限，滤光片型主要作专用分析仪器，如粮食水分测定仪。光栅扫描式具有较高的信噪比和分辨率，由于仪器中的可动部件(如光栅轴)在连续高强度的运行中可能存在磨损问题，从而影响光谱采集的可靠性，不太适合于在线分析。傅里叶变换近红外光谱仪具有较高的分辨率和扫描速率，这类仪器的弱点同样是干涉仪中存在移动性部件，且需要较严格的工作环境。声光可调滤光器是采用双折射晶体，通过改变射频频率来调节扫描的波长，整个仪器系统无移动部件，扫描速率快。但目前这类仪器的分辨率相对较低，价格也较高。随着阵列检测器件生产技术的日趋成熟，采用固定光路、光栅分光、阵列检测器构成的近红外光谱仪，以其性能稳定、扫描速率快、分辨率高、信噪比高以及性能价格比好等特点正越来越引起人们的重视。与固定光路相匹配的阵列检测器中，常用的有电荷耦合器件(CCD)和二极管阵列(PDA)两种类型，其中 Si 基 CCD 多用于近红外短波区域的光谱仪，In、Ga、As 基 PDA 检测器则用于长波近红外区域。

11.2　近红外光谱分析的一般步骤

近红外光谱仪的一般操作流程见图 11-2。

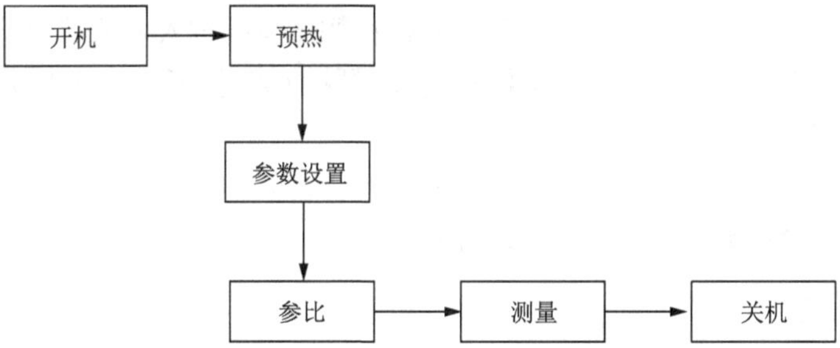

图 11-2　近红外光谱仪的操作流程

1. 开机预热

打开计算机操作软件，联机。开始仪器自检即对仪器的软硬件进行检查，确认仪器处于正常的工作状态。选择合适的电源(便携仪器还有外部电源)进行性能测试。

2. 参数设置

测量参数的设置主要包括波长范围、分辨率、采样间隔和扫描次数。

波长范围：在获取有效近红外光谱信息中波长范围的选择非常重要。如果波长范围取得过宽，可能会引入不必要的变量，干扰所建模型，影响模型的预测能力。如果波长范围过窄，可能会人为丢失重要变量，造成预测偏差增大。因此，波长范围选取要适当，才能得到较好的预测结果。

分辨率：光谱的分辨率主要取决于光谱仪器的分光系统，分光系统的光谱带宽越窄，其分辨率越高，分辨率的大小还与狭缝的设计有关。采用多大的分辨率主要由样品信息的提取要求决定，分析物为无机物时可采用较高的分辨率 4 cm^{-1} 或

8 cm^{-1}，而在分析有机物时多采用较低的分辨率 16 cm^{-1} 或 32 cm^{-1}，以得到高光通量，提高低吸收样品的检测精度。

采样间隔：指连续记录的两个光谱信号间的波长差。很显然，间隔越小，样品信息越丰富，但光谱储存空间也越大；间隔过大则可能丢失样品信息，比较合适的数据采样间隔设计应当小于仪器的分辨率。

扫描次数：可选 1～255 的任何数。次数越大测量时间越长，精度越高。一般选 64 或 128 次，最后给出各波长吸光度的平均值作为最终光谱数据。

3. 测量方式的选择

透射法：适用于透明样品的分析，定量关系符合比尔定律，石英或玻璃样品池载样。待测样品置于作用光与检测器之间，检测器所检测到的分析光是作用光通过样品体与样品分子相互作用的光。若样品是透明的真溶液，则分析光在样品中经过的路程一定，透射光的强度与样品组分浓度由比尔定律决定。

反射法：检测器与光源置于待测样品的同一侧，检测器检测到的分析光是光源发出的作用光投射到物体后，以各种方式反射回来的光。物体对光的反射分为规则反射光(镜面反射)与漫反射。规则反射光指在物体表面按入射角等于反射角的反射定律发生的反射。漫反射是光投向漫反射体(颗粒或粉末)后，在物体表面或内部发生的方向不定的反射。

漫反射光谱法：几乎适用于各类样品的分析，如不透明、固体、半固体样品的分析，采用积分球或特定的漫反射载样器件。

4. 分析测量

测定选择适宜的空白，对样品进行光谱扫描。

11.3　模型的建立及预测

近红外区的光谱吸收带是有机物质中能量较高的化学键(主要是 CH、OH、NH)在中红外光谱区基频吸收的倍频、合频和差频吸收带叠加而成的。近红外谱区光谱严重重叠无特征峰，因此近红外光谱中的与成分含量相关的信息很难直接指认并给予合理的光谱解析。化学计量学的发展解决了因不能使用传统的工作曲线法进行定量分析的难题。近红外光谱分析的工作原理基于样品的组成相同，则其光谱相同，而组成有差异必定光谱也会产生差异。如果能够建立光谱与组成或性质参数之间的对应关系(称为分析模型)，只要测得样品的近红外光谱，通过光谱和上述对应关系，就能很快得到所需要的定量或定性参数的数据。图 11-3 为数据处理的基本流程。

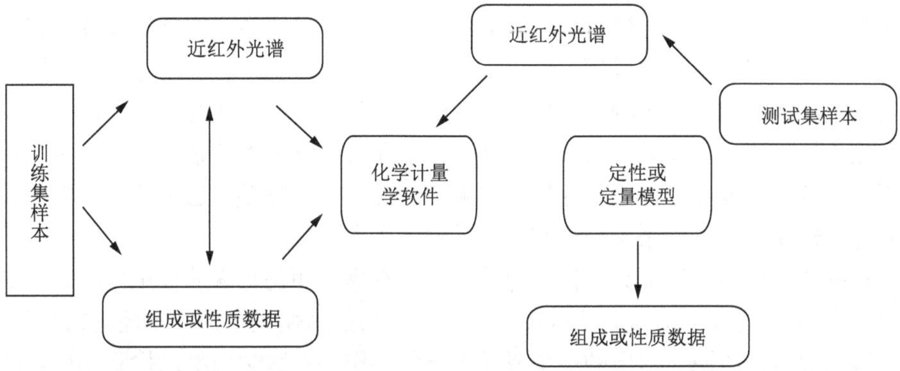

图 11-3　近红外光谱法数据处理建模的基本流程

在建立模型过程中需要已知一定数量样本的近红外光谱和化学值(组成或性质数据)，样本集化学值的准确性决定了所建模型的精度。因为这些值测定的精确度是近红外光谱运用数学模型进行定量分析精确度的理论极限。

1. 测量数据的预处理

近红外光谱与其他光谱法相比，信号的信噪比低，背景复杂，谱峰重叠严重，为了提高模型建立的可靠性与准确性，可以采用化学计量学方法对近红外光谱数据进行预处理。

预处理方法主要包括 S-G 多项式平滑、S-G 多项式求导、均值中心化、标准化、多元散射校正、标准正态变量变换、小波变化、正交信号校正等几种预处理方法。导数光谱可有效地消除基线和其他背景的干扰，分辨重叠峰，提高分辨率和灵敏度。多元散射校正可以消除颗粒分布不均匀及颗粒大小产生的散射影响。

波长的选择也是预处理的主要内容，建模波段过宽，必然包含大量冗余信息，波段选择有利于简化模型，提高模型预测精度，波长的选择对于模型的性能影响较大，是建模研究的主要内容之一。

2. 建模方法

在建模过程中，采用不同的主成分数，模型的预测能力也会有较大的差异。利用预测残差平方和对主成分数作图来确定最佳主成分数。

建立样本光谱与组成或性质数据之间的对应关系，即校正模型，分为定性和定量模型。建立定性模型的方法有无监督的模式识别(系统聚类法、最小生成树法、*K* 均值聚类法、主成分方法)和有监督的模式识别(距离判别法、线性学习机、人工神经网路、相似分析法、*K* 最邻近法、线性判别式分析、支持向量机方法)。定量模型主要为偏最小二乘回归、主成分回归和人工神经网络等，不同类型的近红外光谱仪自带软件的建模方法不尽相同，可根据仪器提供的方法选择。

将测量得到的光谱数据导出样本集，采用内部程序分成校正集和验证集，并保存在数据库中，导入与光谱对应的组成或性质数据，选择合适的预处理方法和建模方法建立模式识别或定量模型。校正集样本用来建立模型，验证集用来评价模型，将校正集所建数学模型预测验证集各样本的性质与实际值作线性相关，计算相关系数和校正标准差。相关系数与校正标准差用来评价数学模型的预测效果，相关系数接近 1，校正标准差逼近于验证集样本测定的性质的标准差。通过调整建模参数得到最优的建模方法，用来预测未知化学性质的样本。

在有些软件中，验证集不作为单独一个样本集，而是每次从校正样本集中依次提出一个(leave-one-out)或几个样品(leave-*n*-out)，然后用剩余的样本建立数学模型，所建数学模型预测原来提出的一个或几个样本，作为对数学模型的检验。反复进行上述步骤，直至校正样本集中的每个样本都被预测过一次。为了评价数学模型，将内部交叉验证时用数学模型预测的校正集中各样本的化学值与各样本的实际值作线性相关，计算相关系数和校正标准差。相关系数与校正标准差用来评价数学模型的预测效果，相关系数接近 1，校正标准差逼近于校正集样本测定的化学值的标准差。如果内部交叉证实的方法确定数学模型预测的效果较好，才可以运用外部验证(测试集)进一步检验和评价数学模型。

3. 模型预测

用所建数学模型预测未出现在校正集中的多个待测量已知的测试样本(测试集中各样本)的待测值，对实际值与预测值作线性相关，并用相关系数和预测标准差来表示预测效果，评估模型的建模能力，相关系数接近 1，预测标准差逼近于校正标准差。外部测试集可检验和评价数学模型，以证实模型对外的泛化能力。建立模型的最终目的是利用所建模型和样本的近红外光谱数据预测其性质数据(待测量)。

11.4　近红外光谱法常用的仪器

近红外光谱仪有台式和便携式两种，图 11-4 和图 11-5 分别为台式和便携式近红外光谱仪。

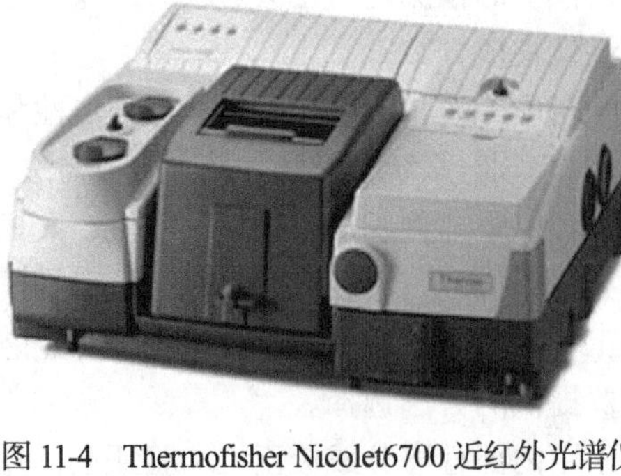

图 11-4　Thermofisher Nicolet6700 近红外光谱仪

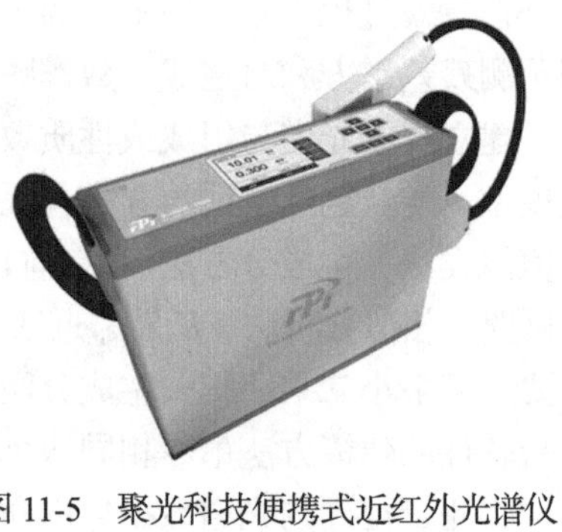

图 11-5　聚光科技便携式近红外光谱仪

11.5　使用近红外光谱仪的注意事项

(1)按照工作环境要求为仪器提供一个良好的工作环境，注意检查湿度指示器，及时更换干燥剂。

(2)建议做样品前准直光路，使仪器处于最佳状态下工作。

(3)光谱仪开机后预热 1 h 后，等仪器稳定后方可使用。

实验 15　近红外光谱仪在橄榄油品质分析和掺杂量检测中的应用

一、实验目的

(1)了解近红外光谱在食品分析领域的应用。

(2)掌握近红外光谱分析的基本原理和建模过程。

(3)学会近红外光谱仪的基本操作过程。

二、实验原理

基于橄榄油与玉米油中营养成分含量不同，橄榄油是用成熟的油橄榄鲜果直接冷压制取的油脂，与其他植物食用油相比，含有丰富的不饱和脂肪酸，橄榄油中单不饱和的脂肪酸含量高达 80%以上，而玉米油仅为 28%～32%，且橄榄油中脂肪酸ω3∶ω6 的比例与玉米油脂肪酸ω3∶ω6 的比例不同，因此两种油的含氢基团(O—H、C—H)振动的合频和各级倍频的近红外光谱会有一定差别。根据化学计量学方法建立的近红外光谱与掺杂量之间的相关关系模型，预测未知掺杂量的橄榄油含量。

近红外光谱分析比较适用于大样本集的分析，对于数目较少的样本难于得到较好的模型。因教学时间限制，实验中采用的分析样本数较少，主要是学习方法。

三、仪器及试剂

1. 仪器

聚光科技 SupNIR-1500 系列便携式近红外光谱分析仪；5 mm 光程的石英比色皿；小体积烧杯；注射器(移取油品)。

2. 试剂

贝蒂斯橄榄油及金龙鱼玉米食用油。

四、实验内容

1. 橄榄油的测定

扫描前，光谱仪开机预热至少 30 min 以上。利用透射法测量橄榄油样品的近红外光谱图，扫描范围 10 000～5500 cm^{-1}，分辨率 8 cm^{-1}，每个样品扫描 64 次，取平均值，用空气作参比，在室温下测定。

2. 掺杂样品的测定

配制 21 个不同质量分数掺杂玉米油的橄榄油样本。橄榄油中掺加玉米油，使得橄榄油的质量分数约以间隔 5%递减，得到 21 个样品。橄榄油的含量约为 100%，95%，90%，…，5%，精确含量由实际添加玉米油的质量计算。同时扫描得到不同质量分数的近红外光谱图。

3. 数据建模

采用近红外光谱分析仪配置的 CM-2000 化学计量学软件，对上述测定样品中随机选出 17 个作为校正集来建立模型，4 个作为测试集，建模方法见实验内容中的 4。得出分析模型，预测玉米油的掺杂量。

4. 建模方法

近红外仪器配置的软件包括两个部分：测量分析和模型管理。

模型管理有两个项目：模型集管理和样本集管理。

首先通过样本集管理项目将测量得到的近红外光谱导入到数据库中，将样本集分为校正集和验证集用于模型的建立。具体操作步骤如下所示：

(1) 样本集管理 >>添加样品集。

在新样本集对话框中的样本集编辑界面添加样品。

在样本集编辑界面工具栏编辑→添加样本→添加谱图。

在添加谱图对话框中点击“浏览”→导入测量获得的测量样本，导入数据后界面见图 11-6。

建立定量模型还需要添加性质项，在空白处点右键添加性质，性质数据全部添加完成后，点确定导出样本集。导出校正集和验证集保存在数据库中。

(2) 模型管理。

在图 11-7 软件界面中，右键添加模型集，建立新模型集，在模型集上点右键建立模型。

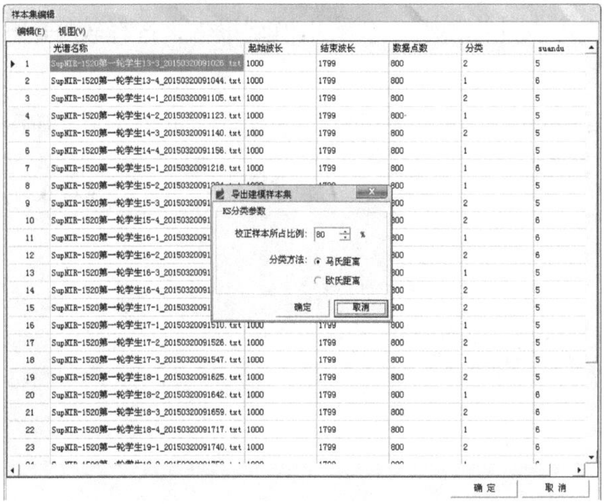

图 11-6　样本集数据界面图

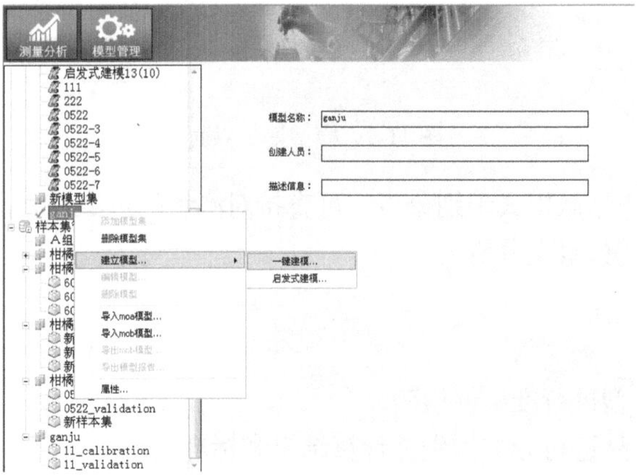

图 11-7　模型建立界面

在一键建模对话框中导入校正集和验证集后，可以编辑参数设置，见图 11-8。参数配置中可调参数较多，主要包括预处理方法和波长点的选择。

图 11-8　模型参数设置界面

参数设置完成可点计算模型，会给出模型报告，选择较好的模型进行模型的评价(图 11-9)。

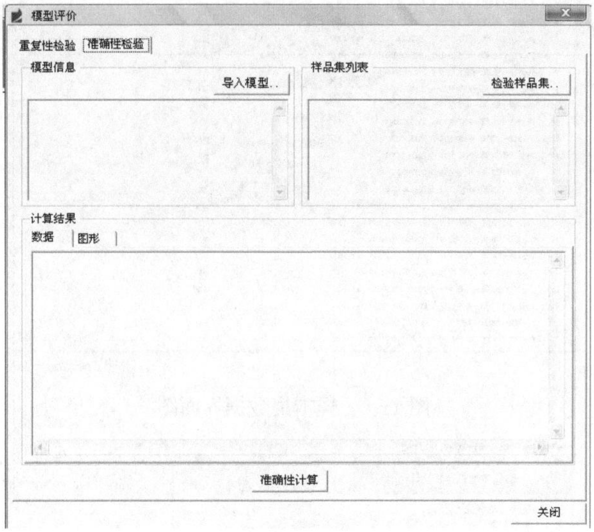

图 11-9　模型评价界面

如果对分析样品做模式识别分析，可直接对测量的近红外光谱按照谱图相近、性质相近的原则进行聚类分析。

五、数据处理

(1) 对建立模型进行准确性检验。

(2) 对合成样品进行分类识别并计算结果和标准偏差。

六、思考和讨论

(1) 近红外光谱仪测定的波长范围是多少?

(2) 为什么要用化学计量学方法建立定量分析模型?

实验 16　近红外光谱法鉴定不同产地的柑橘

一、实验目的

(1) 了解近红外光谱定性与定量分析的适用范围。

(2) 掌握近红外光谱分析的基本原理和建模过程。

(3) 学会近红外光谱仪及建模的操作过程。

二、实验原理

基于不同产地的柑橘口感不同，即营养成分不同，其对应的近红外光谱也有差别，以此来判断柑橘的产地。

中国是柑橘的重要原产地之一，柑橘资源丰富，优良品种繁多，有 4000 多年的栽培历史。中国的江苏、安徽、江西、湖南、湖北等地都盛产柑橘，因为它们外形相似难于辨认，通过化学计量学方法建立柑橘近红外光谱和产地之间的模式识别模型，可以根据未知产地的柑橘近红外光谱进行产地的预测。

本实验的优势是近红外光谱测量是无损检测，该方法一旦建立了化学计量学模型，其在预测过程中简单快速，可用于在线检测过程。

三、仪器及试剂

1. 仪器

SupNIR1500 近红外光谱仪。

2. 试剂

3 种不同产地的柑橘。

四、实验内容

1. 光谱测量

利用便携式 SupNIR-1500 近红外光谱仪，使用配套软件 RIMP client，在室温下以空气作空白，用积分球漫反射法采集所有不同产地柑橘的近红外光谱。扫描范围为 1000～1800 nm，光谱扫描间隔为 1 nm。每个样本在赤道部位取 4 个点进行测定(间隔约 90°)，最后取 4 个测量点的平均光谱进行分析。使用仪器配置的 simplicity 光谱采集软件进行漫反射光谱采集。每个测量点扫描 64 次，利用软件对每个样品 4 个部位的 64 条漫反射光谱求平均值，存入计算机，作为建立近红外判别模型和验证模型的光谱数据。

2. 化学计量学建模

采用近红外光谱仪配置的 CM-2000 化学计量学软件方法进行数据预处理和建模。具体操作参见实验 15。

本实验采用主成分分析提取特征数据，主成分分析(principal component analysis，PCA)是一种有效的特征压缩方法，它把原有的各个特征变量利用线性变换得到一批新特征变量，新特征变量既保留了原有特征的主要信息，又减少了特征个数，有利于数据的观察，同时损失的信息量小。建模采用聚类分析，将 80 个样品柑橘预留 20 个柑橘样本作为测试集，剩余 60 个样本做聚类分析，优化建模参数，使得 60 个柑橘样本的聚类分析结果与实际产地分类结果符合最好。保存最优模型，用于分析测试集的 20 个柑橘产地。

五、数据处理

(1) 建立最优模型。

(2) 计算模型对测试集预测的正确率和精密度。

六、思考和讨论

(1) 近红外光谱测量的主要方式有哪些？各适用于哪类样品的光谱采集？

(2) 在模式识别过程中可采用聚类分析方法，采用定量方法也可进行模式识别，如何设计用定量来表示不同类别？

第三篇　电化学分析法

第 12 章　电位分析法和离子选择电极

12.1　电位分析法仪器组成和基本操作方法

电位分析法是根据测量溶液的电位变化和待测物质活度的关系而进行定量分析的，活度和电位的关系可以用能斯特方程表示：

$$E = K' \pm \frac{2.303RT}{nF} \lg a_i \tag{12-1}$$

式中，E 为电位；a_i 为活度；n 为电子数；F 为法拉第常量；R 为摩尔气体常量；T 为温度。

电位分析法仪器简单，分析速度快，在溶液中离子的浓度分析中具有显著的优势。电位分析法的仪器包括电位仪和电极，一般不需要连接计算机。电位分析法仪器基本组分见图 12-1。

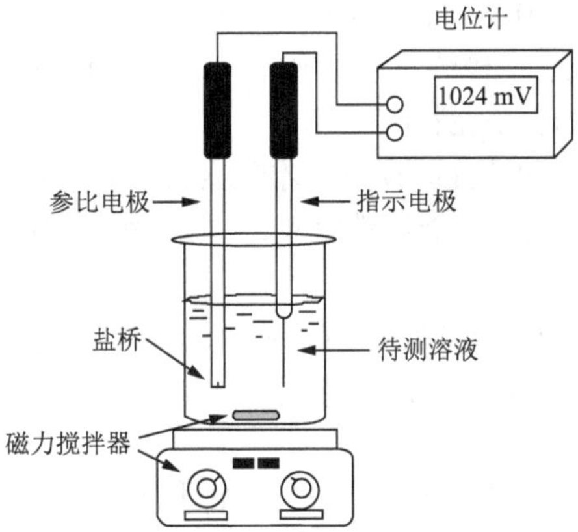

图 12-1　电位分析法仪器组成示意图

电位计的种类很多，一般都具有电位测定和 pH 测定(从表头直接读出 pH)的功能，所以酸度计都可以用来进行电位分析。

电位分析的关键部分在于电极，选择不同的离子选择电极，可以测定不同的特定的离子。例如，选择玻璃电极，可以测定溶液中的 pH，在离子选择性电极中，应用较为广泛的是氟离子选择性电极，其组成见图 12-2。

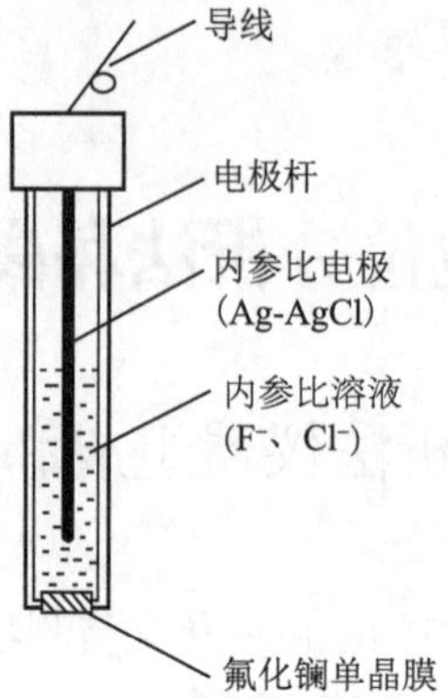

图 12-2　氟离子选择电极结构示意图

氟离子选择性电极是晶体膜电极，有缺陷的 LaF_3 晶体允许氟离子向其中扩散，根据内参比液和待测溶液浓度的差异产生膜电位来进行测量。离子选择电极的种类很多，如氯离子选择性电极、钙离子选择性电极以及氨气敏电极等。

电位分析法一般操作步骤如下：

⑴准备电极，按照测定任务选择合适的工作电极和参比电极，如果是复合电极，参比电极已经包括在其中了。根据电极说明书上的活化方法对电极进行活化。电极的活化是测量成功的关键步骤。

⑵连接电极以及磁力搅拌器，先将内有纯净水或有一定电解质的水溶液烧杯放置在磁力搅拌器上，固定电极的位置，电极应处于烧杯的中心，测量部分应全部在液面下，但不能触碰底部的搅拌子。

⑶开机预热，电位仪应充分预热，才能达到稳定的工作状态。

⑷测量，更换溶液时应注意淋洗电极，并用软纸轻轻蘸去水分，测量必须在搅拌的状态下进行。

如果直接测定溶液的电位与浓度之间的关系，进行定量分析，称为直接电位法。

如果测定在滴定过程中电位的变化，指示滴定的终点或测量 pH 等参数在滴定过程中的变化，称为电位滴定法。

⑸测量完成后，应清洗电极，按电极的要求保存。

12.2　PHSJ-4A 型实验室酸度计使用说明

1. 开机

按下 ON/OFF 键，仪器显示“PHSJ-4A 酸度计”和“雷磁”商标，自动进入 pH 测量工作状态。

2. 等电位点

按下 等电位点 键，仪器进入“等电位点”选择工作状态。通过“▲”或“▼”

键选用所需的等电位点。有三个选项：一般水溶液的 pH 测量选用 7.000 pH；纯水和超纯水溶液的 pH 测量选用 12.000 pH；含有氨水溶液的 pH 测量选用 17.000 pH。在后两种状态下，仪器对该温度的温度系数起自动补偿作用。

3. 电极校准

仪器经过标定后得到的参数值关机后不会丢失！

1) 一点定位

(1) 将 pH 复合电极插入仪器的插座内，并将电极用蒸馏水冲洗干净，放入与被测溶液 pH 接近的 pH 标准缓冲溶液进行校准。

(2) 按 校准 键，仪器进入“标定 1”状态，显示“标定 1”以及当前测定的 pH（可能与标准缓冲溶液的 pH 不一致）和温度值。

(3) 显示屏上的 pH 趋于稳定后，按 确认 键，仪器显示“标定 1 结束！”以及标准缓冲溶液的 pH 和斜率值，完成一点标定。

2) 二点定位

(1) 在完成一点标定后，放入第二种 pH 标准缓冲溶液。

(2) 再按 校准 键，仪器进入“标定 2”工作状态，显示“标定 2”以及当前的 pH 和温度值。

(3) 当显示屏上的 pH 读数趋于稳定后，按下 确认 键，仪器显示“标定 2 结束！”以及标准缓冲溶液的 pH 和斜率值，说明仪器已完成二点标定。

4. pH 测量

在电极校准完成后，按 pH 键仪器进入 pH 测量状态，电极清洗后插入溶液中，仪器直接显示溶液的 pH。

5. 温度补偿/测量

按 温度 键，仪器即进入温度测量工作状态，若仪器接入温度传感器，则仪器自动测量温度值；若仪器不接入温度传感器，则通过“▲”或“▼”键设置当前室内温度值。

6. 电极电势(mV)值的测量

按 mV 键，仪器即进入电极电势测量工作状态，仪器显示当前的电极电势(mV)值和温度值。测量时把工作电极（离子选择电极）和参比电极插头插入后面板插座中，把两种电极插在被测溶液内，将溶液搅拌均匀后，即可在显示屏上读出离子选择电极的电位(mV)值，还可自动显示电位极性。如果被测信号超出仪器的测量范围，或测量端开路时，无数据显示，作超载报警。

7. 注意事项

(1) 在将电极插入待测溶液前，要用蒸馏水冲洗干净，用滤纸蘸干水分，再放入溶液中，电极的玻璃球应处在液面下。

(2)测量应在搅拌的情况下进行，注意搅拌子不要碰到电极。

(3)本仪器处于任何工作状态下，pH、mV、温度 和 校准 键均有效。如按下其中某一键，则仪器可直接进入相应的工作状态。确认 键只有在校准时有效。

(4)开机后如不需要对 pH 复合电极进行校准(以前校准数据不会因关机丢失)，则仪器自动进入 pH 测量工作状态，可以测定溶液 pH；在测量精度要求不高的情况下，可采用一点定位。pH 测量精度要求高时，用两点定位。推荐使用两点定位，以保证测量的精确度。

12.3 PHS-2C 精密酸度计的使用

PHS-2C 是型号比较老的仪器，但稳定性好，测量精度高，见图 12-3。

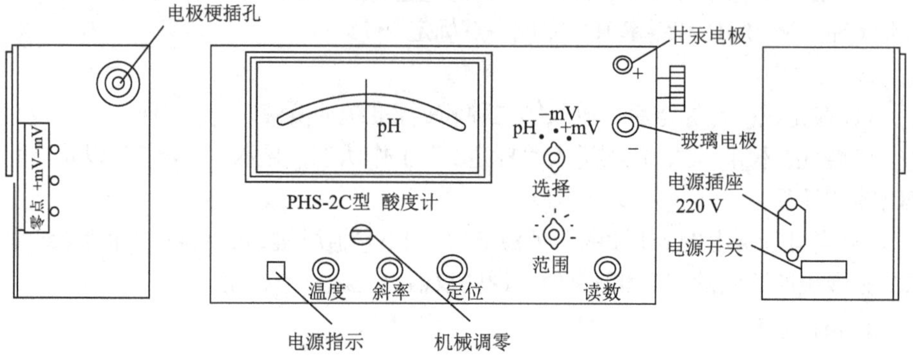

图 12-3 PHS-2C 精密酸度计

(1)开机预热 30 min。

(2)用标准 pH 缓冲溶液校准仪器(测定前要开动搅拌器)。

① pH 6.86 标准缓冲溶液定位：先将斜率旋钮顺时针调至最大，按下读数开关，将定位旋钮调 pH 至标准缓冲溶液 pH。

② pH 4 标准缓冲溶液调斜率：按下读数开关，将斜率旋钮调 pH 至标准缓冲溶液 pH。

③ pH 6.86 标准缓冲溶液定位：按下读数开关，将定位旋钮调 pH 至标准缓冲溶液 pH。

以上校准完成后，定位和斜率旋钮位置不能再变动。

(3)使用注意事项。

① 在将电极插入待测溶液前，要用蒸馏水冲洗干净，用滤纸吸干水分，再放入溶液中。

② 电极的位置应在液面下，但是不要碰到搅拌磁棒。

③ 测量应在搅拌的情况下进行。

④ 测量前必须根据测量 pH 范围选择合适的量程。

实验 17　氟离子选择电极直接电位法测定牙膏中的氟

一、实验目的

(1)掌握直接电位法的测定原理及实验方法。

(2)学会正确使用氟离子选择性电极和酸度计。

(3)了解氟离子选择性电极的基本性能及其测定方法。

二、实验原理

氟离子选择电极是一种以氟化镧(LaF_3)单晶片为敏感膜的传感器。由于单晶结构对能进入晶格交换的离子有严格限制，故有良好的选择性。将氟化镧单晶［掺入微量氟化铕(Ⅱ)以增加导电性］封在塑料管的一端，管内装有 0.1 mol/L NaF 和 0.1 mol/L NaCl 溶液，以 Ag-AgCl 或 $Hg\text{-}Hg_2Cl_2$ 电极为参比电极，构成氟离子选择性电极。用氟离子选择性电极测定水样时，以氟离子选择电极作指示电极，以饱和甘汞电极作参比电极，组成的测量电池为

$$Hg, Hg_2Cl_2 \mid KCl(饱和) \| F^- 试液 \mid LaF_3(10^{-3}\ mol/L)$$

电池的电动势(E)随溶液中氟离子浓度的变化而改变，即

$$E = K - \frac{2.303RT}{nF} \lg a_{F^-}\ (25\ ℃) = K - 0.059 \lg a_{F^-}\ (25\ ℃)$$

式中，0.059 为常温下电极的理论响应斜率；K 与内外参比电极、内参比溶液中 F^- 活度有关，当实验条件一定时为常数。

用氟离子选择电极测量 F^- 时，最适宜 pH 范围为 5.5～6.5。pH 过低，易形成 HF，影响 F^- 的活度；pH 过高，易引起单晶膜中 La^{3+} 的水解，形成 $La(OH)_3$，影响电极的响应，故通常用 pH 约为 6 的柠檬酸盐缓冲溶液来控制溶液的 pH。某些高价阳离子(如 Al^{3+}、Fe^{3+})及氢离子能与氟离子配位而干扰测定，而柠檬酸盐可以消除 Al^{3+}、Fe^{3+} 的干扰。在碱性溶液中，氢氧根离子浓度大于氟离子浓度的 1/10 时也有干扰，而柠檬酸盐可作为总离子强度缓冲溶液(total ionic strength adjustment buffer，TISAB)，以消除标准溶液与被测溶液的离子强度差异，使离子活度系数保持一致。

氟离子选择电极法具有测定简便、快速、灵敏、选择性好等优点，可测定浑浊、有色水样。最低检出浓度为 0.05 mg/L(以 F^- 计)；测定上限可达 1900 mg/L(以 F^- 计)。适用于地表水、地下水和工业废水中氟化物的测定。

由于适当摄入氟元素会坚固牙齿、增强骨骼强度，因此在牙膏中通常会添加少

量的氟元素，国家标准规定含氟牙膏中允许的氟含量为 0.05%～0.15%。不按规定添加不利于牙齿健康。测定牙膏中氟化物的方法有很多，主要有氟离子选择性电极法、氟试剂分光光度法、离子色谱法、扫描极谱法、核磁共振法和高效液相色谱法等。其中应用最广泛的是氟离子选择性电极法，这种方法准确度高、选择性好、操作简便快速、设备简单。

三、仪器及试剂

1. 仪器

pH 510 型酸度计/离子计；电磁搅拌器；复合氟离子选择性电极（Hg_2Cl_2参比电极）；超声波清洗器。

2. 试剂

F^-标准溶液（1.0 g/L）：准确称取 4.198 g 于 120 ℃干燥过后的氟化钠（A.R.），以水溶解转入 1000 mL 容量瓶中，用水稀释至刻度，混匀转移至塑料瓶中储备。用时稀释至 0.1000 g/L。

柠檬酸缓冲溶液（总离子强度调节缓冲溶液）：在 500 mL 水中，加入 57 mL 冰醋酸（A.R.）、58.5 g 氯化钠、100 g 柠檬酸三钠（A.R.）和 30 g NaOH，调 pH 为 5.0～5.5，用水稀释至 1 L。

四、实验内容

1. 电极的准备

安装好电极及实验装置，插上电源，按“ON”键打开酸度计，再将测量状态调至“–mV”，将电极插入去离子水（超纯水）中，在搅拌的条件下洗涤至电位计读数在 –320 mV 以上，更换去离子水后读数波动不超过 5 mV 表示电极已进入工作状态，可以进行测量。

2. 配制氟的标准溶液系列

在 50 mL 塑料容量瓶中准确配制 0.001 g/L、0.002 g/L、0.003 g/L、0.004 g/L 和 0.005 g/L 标准系列溶液，每个溶液中加入 5.0 mL 柠檬酸缓冲溶液，稀释至刻度。

配制空白溶液：在容量瓶中加入 5 mL 柠檬酸缓冲溶液，用去离子水稀释至刻度即可。

3. 标准氟工作曲线的制作

首先测量空白溶液，取清洗到稳定值的电极，将空白溶液倒入烧杯中，放入搅拌子，调节转速至转动稳定（无需转太快），插入复合氟离子选择电极，放置 5 min 左右，使电极适应缓冲溶液体系。记录读数。如果电极下面有气泡，把电极提起来再放进去。

将标准溶液分别倒入 5 个烧杯中，由稀至浓分别测量标准溶液的电位值，每次测定前将电极上的水珠用滤纸蘸干，但注意不要碰到底部晶体膜。记录读数。测定过程中搅拌溶液的速率应该恒定。

最后以 F^-浓度的对数为横坐标，电位(mV)为纵坐标，绘制标准曲线。

测量完毕后将电极用蒸馏水清洗直至测得电位值与第一次清洗时的电位值相近。注意：在测定牙膏样品之前一定要洗至空白，因为电极已经被污染了，影响读数的准确性。

4. 牙膏中游离氟含量的测定

准确称取 0.2 g 左右的牙膏样品(准确至 0.001 g)于 50 mL 塑料烧杯中。先用纯水使牙膏样品均匀分散，无固体物质，转移至塑料容量瓶中，加入 5 mL 柠檬酸缓冲溶液，用水定容至刻度(可能会有少量气泡)，缓慢摇匀(防止生成大量泡沫)。定容后不盖塞子，超声振荡 10 min。超声后的溶液分装在 4 支 10 mL 离心试管中，以 2000 r/min 离心 10 min，将上清液转移至塑料烧杯中，按操作步骤用已经清洗至空白值的电极测量电位，读数。测定结果为样品中游离氟的含量。如欲测定牙膏中可溶氟含量，牙膏用去离子水处理，得到的溶液加入 4 mol/L HCl，50 ℃水浴加热(消解液加盖)10 min，用 NaOH 中和 HCl，再加入柠檬酸缓冲溶液，测量电位。

实验结束后，电极用水清洗至测得的电位值约为 –320 mV(复原)或以上，用滤纸蘸干，套上胶套放入盒中。洗净实验器具，摆放整齐，关闭酸度计和磁力搅拌器。

五、数据处理

(1) 实验步骤。

(2) 实验记录(所有原始数据)。

(3) 工作曲线、线性方程和线性相关系数。

(4) 样品的测定和样品中氟的含量(%)。

六、注意事项

(1) 本实验用水均为超纯水。

(2) 测量空白溶液的电位时，将电极在溶液中放置 5 min 左右，使其适应缓冲溶液体系。

(3) 测量时浓度应由稀至浓；绘制标准曲线时测定一系列标准溶液后，应将电极清洗至原空白电位值，然后再测定未知试液的电位值。

(4) 测定过程中搅拌溶液的速率应该恒定，电极不要碰到搅拌子，不要有气泡，避免放在漩涡中心。

七、思考和讨论

(1)氟离子选择电极在使用时应注意哪些问题?

(2)为什么要清洗氟电极，使其响应电位值负于 320 mV?

(3)柠檬酸缓冲溶液在测定溶液中起到哪些作用?

第 13 章　极谱分析法

13.1　极谱分析法仪器的基本组成

极谱分析法是基于可还原物质或可氧化物质在特殊的电解池(通常用滴汞电极作为工作电极)所获得的电流-电压曲线进行物质的定量或定性分析。

极谱分析法是伏安分析法的基础，是在一定电位下测定体系的电流，得到电流-电压特性曲线，根据电流-电压曲线进行定性、定量分析的方法。极谱分析法使用的是表面能够周期更新的滴汞电极，而伏安分析法使用的极化电极是固体电极(如碳糊电极、石墨电极等)或者表面不能更新的液体电极(如悬汞电极)。

经典极谱分析法根据半波电位进行定性分析，根据极限扩散电流进行定量分析。直流极谱仪通常由电压表、检流计和电解池三部分组成，其中电解池由滴汞电极、饱和甘汞电极和对电极组成三电极系统，见图 13-1。

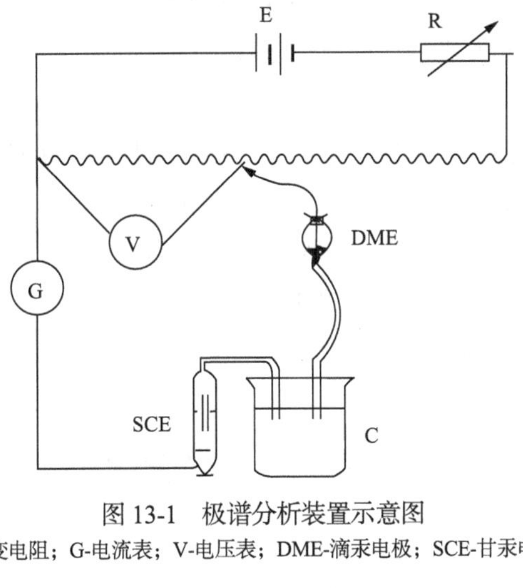

图 13-1　极谱分析装置示意图

E-电源；R-可变电阻；G-电流表；V-电压表；DME-滴汞电极；SCE-甘汞电极；C-电解池

极谱分析法的测量是在静置溶液中以滴汞电极(DME)为工作电极的伏安方法，记录连续滴落汞滴上电流-电压曲线呈 S 形，称为极谱图，图 13-2 是 Cd^{2+}盐酸溶液的极谱图。

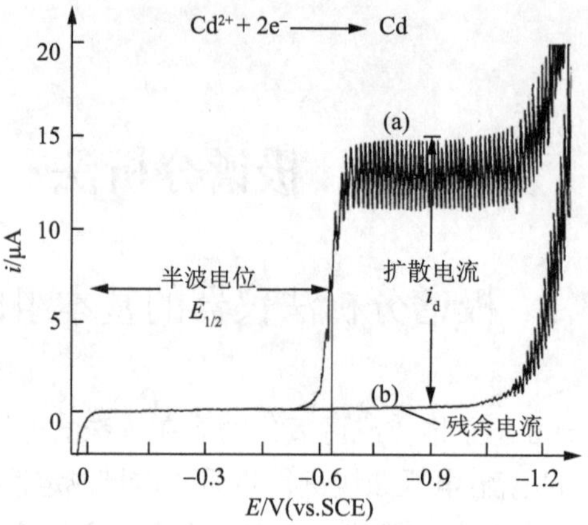

图 13-2　Cd^{2+}的极谱图

(a) 5×10^{-4} mol/L Cd^{2+}在1 mol/L HCl中；(b) 支持电解质，1 mol/L HCl

13.2　测量条件的选择和干扰消除

1. 仪器测量条件

滴汞速率可在实验中通过调节储汞瓶高度，使汞滴的下落与仪器同步，一般情况下，滴汞周期为 3～5 s，施加在滴汞电极上的线性变化电压很慢，约为 0.2 V/min。扫描起始电位根据所测元素的还原电位选择。

2. 氧气的干扰

在极谱法测量过程中，应该注意的是，滴汞电极的“电位窗口”相对参比电极在负值区，溶液中的溶解氧在此范围产生两个还原波，见图 13-3，干扰大多数物质的测定，必须采取适当的方法以消除氧的干扰。氧电流的消除可以在碱性或中性溶液中加入少量亚硫酸钠；或者通入高纯氮气除氧。

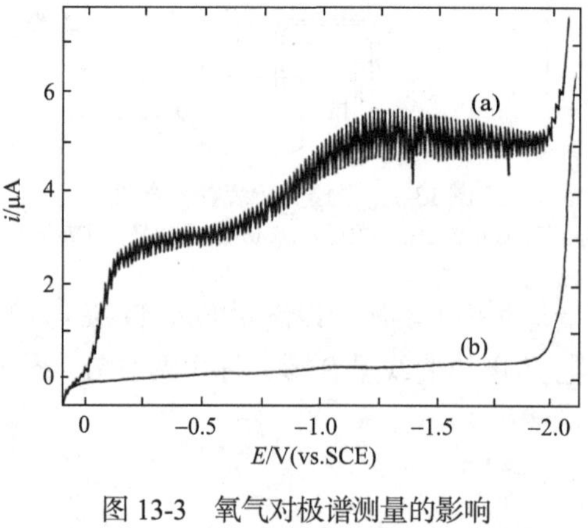

图 13-3　氧气对极谱测量的影响

电解质溶液0.1 mol/L KCl；(a) 用空气饱和；(b) 氮气除氧后

3. 极谱极大

极谱分析时，一些物质在滴汞电极上反应，电流随极化电压的增加而迅速增加到一极大值，然后下降到扩散电流的正常值，见图 13-4。这种极谱曲线上出现的比扩散电流大得多的不正常“电流畸峰”称为“极谱极大”。影响极谱极大的产生、形成、形状以及大小的因素很多，一般来说，溶液越稀，极大现象也就越明显。然而，极大的大小与被测物质的浓度没有简单关系，故应加以除去。在溶液中加入少量的表面活性物质，能抑制极大现象。常用的试剂有明胶、聚乙烯醇、TritonX-100 等。

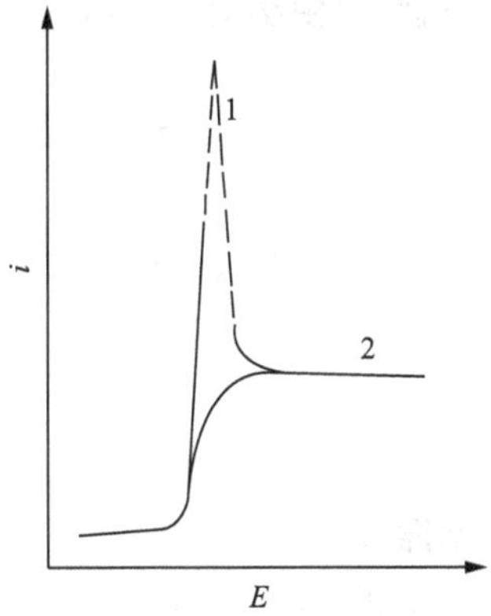

图 13-4　极谱极大

1-极大极谱波；2-消除极大极谱波

4. 迁移电流

迁移电流是被测离子在外加电场的作用下，正离子向负极移动，负离子向正极移动，并分别在电极上被还原和被氧化所产生的电流。迁移电流与被测离子没有定量关系，故必须除去。消除的方法是在极谱试液中加入大量的“惰性支持电解质”。常用的支持电解质有 KCl、KNO_3、NH_4Cl、HCl 等。

值得注意的是，汞是有毒的，在实验过程中，应当注意小心收集废汞，置于烧杯中，用水覆盖其表面，如果不慎撒落，应当用湿的纸巾收集，置于烧杯中，同时在撒落的地方撒少许硫黄。

还应注意，在第 12 章中电位的测定必须在搅拌的状态下进行，而极谱分析法和伏安分析法应在静置的状态下进行。

13.3　JP-2 型示波极谱仪操作方法

(1) 开机，预热至少 20 min，将储汞瓶升高再行检测。

(2) 选择适当的原点电位值，将电极安装在盛有被测溶液的电解池中，根据测量要求选择“双电极”或“三电极”。测还原波，将测量开关到“阴极化”；测定氧化波，将测量开关指向“阳极化”。

(3)如果扫描波起点出现跳动后扫描，可以调节电容补偿旋钮，使扫描线起点不跑动；如果极谱波基线倾斜，可以调节斜度补偿旋钮，使基线平直；如果极谱波位于坐标界外，调节前期补偿或上下旋钮，使波形移入坐标内。

(4)测量时先把电流倍率开关置于较低灵敏度位置观察波形，根据信号情况调节灵敏度，直到被测极谱波峰足够高。

(5)测量完成后，移开电解池，将电极开关置于双电极后再关电源。冲洗电极，用滤纸擦干。让毛细管和汞液继续自由滴落几滴后，再把储汞瓶缓缓降低到预置高度，让毛细管静置在空气中保存。

(6)电解池中的汞要回收到指定容器内保管，集中处理。

实验 18　极谱分析中干扰的消除

一、实验目的

(1)熟悉极谱分析法的基本原理。

(2)掌握在极谱测量中消除干扰电流的方法。

二、实验原理

极谱分析法是在静置溶液中以滴汞电极(DME)为工作电极的伏安方法，可用于具有电化学活性的离子和化合物的定性和定量分析。但是在测量过程中存在一些干扰因素。

首先是氧气的干扰，由于滴汞电极的电位窗口相对参比电极在负值区，溶液中的溶解氧在此范围产生两个还原波，干扰大多数物质的测定，必须采取适当的方法以消除氧的干扰。在不同的介质中，需选用不同的除氧方法。

其次，在极谱分析时，一些物质在滴汞电极上反应，电流随极化电压的增加而迅速增加到一极大值，出现“极谱极大”可加入表面活性剂来抑制。

还有一个影响因素是迁移电流。被测离子在外加电场的作用下，正离子向负极移动，负离子向正极移动，并分别在电极上被还原和被氧化，产生的电流为迁移电流，会对分析物测量的电流产生影响。消除的方法是在极谱试液中加入大量的“惰性支持电解质”。

本实验以 $PbCl_2$ 溶液为测量体系，考察氧气、极大现象和迁移电流对测量的影响，并考察抑制这些干扰的方法。

三、仪器及试剂

1. 仪器

笔录式极谱仪。

2. 试剂

0.1 mol/L、0.01 mol/L 氯化钾溶液；0.010 mol/L $PbCl_2$ 溶液；0.5%明胶溶液。

四、实验内容

1. 溶解氧的极谱波和极大现象

取 1.0 mL 0.01 mol/L KCl 溶液，置极谱电解池中，再加入 9.0 mL 蒸馏水，采用移液管挤入空气气泡，使试液中的溶解氧尽量达到饱和。然后提高储汞瓶，待汞滴流出后，用蒸馏水吹洗电极，并用滤纸吸干插入电解池的试液中，调节汞柱高度，使滴汞周期为 3～5 s。在外加电压为 0～-0.2 V 时，记录极谱波。

2. 极大现象的抑制

在上述测量溶液中，滴加 2 滴明胶(此时明胶的浓度约为 0.005 %)，搅匀。

在电压为 0～-0.2 V 时记录极谱波。

3. 氧波的消除

对实验内容 2 的测定溶液通纯氮气 10 min。然后再次记录极谱波。

4. 迁移电流及其消除

(1) 取 1.0 mL 0.01 mol/L $PbCl_2$ 于 10 mL 小烧杯中，滴加 2 滴 0.5%明胶，加 9.0 mL 蒸馏水，通纯氮气 5 min。在-0.2～-0.7 V 记录极谱图。

(2) 分别取 1.0 mL 0.01 mol/L $PbCl_2$ 溶液置于两个 10 mL 小烧杯中，其中一个烧杯中加入 9.0 mL 0.1 mol/L KCl 溶液，另一个烧杯中加入 9.0 mL 0.01 mol/L KCl 溶液。分别滴加 2 滴 0.5 %明胶，通氮气 5 min，在-0.2～-0.7 V 记录它们的极谱图。

实验完毕后，移去电解池，用蒸馏水吹洗电极几次，滤纸沾干后，降下储汞瓶。清理实验中滴落的废汞，储于安全地方。

五、数据处理

(1) 用文字注明每幅极谱图的实验条件。

(2) 列表记录 Pb^{2+}的极谱电流 i_d 与 KCl 浓度的关系。

六、思考和讨论

(1) 比较氧波极大、氧波及除氧后的极谱波，并写出氧在滴汞电极上的化学反应式。

(2) 简述极谱测定中的除氧方法。

(3) 如果是阴离子在滴汞电极上还原时，由于迁移电流的存在，将会如何影响被测物质的测量结果？

实验 19　单扫描示波极谱法同时测定铅和镉

一、实验目的

(1) 熟悉单扫描示波极谱法的基本原理和特点。

(2) 掌握示波极谱仪的使用方法。

二、实验原理

单扫描示波极谱法是为克服经典极谱法的不足而发展起来的快速电分析测量技术之一。单扫描示波极谱仪的基本电路示意图见图 13-5，具有测量灵敏度高、操作方便、简单等特点。

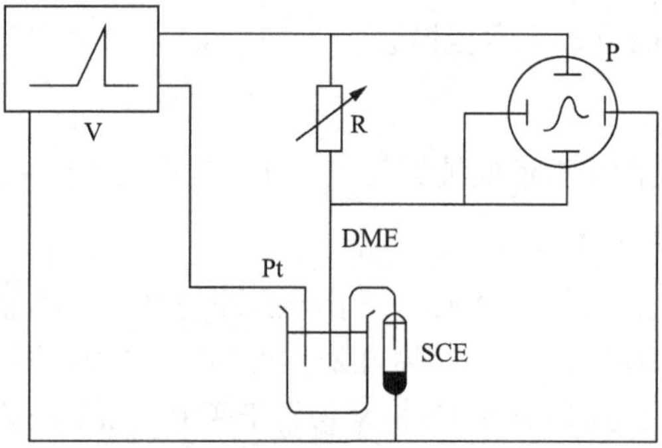

图 13-5　单扫描极谱仪的基本电路示意图

V-极化电压；R-可调电阻；P-荧光屏；

DME-滴汞电极；SCE-甘汞电极；Pt-辅助电极

单扫描示波极谱法与经典极谱法的主要不同之处是：①扫描速率不同，经典极谱法的比较慢，约为 0.2 V/min；而单扫描示波极谱法比较快，一般大于 0.2 V/s。②施加极化电压的方式和记录谱图方法不同，经典极谱法极化电压施加在连续滴落的多滴汞上才完成一个极谱图；而单扫描示波极谱法仅施加一滴汞的生长后期 1～2 s 瞬间内完成一个极谱图，扫描的极谱图见图 13-6。前者采用笔录式记录法，而后者采用阴极射线示波管法。③定量分析依据的电流方程也不同，经典极谱法服从尤考维奇 (Illkovich) 方程，而示波极谱法则服从 Randles-Sevcik 方程。

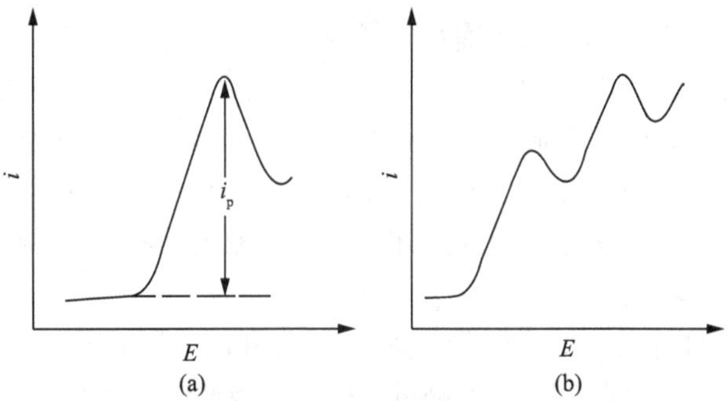

图 13-6　单扫描极谱图

(a)一种物质还原波；(b)两种物质还原波

对可逆电极反应过程，在示波极谱仪上峰电流 i_p 可表示为

$$i_p=2.69\times10^2 n^{3/2} D^{1/2} v^{1/2} Ac \quad (13\text{-}1)$$

而对滴汞电极，由于电极面积不断变化，其大小可表示为

$$A=0.85\, m^{2/3} t^{2/3} \quad (13\text{-}2)$$

代入式(13-1)中，即为单扫描示波极谱法在滴汞电极 s 上的电流方程：

$$i_p=2.29\times10^2 n^{3/2} m^{2/3} t_p^{2/3} D^{1/2} v^{1/2} c \quad (13\text{-}3)$$

式中，i_p 为峰电流(A)；n 为电子转移数；m 为汞流速(mg/s)；t_p 为汞滴生长至电流峰出现的时间(s)；D 为扩散系数(cm^2/s)；v 为扫描速率(V/s)；c 为被测物质浓度(mol/L)。

在约 2.5 mol/L HCl 介质中，Pb^{2+}和 Cd^{2+}均能在滴汞电极上产生良好可逆极谱波。波峰电位分别在–0.48 V 和–0.70 V 左右(vs.SCE)。用常规波和导数波都可同时测定铅、镉。

三、仪器及试剂

1. 仪器

FX2002 电化学工作站。

2. 试剂

1.00×10^{-3} mol/L 铅离子标准溶液；1.00×10^{-3} mol/L 镉离子标准溶液；6 mol/L 盐酸溶液；0.5 % 明胶溶液；氮气。

四、实验内容

(1)准确移取 20.0 mL 水样置于 50 mL 容量瓶中，加入 10 mL 6 mol/L 盐酸溶液、

1.0 mL 0.5%明胶溶液。用二次蒸馏水稀释至刻度、摇匀，备用。

(2) 移取 10.0 mL 上述溶液置于小烧杯中，将蓄汞瓶升至一定的高度，进入电化学工作站的界面，选择实验条件，点击“设置”，选择起始电位为“–0.3 V”，扫描范围为“–0.5 V”，扫描周期为“2 s”，滴汞延时为“5 s”，最后点击“确定”。选择好实验条件后，点击“运行”，就可以得到电流-电位曲线，进而测量铅、镉的阴极化常规波峰电流和峰电位。

(3) 在上述测量溶液中，分别取 1.00×10^{-3} mol/L 铅和 1.00×10^{-3} mol/L 镉标准溶液各 0.20 mL，搅匀后同操作(2)，测量阴极化常规波峰电流和峰电位。

(4) 再取 10.0 mL 上述试液置于小烧杯中，通入氮气 10 min，按操作(2)、(3)进行测量。

五、数据处理

(1) 用表格形式列出所测量的数据。

(2) 从峰电位数据，计算铅和镉的 $E^{\theta'}$ 值。

(3) 按式(13-4)计算水样中铅和镉的浓度：

$$c = \frac{c_s V_s h}{H\left(V + V_s\right) - hV} \tag{13-4}$$

式中，c 为被测物质在试液中的浓度；V 为试液体积；c_s 和 V_s 分别为加入标准溶液的浓度和体积；h 和 H 分别为加入标准溶液前后的波峰高度。

六、思考和讨论

(1) 通氮气和不通氮气测量的结果有何差别？溶解氧是否影响铅、镉的示波极谱法测定？

(2) 阴极化和阳极化方式测出的铅和镉的 i_{pa}/i_{pc} 是多少？请对所测量结果给出合理解释。

(3) 单扫描示波极谱波的主要特点是什么？导数波方式测量有何优点？

第14章　伏安分析法

14.1　伏安分析仪器的基本组成

伏安分析实验是在电化学工作站(electrochemical workstation)进行的。电化学工作站是电化学测量系统的简称，是电化学研究和教学常用的测量设备，其内部结构示意图见图14-1。将这种测量系统组成一台整机，内含快速数字信号发生器、高速数据采集系统、电位电流信号滤波器、多级信号增益、IR 降补偿电路以及恒电位仪、恒电流仪。可直接用于超微电极上的稳态电流测量。如果与微电流放大器及屏蔽箱连接，可测量1 pA或更低的电流。如果与大电流放大器连接，电流范围可拓宽为±100 A。

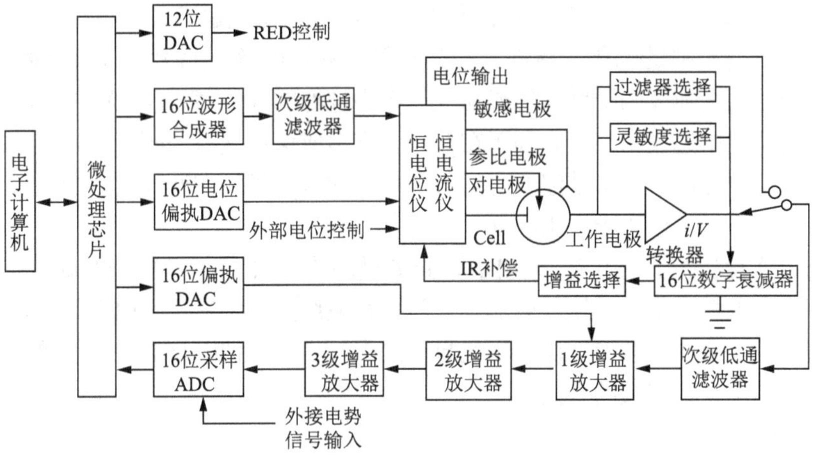

图14-1　电化学工作站内部结构示意图

电化学工作站可进行循环伏安法、计时电流法、计时电位法、交流阻抗法、交流伏安法、电流滴定、电位滴定等测量。工作站可以同时进行两电极、三电极及四电极的工作方式。四电极可用于液/液界面电化学测量，对于大电流或低阻抗电解池(如电池)也十分重要，可消除由于电缆和接触电阻引起的测量误差。图14-2为电化学工作站外观和三电极系统装置图。

电化学电池主要包括电极和电解液，以及连同的一个容器。通常也可能装有一玻璃烧结物、隔板或隔膜来将阳极电解液与阴极电解液隔离开来。通常采用三个电极：确定被研究界面的工作电极、保持恒定参考电位的参比电极以及提供电流的对电极(或辅助电极)。电池的设计必须由工作电极的反应性质决定。

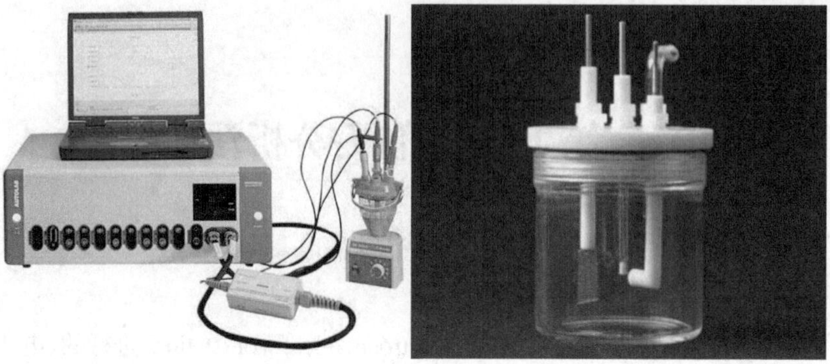

(a)　　　　　　(b)

图 14-2　电化学工作站外观(a)和常见的三电极电化学池(b)示意图

和第 13 章极谱分析法一样，氧气对伏安分析法测量也有很大影响。当气体和液体相接触时，一部分气体将溶进溶液。溶进气体的量与该气体的分压力、溶液的温度和种类有关。因此，电解液(包括非水溶剂)都程度不一地溶有一定量的空气。因为氮气是电化学惰性物质，所以溶进再多的氮气也不影响电化学反应。但是，氧气具有很强的电化学活性，即其本身容易被电解还原生成过氧化物或水。

一般使用高纯度的干燥氮气或氩气等作为鼓泡的气体。氩气的优点是比空气重，不易从电解池中逃逸出来，有利于在溶液上方形成保护气氛。而氮气较轻，但价格比氩气便宜。往电解液中鼓泡的时间与电解液的量、氮气的通气量、导入气体的口径的形状有关，一般为 10～15 min。

测定静置状态下的电流-电位曲线时(如循环伏安法)，一旦把溶解氧除去后，就必须停止向电解液中进行氮气鼓泡。在停止鼓泡期间，要尽量避免空气(氧气)再进入电解液中。应在电解液上面用氮气封住。有时也采用把电解池与附件整体放入装满氮气的箱中进行实验的方法。

14.2　电极的分类和组成

电化学测量技术强烈依赖于研究电极的材料。研究电极要求有高的信噪比和重现性。电极材料的选择要考虑各个方面的因素：电位窗、电导率、表面重现性、力学性能、成本、可获性、毒性等。其中以研究溶解于溶液中的化学物质，或者是从外部导入的某气体的电化学特性为目的的研究电极，即提供电化学反应场所的电极，电极本身不发生溶解反应，称为惰性电极(inert electrode)。

作为惰性电极，最常用的有汞、碳、贵金属(尤其是铂和金)。常用的固体金属电极特点如下：

铂(Pt)：是最常用的一种金属电极材料。因为铂具有电位窗宽，氢过电位小，而且高纯度的铂容易进行加工等特点。

金(Au)：与铂电极相比较，金电极的最大缺点就是难以把金封入玻璃管中，即电极制作麻烦。但是，比铂更容易与汞形成汞齐。也就是说，可以用金电极测定正侧的电化学反应(阳极)，而相同形状的汞齐化的金电极则可以用于观测负电位一侧的还原现象。

Ag、Pd、Os、Ir 等贵金属：也经常用作电极材料，特别是 Pd 的氢过电位和 Pt 一样小，而且具有多孔性表面，吸氢容易，用作氢电极非常合适。此外，Ni、Fe、Pb、Zn、Cu 等也经常作为电极材料。按其使用目的可作为电解用电极，特别是电解食盐用电极以及电池用电极。

碳电极：是指以碳质材料为主体制成的电极的总称。由于其低的背景电流，丰富的表面和低成本，化学惰性碳基电极广泛用于电化学研究的各个领域。在实际的电分析化学研究中，最常用的是玻碳电极(图 14-3)。它是将酚醛聚合物或聚丙烯腈，在一定压力下加热到 1000～3000 ℃，在惰性气氛(无 O_2，无 N_2、无 H_2)中炭化可以得到各向同性的玻璃碳。玻碳电极具有导电性高、热胀系数小、质地坚硬、对化学药品的稳定性好、气体无法通过电极、纯度高等特点。与铂电极相比，具有价格便宜、容易抛光成镜面等特点，所以受到广大电化学工作者的青睐。它最主要的用途是用作沉积过程或是修饰电极的基体。

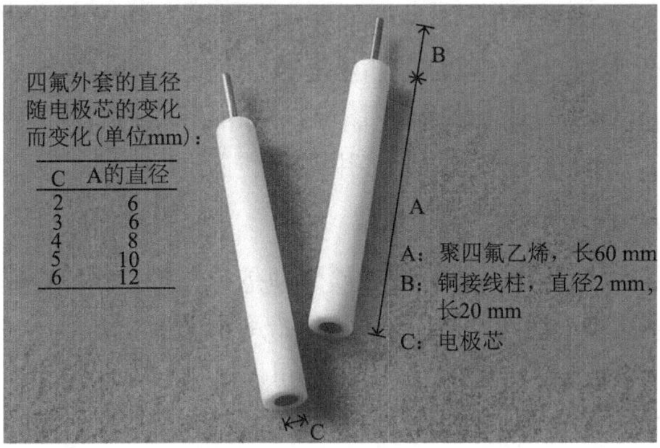

图 14-3　常见的电化学玻碳工作电极结构示意图

14.3　电极的处理和制备

14.3.1　固体金属电极的预处理

为了提高测量结果的重现性，使用该类电极之前，必须进行细致的电极预处理，目的是清除表面上沾污或吸附杂质造成的污染。

1. 固体金属电极的机械处理

封装好的电极要用细砂纸打磨光亮。磨光的程序是首先使用从粗到细的砂纸逐级打磨，然后使用抛光粉逐级抛光，直到电极表面没有划痕为止。抛光的时间依电极表面的状态而定，一般为 30 s 至几分钟不等。抛光后，需要使用合适的溶剂(氧化铝抛光件用蒸馏水洗，金刚砂则用甲醇或乙醇洗)洗去电极表面残留的抛光粉，一般是用溶剂直接喷淋电极表面。对于用氧化铝抛光的电极，还需在蒸馏水中超声处理几分钟，以彻底清除表面的氧化铝颗粒。如果是在做一系列实验，每次实验后要重复最后一个步骤的抛光。具体而言：使用前需要对玻碳电极进行预处理，将直径为 3 mm 的玻碳电极先用金相砂纸逐级抛光，再依次用 1.0 μm、0.3 μm 的浆在鹿皮上抛光至镜面，每次抛光后先洗去表面污物，再移入超声水浴中清洗，每次 2～3 min，重复三次，最后依次用 1∶1 乙醇、1∶1 HNO_3 和蒸馏水超声清洗。彻底洗涤后，电极要在 0.5～1 mol/L H_2SO_4 溶液中用循环伏安法活化，扫描范围为-1.0～1.0 V，反复扫描直至达到稳定的循环伏安图为止。最后在 0.2 mol/L 溶液中记录循环伏安曲线以测试电极性能，扫描速率为 50 mV/s，扫描范围为 0.6～1.0 V。实验室条件下所得循环伏安图中的峰电位差应在 80 mV 以下，并尽可能接近 64 mV，电极方可使用，否则要重新处理电极，直至符合要求。

2. 固体金属电极表面的化学处理

固体金属电极表面的“清洁”程度对其电化学行为有很大影响。电极试样特别是易钝化的金属，除在预处理过程中可能会产生氧化膜外，打磨好的试样在空气中停放也会形成氧化膜，对电化学测量也有影响。因此，经过磨光、抛光后的电极还要进行除油和清洗处理。除油多用有机溶剂，如甲醇、丙酮等。铂电极常用王水和热硝酸进行清洗，金因易溶于王水而多用热硝酸等洗净。

3. 固体金属电极表面的电化学处理

固体金属电极作为研究电极的最后预处理是在与测定用的电解液相同组成的溶液中做几遍电位扫描。这种预处理通常是开始用阳极极化，然后用阴极极化。在阳极极化处理期间，金属离子或非金属离子都可以从电极上溶解下来，在阴极极化期间，溶液中的电活性离子可在电极上还原。为了得到最好的效果，预极化处理通常需要反复进行多次，且一般最后一次极化为阴极还原。例如，铂电极在进行预极化时，阳极极化到析出氧气，阴极极化到产生氧气还原。这种技术可使电极表面产生重现的清洁表面，它将有高度的催化活性。已发现，在酸性溶液中进行阴极极化，可提高铂电极的活性。

14.3.2 固体电极化学修饰

化学修饰电极的基电极是普通的导体或半导体电极，通过共价键、吸附、聚合等手段有目的地将具有特殊功能的(化学的、电化学的或光学的等)物质引入电极表面。

1. 共价键合型修饰电极

首先在预处理的电极表面引入键合基团，然后进行表面合成，利用共价键合反应将预定官能团键合到电极表面。图 14-4 为共价键修饰电极的示意图。

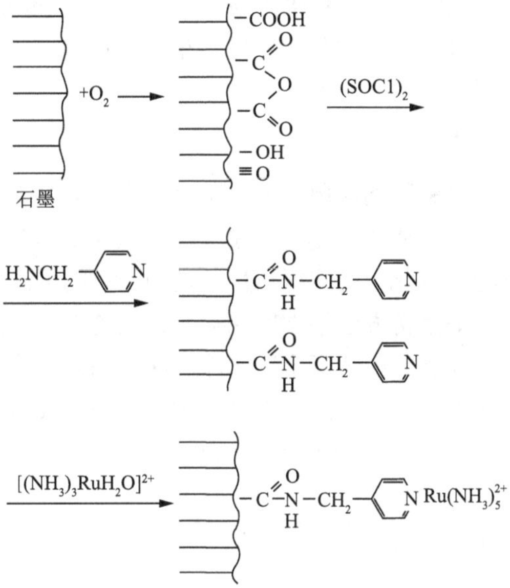

图 14-4　常见的碳电极表面进行共价键合型修饰示意图

共价键合法制成的修饰电极具有分子识别功能和选择性响应，并且修饰物接着比较牢固，稳定性高。但是此类修饰电极的制作步骤烦琐、过程复杂、耗时，接着在电极表面的预定功能团覆盖率降低。

2. 吸附型修饰电极

物质在不同的材料上具有不同的吸附性质，当电极浸入到溶液中，其表面就会发生吸附。吸附型修饰电极根据修饰物吸附在电极上的吸附方式可以分为平衡吸附法、静电吸附法、涂层法、L-B (Langmuir-Blodgett) 膜法和自组装法等。用吸附法可以制备单分子层修饰膜，也可以制备多分子层修饰膜。

L-B 膜修饰电极：把具有脂肪疏水端和亲水基团的表面活性物质(双亲分子)溶于挥发性的有机溶剂中，铺展在平静的气/水界面上，待溶剂挥发后，其亲水基团伸向水相，这时沿水面横向施加一定的表面压，溶质分子就会在水面上形成紧密排列的有序单分子膜，称为 L-B 膜，然后将 L-B 膜直接转移(挂膜)到固体电极表面上。

自组装膜修饰电极：自组装膜(self-assembling monolayers，SAMs)基于分子与电极材料通过化学键相互作用，在电极表面进行自组装而自然形成高度有序的单分子层。容易发生自组装的分子及其电极材料有：硫醇、二硫化物和硫化物在金电极表面；脂肪酸在金属氧化物表面；硅烷在二氧化硅的表面；磷酸在金属磷酸盐的表面以及异腈在铂电极表面等。

欠电位沉积法(under potential deposition，UPD)：金属的欠电位沉积是指金属离子在比其热力学还原电位更正的电位下发生沉积(还原)的现象。这种现象常发生在金属离子在异体底物上的沉积，又称吸附原子(Ad-atom)。重金属离子(如 Hg、Pb、Ag、As、Bi、Cd、Cu、Sn 等)欠电位沉积在贵金属或过渡金属电极上，形成具有一定空间结构的单原子层。

3. 聚合物膜修饰电极

聚合物膜修饰电极是利用功能单体通过聚合反应在电极表面形成聚合物膜的一类修饰电极，制备方法有涂渍、氧化还原聚合、有机硅烷缩合、等离子聚合等。聚合物薄膜有的自身已经含有化学的或电活性的基团，有的可以通过反应将预定的活性基键合到薄膜上。目前制备方法根据所用初始试剂的不同而分为从聚合物出发制备和从单体出发制备两大类。前者可采用蘸涂、滴涂和旋涂法等以及氧化还原电化学沉积法。后者可采用电化学聚合法。聚合物薄膜修饰电极包括惰性、电活性、离子交换性和导电性的聚合物膜修饰电极四大类。

14.4 电化学工作站的基本操作步骤

14.4.1 CHI 660E 电化学工作站的使用原理和操作方法

CHI 660E 电化学工作站为通用电化学测量系统。内含快速数字信号发生器、高速数据采集系统、电位电流信号滤波器、多级信号增益、IR 降补偿电路，以及恒电位仪／恒电流仪(E)。电位范围为±10 V，电流范围为±250 mA。电流测量下限低于 50 pA。可直接用于超微电极上的稳态电流测量。如果与 CHI 200 微电流放大器及屏蔽箱连接，可测量 1 pA 或更低的电流。如果与 CHI 680 大电流放大器连接，电流范围可拓宽为±2 A。

使用操作方法如下：

1. 开机

(1) 打开室内电源开关，开启并预热 CHI 660E 电化学工作站。

(2) 检查与计算机和工作站连接的接线板是否处于通电状态，启动计算机。

(3) 点击电化学工作站后面板上的白色电源开关，使开关亮绿灯，即工作站已开启。在此状态下预热 5～10 min。

2. 连接实验装置

(1) 放好支架。

(2) 将电解池放置平稳并向其中加入适量的电解质溶液，盖好上盖。

(3) 向上盖的孔穴中插入所用的参比电极和对电极，连接线路：红色接线端与对电极相接；白色接线端与参比电极相接；绿色接线端与工作电极相接。

(4) 溶液如果需要通氮气，将氮气通气管的出气端通过电解池的上盖插入到液面下持续通气 5～10 min。

3. 启动 CHI 660E 软件程序

双击桌面项目中 CHI 600E 的快捷方式，启动程序，计算机屏幕上显示程序窗口。将电极夹头夹到实际电解池上，设定实验技术和参数后，便可进行实验。

4. 设置参数并运行程序

(1) 选择子程序：在下拉菜单“Set up”的“Technique”中或使用快捷方式选择子程序“Cyclic Voltammetry”或其他子程序，点击“OK”。

(2) 设置参数：在下拉菜单“Set up”的“Parameters”中或使用快捷方式进行参数设置，在复选框“QCM on if Scan Rate ⩽ 1.0 V/s”前打勾，然后单击“OK”。

(3) 运行程序：用下拉菜单“Control”中的“Running Experiment”或使用快捷方式运行程序，在一定的静置时间后，计算机屏幕上将显示电流-电位 (i-E) 关系曲线监控窗口。

5. 保存与处理数据

实验结束后，可执行“Graphics”菜单中的“Present Data Plot”命令进行数据显示。这时实验参数和结果(如峰高、峰电位和峰面积等)都会在图的右边显示出来，可做各种显示和数据处理。很多实验数据可以用不同的方式显示，在“Graphics”菜单的“Graph Option”命令中可找到数据显示方式的控制。例如，CV 可允许你选择任意段的数据显示，CC 可允许“Q-t”或“Q-$t^{1/2}$”的显示，ACV 可选择绝对值电流或相敏电流(任意相位角设定)，SWV 可显示正反向或差值电流，IMP 可显示波德图或奈奎斯特图等。具体保存及处理方法如下：

(1) 用下拉菜单“File”中的“Save As”或使用快捷方式，可将实验图及相关参数用文件形式保存到指定目录下，文件的后缀自动生成为“.bin”。

(2) 在下拉菜单“File”中选择“Convert to txt”，可将所选的文件由“*.bin”转变为同名的“*.txt”文本文件以便采用其他作图程序来处理。

6. 关闭程序与仪器

按照关闭 CHI 660E 电化学工作站、关闭 CHI 660E 运行程序、关闭计算机操作系统、关闭电源的顺序依次关闭相关程序和仪器设备。

7. 操作注意事项

(1) 实验中如果需要电位保持或暂停扫描(仅对伏安法而言)，可用“Control”菜单中的“Pause/Resume”命令。此命令在工具栏上有对应的键，如果需要继续扫描，可再按一次该键。对于循环伏安法，如果临时需要改变电位扫描极性，可用“Reverse (反向)”命令，在工具栏也有相应的键。如果要停止实验，可用“Stop (停止)”命令或按工具栏上相应的键。如果实验过程中发现电流溢出(overflow，经常表现为电流突然成为一水平直线或得到警告)，可停止实验，在参数设定命令中重设灵敏度(sensitivity)，数值越小越灵敏（“1.0e-006”要比“1.0e-005”灵敏）。如果溢出，应将灵敏度调低(数值调大)。灵敏度的设置以尽可能灵敏而又不溢出为准。如果灵敏度太低，虽不致溢出，但由于电流转换成的电压信号太弱，模数转换器只用了其满量程的很小一部分，数据的分辨率会很差，且相对噪声增大。对于 660E 电化学工作站，在循环伏安法扫速低于 0.01 V/s 时，参数设定时可设自动灵敏度控制（“Auto Sens”）。此外，“TAFEL”、“BE”和“IMP”都是自动灵敏度控制的。

(2)要储存实验数据，可执行“File”菜单中的“Save As”命令。文件总是以二进制(binary)的格式储存，用户需要输入文件名，但不必加“.bin”的文件类型。如果忘了存数据，下次实验或读入其他文件时会将当前数据抹去。若要防止此类事情发生，可在“Setup”菜单的“System”命令中选择“Present Data Override Warning”。这样，以后每次实验前或读入文件前都会给出警告(如果当前数据尚未存的话)。

(3)若要打印实验数据，可用“File”菜单中的“Print”命令。但在打印前，需先在主视窗的环境下设置打印机的类型，打印方向（“Orientation”）设置在横向（“Landscape”）。如果 *Y* 轴标记的打印方向反了，用“Font”命令改变 *Y* 轴标记的旋转角度(90°或 270°)。若要调节打印图的大小，可用“Graph Options”命令调节“*X* Scale”和“*Y* Scale”。

(4)若要切换实验技术，可执行“Setup”菜单中的“Technique”命令，选择新的实验技术，然后重新设定参数。如果要做溶出伏安法，则可在“Control”的菜单中执行“Stripping Mode”命令，在显示的对话框中设置“Stripping Mode Enabled”。如果要使沉积电位不同于溶出扫描时的初始电位(也是静置时的电位)，可选择“Deposition *E*”，并给出相应的沉积电位值。只有单扫描伏安法才有相应的溶出伏安法，因此循环伏安法没有相应的溶出法。

一般情况下，每次实验结束后电解池与恒电位仪会自动断开。做流动电解池检测时往往需要电解池与恒电位仪始终保持接通，以使电极表面的化学转化过程和双电层的充电过程结束而得到很低的背景电流。用户可用“Cell”(电解池控制)命令设“Cell On between *I*-*t* Runs”。这样，实验结束后电解池将保持接通状态。

(5)常用的软件命令，如“Open (打开文件)”、“Save As(储存数据)”、“Print(打印)”、“Technique(实验技术)”、“Parameters(实验参数)”、“Run(运行实验)”、“Pause/Resume(暂停 / 继续)”、“Stop(终止实验)”、“Reverse Scan Direction(反转扫描极性)”、“IR Compensation(IR 降补偿)”、“Filter(滤波器)”、“Cell Control(电解池控制)”、“Present Data Display(当前数据显示)”、“Zoom(局部放大显示)”、“Manual Result(手工报告结果)”、“Peak Definition(峰形定义)”、“Graph Options(图形设置)”、“Color(颜色)”、“Font(字体)”、“Copy to Clipboard(复制到剪贴板)”、“Smooth(平滑)”、“Derivative(导数)”、“Semi-derivative and Semi-integral(半微分半积分)”、“Data List(数据列表)”等都在工具栏上有相应的键。执行一个命令只需按一次键。这可大大提高软件使用速度。应熟悉并掌握工具栏中键的使用。

(6) CHI 660E 的后面装有散热风扇，风扇是机械运动装置，所以会产生声音。一般情况下都在可容忍的范围，有时仪器刚打开时会产生较大的噪声，可关掉电源再打开。如果该较大噪声仍存在，可让仪器再开一会，过一段时间应能恢复正常。

(7) 关于仪器的噪声和灵敏度。

仪器的灵敏度与多种因素有关。仪器有自己的固有噪声，但很低。大多噪声来自外部环境，其中最主要的是 50 Hz 的工频干扰。解决方法是采用屏蔽，可用一金属箱子(铜、铝或铁都可)作屏蔽箱，但箱子一定要良好接地，否则无效果或效果很差。如果三芯单相电源插座接地(指大地)良好，则可用仪器后面板上的黑色香蕉插座作为接地点。

CHI 660E 内部有低通滤波器，平时是自动设定的。在扫描速率为 0.1 V/s 时，自动设定的截止频率为 150 Hz 和 320 Hz，对 50 Hz 的工频干扰抑制很差；但扫速为 0.05 V/s 时，滤波器自动设定为 15 Hz 和 32 Hz，对 50 Hz 工频干扰有较好的抑制，噪声大大减小。如果在 0.1 V/s 或更高的扫速下得到较大的噪声，可以试用 0.05 V/s 以下的扫描速率。即使在不屏蔽的条件下也能测量微电极的信号，但要注意，在不屏蔽的条件下较易受到其他干扰，甚至人的动作也会引起环境电磁场的改变。由于人的动作频率很低，15 Hz 或 32 Hz 的截止频率不能有效抑制，仍会呈现噪声，因此最好的方法是屏蔽。

14.4.2　Voltalab 50 恒电位仪的操作方法

Voltalab 系列电化学工作站是一种理想的适用于直流电和交流电的电化学分析仪器，可以广泛地应用于腐蚀状态测试、蚀损斑测试、电池测试、燃料电池、电镀、催化剂、纳米材料和传感器的改进、生物材料等领域。VoltaLab 50 是一款分析计量型恒电位仪，能满足所有利用标准加入法、标准曲线法和标准加入校准曲线法进行定量分析的电化学分析实验。此外，还可以进行其他伏安技术实验，可通过连接汞电极和旋转圆盘电极等作为极谱分析仪使用。

循环伏安实验的操作方法如下：

(1) 准备：预先装好测量池，连接三个工作电极、参比电极和对电极，打开“cell”，进行实验。

(2) 打开 VoltaMaste 4 软件。

(3) 点击“New”图标，新建一个“Sequence”文件。

(4) 选“Sequence”，点击“Sequence Edition”设置相关参数。

①选“Voltammetry”，选“pot Cyclic voltammetry”，点击“Add”。

②选中右边“Sequence”中的“pot Cyclic voltammetry”，点击“Edit”。

③设置电位和扫速、“Mininum range”和扫描图数。

④点击“OK”，完成参数设置。

(5) 点击“Run”按钮，开始扫描。

(6) 修改参数。

①先关已有曲线的窗口。

②进入“Sequence”文件界面，仍选“Sequence”→“Sequence edition”，在其中修改参数。

③点击“OK”，完成设置，点击“Run”按钮，开始扫描。

14.5 电化学测试体系的检查和注意事项

图 14-5 为电化学测试体系检查的一般程序，当测量系统发生问题时，可以参考此程序寻找问题所在。

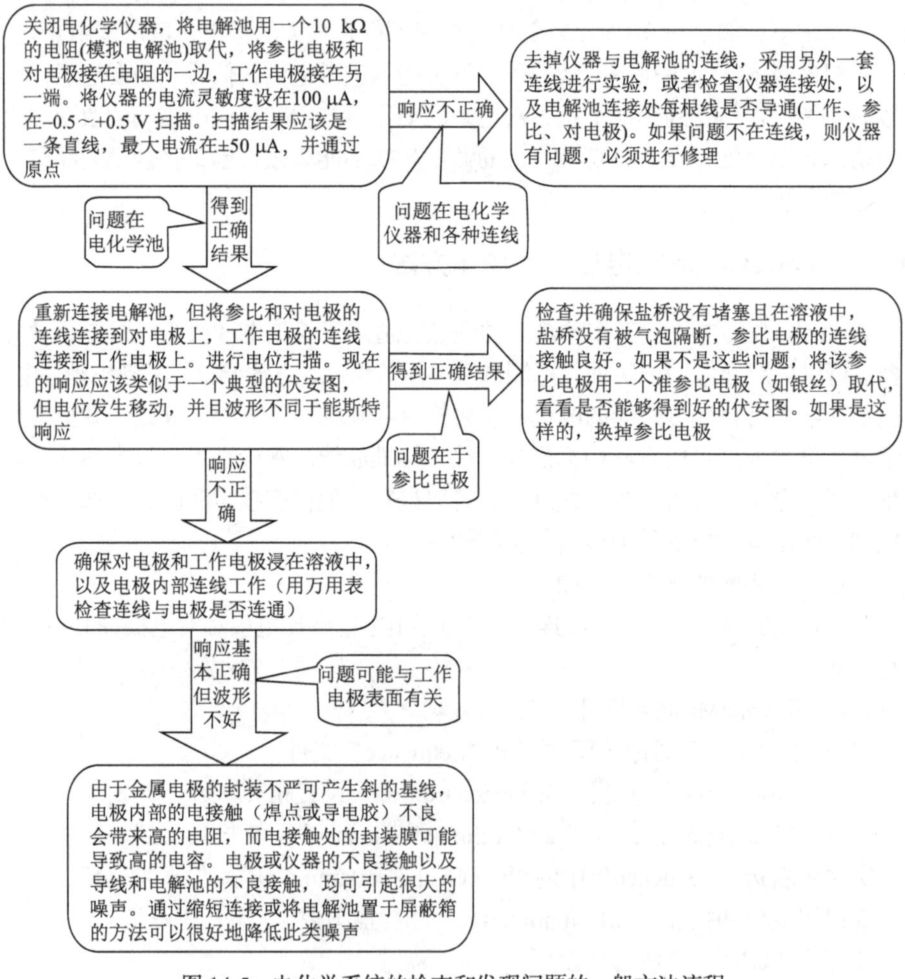

图 14-5　电化学系统的检查和发现问题的一般方法流程

实验 20　循环伏安法测定铁氰化钾的电极反应过程

一、实验目的

(1)学习固体电极表面的处理方法。

(2)掌握循环伏安仪的原理和实验技术。

(3)了解扫描速率和浓度对循环伏安图的影响。

二、实验原理

循环伏安法(cyclic voltammetry，CV)往往是首选的电化学分析测试技术，已被广泛地应用于化学、生命科学、能源科学、材料科学和环境科学等领域中相关体系的测试表征。该法控制电极电势以不同的速率，随时间以三角波形一次或多次反复扫描，电位范围是使电极上能交替发生不同的还原和氧化反应，并记录电流-电位曲线。根据曲线形状可以判断电极反应的可逆程度，中间体、相界吸附或新相形成的可能性，以及偶联化学反应的性质等。常用来测量电极反应参数，判断其控制步骤和反应机理，并观察整个电位扫描范围内可发生哪些反应及其性质如何。对于一个新的电化学体系，首选的研究方法往往就是循环伏安法，可称为“电化学的谱图”。本法除使用汞电极外，还可以用铂、金、玻璃碳、碳纤维微电极以及化学修饰电极等。

本实验以玻碳电极为工作电极，测定铁氰化钾溶液的电极反应过程和相应的反应参数。

铁氰化钾离子｛$[Fe(CN)_6]^{3-}$｝-亚铁氰化钾离子｛$[Fe(CN)_6]^{4-}$｝氧化还原电对的标准电极电势为

$$[Fe(CN)_6]^{3-} + e^- \longrightarrow [Fe(CN)_6]^{4-} \qquad \varphi^{\ominus} = 0.36\ V(vs.NHE)$$

电极电势与电极表面活度的能斯特方程为

$$\varphi=\varphi^{\ominus}+ RT/F\ln(c_{Ox}/c_{Red})。$$

在一定扫描速率下，从起始电位(−0.2 V)正向扫描到转折电位(+0.8 V)期间，溶液中$[Fe(CN)_6]^{4-}$被氧化生成$[Fe(CN)_6]^{3-}$，产生氧化电流；当负向扫描从转折电位(+0.8V)变到原起始电位(−0.2V)期间，在指示电极表面生成的$[Fe(CN)_6]^{3-}$被还原生成$[Fe(CN)_6]^{4-}$，产生还原电流。图 14-6 为实验中扫描电位和电极反应的循环伏安图。为了使液相传质过程只受扩散控制，应在加入电解质和溶液处于静置下进行电解。在 0.1 mol/L KCl 溶液中，$[Fe(CN)_6]$的扩散系数为 0.63×10^{-5} cm/s；电子转移速率大，为可逆体系(1 mol/L KCl 溶液中，25 ℃时，标准反应速率常数为 5.2×10^{-2} cm/s)。

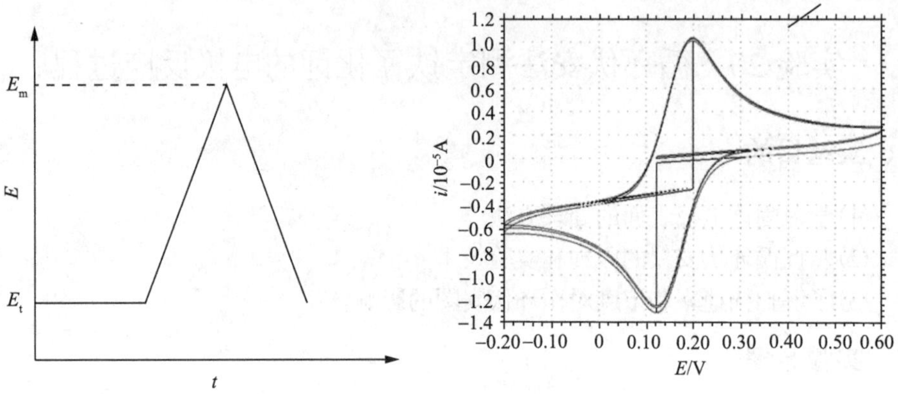

图 14-6　循环伏安法的随时间变化的电位三角波形和电极上交替发生不同的还原和氧化反应后所记录的电流-电位曲线

E_m为终止电位；E_t为起始电位

三、仪器及试剂

1. 仪器

PST 电化学工作站；玻碳圆盘电极；铂丝对电极；Ag-AgCl 参比电极。

2. 试剂

$K_3Fe(CN)_6$(A.R.或 G.R.)；KCl(A.R.或 G.R.)。

溶液及其浓度：0.1 mol/L KCl 溶液；0.100 mol/L $K_3Fe(CN)_6$水溶液储备液。实验中每组学生使用移液枪依次注射适量体积的 0.100 mol/L $K_3Fe(CN)_6$水溶液到 10 mL 0.1 mol/L KCl 溶液中，配成待测溶液。

四、实验内容

(1) 指示电极的预处理玻碳电极用 Al_2O_3粉末(粒径 0.05 μm 和 0.3 μm)将电极表面抛光，然后用蒸馏水清洗。

(2) 支持电解质的循环伏安图在电解池中放入 0.1 mol/L KCl 溶液，插入电极，以新处理的铂电极为指示电极，铂丝电极为辅助电极，饱和甘汞电极为参比电极，进行循环伏安仪设定。扫描速率为 100 mV/s，起始电位为−0.2 V，终止电位为+0.6 V。开始循环伏安扫描，记录循环伏安图。

(3) $K_3Fe(CN)_6$溶液的循环伏安图分别作 1 mmol/L、3 mmol/L、5 mmol/L、8 mmol/L、10 mmol/L 的 $K_3[Fe(CN)_6]$溶液(均含支持电解质 KCl 浓度为 0.1 mol/L)循环伏安图。运行 CV 测试，以合适文件名保存 CV 测试结果，建议为 CV 1 mmol/L、CV 3 mmol/L、CV 10 mmol/L 等。

(4) 不同扫描速率 $K_3[Fe(CN)_6]$溶液的循环伏安图在 5 mmol/L $K_3Fe(CN)_6$溶液中，以 20 mV/s、50 mV/s、100 mV/s、200 mV/s、300 mV/s 在−0.2～+0.8 V 电位范

围内扫描，分别记录循环伏安图。运行 CV 测试，以合适文件名保存 CV 测试结果，建议为 CV20、CV50、CV300 等。

五、数据处理

(1) 从 $K_4[Fe(CN)_6]$溶液的循环伏安图，测量 i_{pa}、i_{pc}、φ_{pa}、φ_{pc} 的值。

(2) 分别以 i_{pa}、i_{pc} 对 $K_4[Fe(CN)_6]$溶液的浓度作图，说明峰电流与浓度的关系。

(3) 分别以 i_{pa}、i_{pc} 对 $v^{1/2}$ 作图，说明峰电流与扫描速率间的关系。

(4) 计算 i_{pa}/i_{pc} 的值 $\varphi^{\ominus\prime}$值和 $\Delta\varphi$ 值；说明 $K_3[Fe(CN)_6]$在 KCl 溶液中电极过程的可逆性。

六、注意事项

(1) 电化学实验中电极预处理非常重要。电极一定要处理干净，使得实验中 $K_3Fe(CN)_6$ 体系的峰电位差接近其理论值(56.5 mV)，否则误差较大。

(2) 电极千万不能接错，本实验中也不能短路，否则会导致错误结果，甚至烧坏仪器。

七、思考和讨论

(1) 实验前电极表面为什么要处理干净？

(2) 扫描过程溶液为什么保持静止？为什么加入 0.1 mol/L KCl？

(3) 实验中 $K_3Fe(CN)_6$ 体系的峰电位差理论值(56.5 mV)从何得来？

实验 21　修饰电极的制备及对抗坏血酸的电化学催化行为的研究

一、实验目的

(1) 学习固体电极表面的处理方法。

(2) 掌握电化学沉积方法修饰电极。

(3) 了解电化学催化过程。

二、实验原理

化学修饰电极(CME)是当前电化学和电分析化学方面十分活跃的研究领域。通过对电极表面的分子剪裁，可按测定目标物给电极预订功能，以便在电极上得到选择性的反应，在分子水平上实现了电极功能的设计。多酸由于其本身特殊的结构，它不仅在均相和多相电催化中具有广泛的应用，在电化学理论方面，应用多酸修饰电极的报道也逐渐增多。

氨基酸聚合物薄膜修饰电极制备简单、稳定性好、选择性和灵敏度高而发展迅速。聚谷氨酸是一种典型的合成氨基酸聚合物，其结构与生物高聚物模型非常相似，一个谷氨酸的氨基和另一个谷氨酸的羧基连接，形成尺寸可控的聚谷氨酸链，连接在氨基和羧基功能团之间的重复部分以及游离的质子化的羧基很容易沉积在电极表面，见图 14-7。利用聚谷氨酸薄膜，可对肼、多巴胺、抗坏血酸及咖啡酸等进行检测。本实验采用电化学聚合方法，制备聚谷氨酸修饰电极。电化学聚合所形成的聚谷氨酸以纳米纤维形式存在，在玻碳电极表面呈现聚合网状形貌。这种结构在溶液中易膨胀，有利于与聚合物膜带相反电荷离子的作用，对抗坏血酸具有选择性响应，可测定样品中抗坏血酸的含量。

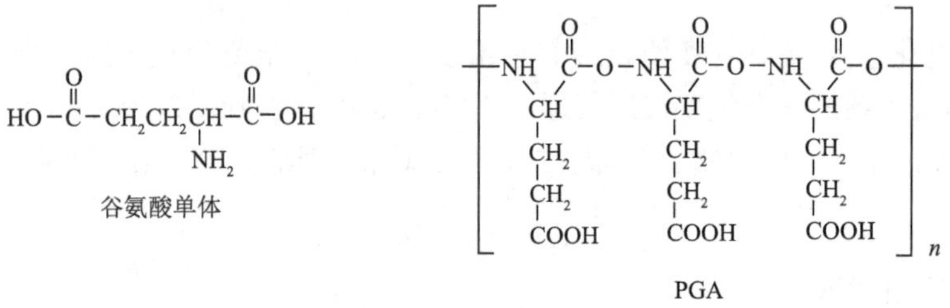

图 14-7　谷氨酸单体和聚合谷氨酸

三、仪器及试剂

1. 仪器

CHI 600E 电化学工作站（包括玻碳圆盘电极、铂丝对电极、Ag-AgCl 参比电极）；超声波清洗器。

2. 试剂

谷氨酸；抗坏血酸；KH_2PO_4；KOH。

四、实验内容

⑴ 指示电极的预处理玻碳电极用 Al_2O_3 粉末（粒径 0.05 μm 和 0.3 μm）将电极表面抛光，然后用蒸馏水清洗。

⑵ 将表面干净的玻碳电极插入在 1 mmol/L 抗坏血酸溶液中（PBS 7.0 为溶剂），铂丝电极为辅助电极，饱和甘汞电极为参比电极，以 0～0.8 V 的电压范围，100 mV/s 的扫速，扫描 2 圈，记录循环伏安图。

⑶ 以 PBS（pH 7.0）为溶剂，制备 0.02 mol/L 的谷氨酸溶液。

⑷ 将表面干净的玻碳电极插入溶液中，铂丝电极为辅助电极，饱和甘汞电极为参比电极，以–0.8～2 V 的电压范围，100 mV/s 的扫速，扫描 5 圈，得到表面修饰聚谷氨酸薄膜的玻碳电极，记录循环伏安图。

(5) 将表面修饰聚谷氨酸薄膜的玻碳电极插入 1 mmol/L 抗坏血酸溶液中(PBS 7.0 为溶剂)，铂丝电极为辅助电极，饱和甘汞电极为参比电极，以 0～0.8 V 的电压范围，100 mV/s 的扫速，扫描 2 圈，记录循环伏安图。

(6) 不同扫描速率抗坏血酸溶液的循环伏安图在 1 mmol/L 抗坏血酸溶液中，以 20 mV/s、50 mV/s、100 mV/s、200 mV/s、300 mV/s 在 0～0.8 V 的电压范围扫描，分别记录循环伏安图。运行 CV 测试，以合适文件名保存 CV 测试结果，建议为 CV20、CV50、CV300 等。

五、数据处理

(1) 将实验内容中 (2) 和 (5) 所得的循环伏安图进行叠加比较，说明两个图的异同。

(2) 根据抗坏血酸的电化学行为，说明其在电极过程的可逆性。

(3) 以抗坏血酸氧化峰的 i_p 对 v 作图，说明峰电流与扫描速率间的关系，并说明抗坏血酸在电极表面是扩散控制还是吸附控制。

(4) 以抗坏血酸氧化峰的 E_p 对 v 作图，说明峰电位与扫描速率间的关系，并通过公式计算说明抗坏血酸在电极表面的电子转移数。

六、思考和讨论

(1) 抗坏血酸的电化学氧化为什么是不可逆的?

(2) 如何判断电极表面修饰上了聚合谷氨酸?

(3) 抗坏血酸容易被空气中氧气氧化，如何保持其浓度不变?

第 15 章　电化学计时分析法

在电分析化学中，记录电流或电极电势等与时间关系曲线的方法称为计时分析法。测量电流时间关系的方法称为计时电流法。记录电位时间关系的方法称为计时电位法，而记录电量时间关系的方法称为计时库仑法等。由于测量参数是时间相关的，计时分析法可以用于电极反应的动力学过程研究，测定电极反应的动力学参数，如电子反应数、电极的实际面积 *A* 及物质的扩散系数等。

计时分析法所使用的仪器、测量原理和注意事项等都和第 14 章介绍的仪器相同，只是控制的测量条件不同。

计时电位法控制流过工作电极的电流为一恒定值或按照一定的具有电位突跃的波形规律变化(控制电流阶跃暂态测量方法)，记录工作电极电势与时间的关系曲线，仪器框图见图 15-1。

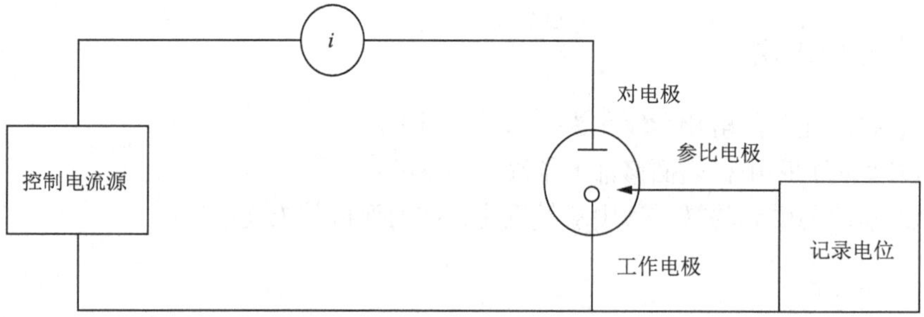

图 15-1　计时电位法装置

控制电流法的仪器较控制电位法简单，用恒流源即能工作。其中，恒电流电解分析法是常用方法之一。电解过程中产生电流的大小依赖于电极反应的速率，随着电解时间延长，溶液中电活性物质浓度降低，它传输到电极表面的速率减慢，使通过电解池的电流减小。为了使电流保持一定的大小，需要不断增大外加电压。当外加电压达到第二个电活性物质的析出电位时，则第二个电活性物质也开始在电极上析出，造成相互干扰。此法的优点是电解时间短，缺点是选择性差，只能使析出电位在氢以上与以下的金属得到定量分离，适用于溶液中只有一种较氢更易还原析出的金属离子的测定，或者电极上产生的物质与溶液中待测物质可以反应的体系。

实验 22 恒电流库仑法测定砷

一、实验目的

(1)通过本实验，学习掌握恒电流库仑法的基本原理。

(2)掌握恒电流库仑法测定痕量砷的实验方法。

二、实验原理

恒电流库仑法是通过电解产生的物质作为“滴定剂”来滴定被测物质的一种分析方法。在分析时，以 100%的电流效率产生一种物质(滴定剂)，能与被分析物质进行定量的化学反应，反应的终点可借助指示剂、电位法、电流法等进行确定。这种滴定方法所需的滴定剂不是由滴定管加入的，而是借助于电解方法产生出来的，滴定剂的量与电解所消耗的电量(库仑数)成比例，所以称为恒电流库仑法。

本实验是采用恒电流电解碘化钾的缓冲溶液(用碳酸氢钠控制溶液的 pH)产生的碘来测定砷的含量。在铂电极上碘离子被氧化为碘，然后与试剂中的砷(Ⅲ)反应，当砷(Ⅲ)全部被氧化为砷(Ⅴ)后，过量的微量碘将淀粉溶液变为微红紫色，即达到终点。根据电解所消耗的电量(i_t)，用法拉第定律计算溶液中砷(Ⅲ)的含量。

三、仪器及试剂

1. 仪器

CHI 电化学工作站；铂片电极(作工作电极)；螺旋铂丝电极；两室电解池；盐桥。

2. 试剂

亚砷酸溶液：约 1×10^{-4} mol/L(用硫酸微酸化使之稳定)。

碘化钾缓冲溶液：溶解 60 g 碘化钾、10 g 碳酸氢钠，然后稀释至 1 L，加入亚砷酸溶液 2～3 mL，以防被空气氧化。

0.5%新配制淀粉试液；硝酸(体积比 1∶1)；1 mol/L 硫酸钠溶液。

四、实验内容

(1)将铂电极浸入 1∶1 硝酸溶液中，数分钟后，取出用蒸馏水吹洗，滤纸蘸掉水珠。

(2)量取碘化钾缓冲溶液 50 mL 及淀粉溶液约 3 mL，置于电解池中，放入搅拌子，将电解池放在仪器内置磁力搅拌器上。在阴极室中注入硫酸钠溶液，至管的 2/3 部位，插入螺旋铂丝电极。将铂片电极装在阳极室内(注意：铂片要完全浸入试液中)。

铂片电极接“阳极”，螺旋铂丝电极接“阴极”。启动搅拌器，设置电解电流为 1.0 mA。仔细观察电解溶液，当微红紫色出现时，停止电解。慢慢滴加亚砷酸溶液，直至微红紫色褪去再多加 1～2 滴，再次继续电解至微红紫色出现，停止电解。为能熟练掌握终点的颜色判断，可如此反复练习几次。

(3) 准确移取亚砷酸 10.0 mL，置于上述电解池中，开始实验。电解至溶液出现与定量加亚砷酸前一样微红紫色时，立即停止电解，记录电解时间 (s)。再加入 10.0 mL 亚砷酸溶液，同样步骤测定。重复实验三四次。

(4) 测量完毕，关闭电化学工作站电源，洗净电极并将电极浸在去离子水中。

五、数据处理

(1) 根据几次测量结果，求出平均电解时间与标准偏差。

(2) 根据平均电解时间，用法拉第定律计算出未知溶液中亚砷酸的含量（以 mol/L 表示）。

六、思考和讨论

(1) 写出滴定过程的电极反应和化学反应式。

(2) 碳酸氢钠在电解溶液中起什么作用?

第四篇　色谱分析法

第 16 章　气相色谱法

16.1　气相色谱仪的组成和测量条件的选择

16.1.1　仪器组成

色谱分离系统比一般单性能的分析仪器要复杂，其结构组成示意图见图 16-1。

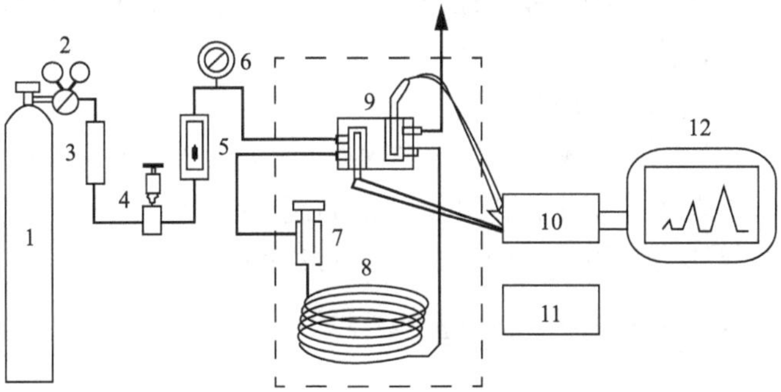

图 16-1　气相色谱仪结构示意图

1-载气钢瓶；2-减压阀；3-净化干燥管；4-针形阀；5-流量计；6-压力表；7-进样器；8-色谱柱；9-检测器；10-放大器；11-温度控制器；12-记录仪

典型气相色谱仪由以下五大系统组成。

1. 载气系统

载气系统包括气源、净化干燥管和载气流速控制。

(1) 常用的载气有氢气、氮气、氦气。

(2) 净化干燥管：去除载气中的水、有机物等杂质(依次通过分子筛、活性炭等)。

(3) 载气流速控制：压力表、流量计、针形稳压阀，控制载气流速恒定。

2. 进样装置

进样装置包括进样器和气化室。

(1) 气体进样器(六通阀)：推拉式和旋转式两种。

(2) 试样首先充满定量管，切入后，载气携带定量管中的试样气体进入分离柱。

(3) 液体进样器：不同规格的专用注射器，填充柱色谱常用 10 μL；毛细管色谱常用 1 μL。液体进样可以用六通阀进样，也可以用自动进样器进样。

(4) 气化室：将液体试样瞬间气化的装置。

3. 柱温箱和色谱柱(分离柱)

色谱柱是色谱仪的核心部件。柱温箱用于控制分离温度，色谱柱放置在柱温箱内，分为填充柱和毛细管柱。

4. 检测系统

常用的检测器有热导检测器、氢火焰离子化检测器(FID)和电子捕获检测器(ECD)等。此外，质谱检测器(MS)在气相色谱中已经成为常用检测器，质谱仪本身具有强大的定性功能，使用质谱检测的气相色谱系统称为气相色谱-质谱联用仪(GC-MS)。

5. 温度控制系统

温度是色谱分离条件的重要选择参数。气化室、柱温箱和检测器三部分在色谱仪操作时均需控制温度。

气化室：保证液体试样瞬间气化。

柱温箱(也称分离室)：准确控制分离需要的温度。当试样复杂时，分离室温度需要按一定程序控制温度变化，各组分在最佳温度下分离。

检测器：保证被分离后的组分通过时不在此冷凝。

16.1.2 气相色谱分析条件的选择

气相色谱分离条件很多，但其中最主要的测量条件有以下几项。

1. 进样体积和分流比

毛细管气相色谱仪是目前最常用的色谱仪器,用于痕量组分的分离和定量分析。由于毛细管柱内径小，对进样量有一定的要求。在保证灵敏度的基础上，尽量使用小的进样体积。为了进一步减少进样体积，常采用分流的方法，确定适当的进样分流比是保证分离效率和灵敏度的前提。

2. 进样气化室温度和检测器温度

要保证进样样品能够充分气化，以及在检测时，所有的样品都能够到达测量位置，必须要选择正确的进样和检测温度。在常规的进样方法中，进样和检测的温度是一样的，通常都高于沸点最高的化合物。

3. 分离温度

分离所需要的温度应按照被分离化合物的沸点进行设置，通常适当低于被分离化合物的沸点。当被分离的组分较多，沸点差异较大时，应采用程序升温的方法。设定程序升温的步骤非常关键，设置最佳的升温程序需要通过实验来确定最高温度和升至最高温度的速度。

16.2　气相色谱仪基本操作步骤和注意事项

气相色谱仪的基本操作步骤如下：

(1)先检查辅助设备，如气体钢瓶的压力和阀门是否处在正常的情况，管路连接是否完好。打开载气和辅助气体的阀门，打开氢气发生器，观察氢气发生器的输出压力达到稳定，进行下一步。

(2)打开主机，仪器开始自检过程。

(3)打开计算机，点击色谱工作站，通过色谱工作站联机，自检后仪器仍应预热一段时间，同时观察检测窗口显示的基线情况，当基线稳定后就可以开始测量了。

(4)调用或编制分析方法，色谱分析需要设定的参数较多，分离的样品组分有时也较多，因此必须针对待测样品设定合适的分析方法，保存方法文件，以便调用。

(5)进样。

(6)保存色谱图和数据，进行数据处理。

(7)关机。气相色谱在工作时，有比较高的温度，因此关机之前必须先降低系统温度，当温度降低在 50℃或规定的温度以下，才可关闭主机和计算机，最后关闭各个起源的阀门。

气相色谱需要使用各种气体，载气、燃气和辅助气体，因此使用时必须注意压力的变化，一旦系统的管路不畅，造成压力上升，仪器会自行停止工作。

另一种情况是连接不当，导致管路泄漏，此时系统的压力同样不正常，管路是否泄漏应在连接管线时做检查。

当仪器发出报警声时，先检查面板的显示，一般的问题，操作界面都会有显示，根据显示的信息解决问题。在操作过程中应随时关注色谱图和各种参数的变化，当发现基线不稳、基线严重漂移，或者信号超标、消失等情况时，应停止样品测定，检查原因，等仪器恢复正常后再进行测定。

16.3　气相色谱-质谱联用仪的基本组成

气相色谱-质谱联用(GC-MS)是将气相色谱的流出组分输入到质谱系统中，进行定性和定量分析的方法。GC-MS 方法准确度、灵敏度高，而且具有卓越的选择性，已成为常用的色谱分析方法之一。质谱系统一般由真空系统、进样系统、离子源、质量分析器、检测器和计算机控制与数据处理系统(工作站)等部分组成。气相色谱和质谱仪由特定的接口进行连接。

接口的作用是使经气相色谱分离出的各组分依次进入质谱仪的离子源。接口一般应满足以下要求：①不破坏离子源的高真空，也不影响色谱分离的柱效；②使色谱分离后的组分尽可能多的进入离子源，流动相尽可能少的进入离子源；③不改变色谱分离后各组分的组成和结构。毛细管柱气相色谱一般采用直接连接的方法，接口有温度控制系统，真空系统同时将小分子的载气和分离组分分开，因此在 GC-MS 中多使用氦气为载气。这种连接方式进样的效率较高，见图 16-2。

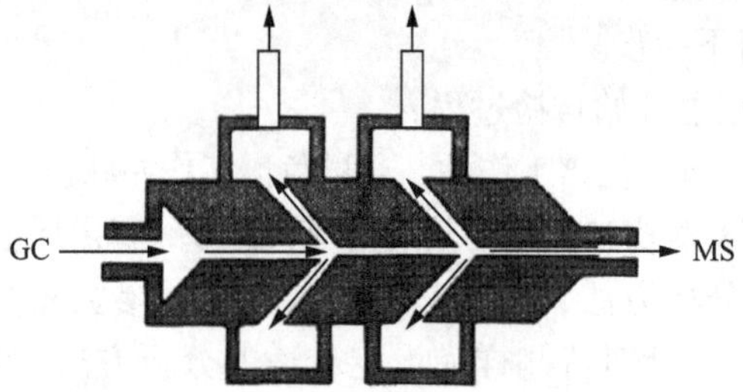

图 16-2 GC-MS 接口

离子源的作用是将被分析的样品分子电离成带电的离子，并使这些离子在离子光学系统的作用下，汇聚成有一定几何形状和一定能量的离子束，然后进入质量分析器被分离。其性能直接影响质谱仪的灵敏度和分辨率。离子源的选择主要依据被分析物的热稳定性和电离的难易程度，以期得到分子离子峰。电子轰击离子源(EI)是气相色谱-质谱联用仪中最为常见的离子源，它要求被分析物能气化，且气化时不分解。

质量分析器是质谱仪的核心，它将离子源产生的离子按质荷比(*m/z*)的不同，在空间位置、时间的先后或轨道的稳定与否进行分离，以得到按质荷比大小顺序排列的质谱图。

检测器的作用是将来自质量分析器的离子束进行放大并检测，电子倍增检测器是色谱-质谱联用仪中最常用的检测器。

计算机控制与数据处理系统(工作站)的功能是快速准确地采集和处理数据，监控质谱及色谱各单元的工作状态，对化合物进行自动的定性定量分析，按用户要求自动生成分析报告。

16.4 GC7890A 气相色谱仪操作程序和使用注意事项

16.4.1 GC7890A 气相色谱仪操作程序

1. 开机

开启氮气高压钢瓶总阀(使分压阀为 0.6 MPa)，开启空气高压钢瓶总阀(分压为 0.8～0.9 MPa)，接通载气、燃气、助燃气。打开氢气发生器电源，当氢气流量读数达到 40 后，打开气相色谱仪主机电源，打开计算机电源开关，先点击桌面图标“仪器 1”联机，然后点击桌面图标“仪器 1 脱机”软件，色谱工作站正常工作。

2. 设定仪器条件

此步在 方法和运行控制 界面进行。

(1)设定方法：点击视图中的 GC 仪器图表 ，点击各个部件可设定条件，如进样器温度、进样体积、是否分流比、升温程序、检测器温度等，同时可以输入色谱柱的相关信息。

(2)保存方法：点击 方法 中的 方法另存为 ，将文件以日期编号保存于指定的文件文件夹中。

(3)调用方法：点击 方法 中的 调用方法 ，选择设定好的方法(如运行刚保存的不需要这一步，操作界面已经显示最后设计的方法条件)。

3. 样品准备

将样品溶液做好标记，按顺序放入自动进样器样品盘中，记录样品名和位置。

将清洗进样针的高纯溶剂(常用甲醇溶液)放入进样针下盘中位置 A,用于洗针，为了避免不同样品间的交叉污染，在样品种类或浓度变化时，需要多次洗针。

4. 运行

检查方法文件是否正确。

点击 运行控制 中 样品信息 ，将样品位置和样品名称输入(重要!)，文件名为系统自动生成，记录文件名和位置。

点击 开始 ，仪器开始进样和运行，分离可以在方法文件中设定的停止时间结束，也可以点击 停止 随时终止分离过程，点击 停止 的同时，仪器自动生成数据文件，可在相应的文件夹中查到数据文件。

5. 数据处理

仪器运行过程中处理报告，应在脱机软件中进行：

(1)打开脱机软件。

(2)点击 文件 ，点击 调入信号 ，调入数据文件。

(3)点击左下方工具栏中 数据分析 ，查看色谱图，记录保留时间、峰面积和峰高等数据。

(4)点击生成报告，可以修改报告格式和选项。

16.4.2　GC7890A 气相色谱仪使用的注意事项

(1)柱温温度的设置必须低于色谱固定液的最高使用温度(300 ℃)，检测器温度的设置应保证样品在检测器中不冷凝，气化室进样器系统的温度设置应高于样品组分的平均沸点，一般应高于柱箱温度 30～50 ℃。

(2)开机使用 FID 时必须先通载气和空气，再开温度控制，待检测器温度超过 100 ℃才能通氢气点火。FID 系统停机时，必须先关氢气熄火，然后再关温度控制，当柱温降下后再关载气和空气。如果开机时在 FID 温度低于 100 ℃时就通氢气点火，或关机时不先熄火就降温，就容易造成 FID 收集极积水，使得基线不稳。

(3)关闭氢气发生器前需要排气，按动仪器上红色按钮，排气使压力显数为零。

(4)关机时，请务必保证柱箱和检测器的温度降到 70 ℃以下才能关闭气源。

16.5　气相色谱-质谱联用仪操作规程

与质谱联用使得气相色谱的定性能力有了极大的提高，同时由于检测可以选择特定的质荷比(*m/z*)，进一步降低了干扰和背景信号，检测的灵敏度也有了较大的提高。GCMS-QP2010Plus 的操作规程如下。

1. 开机

在进入实时分析工作站前，打开氦气钢瓶总阀，调节减压阀至 500～900 kPa，分别打开气相色谱、质谱、计算机电源。在桌面上，鼠标左键双击实时分析图标，点击“确认”，进入实时分析界面。此时有一短一长的蜂鸣声，分别代表与气相色谱和质谱联机成功，进入 GC-MS 实时分析工作站。

2. 系统配置

单击辅助工具栏中的“系统配置”，选择实验需用的配置，点击“确定”，点击“设置”，将工作站的设置参数传输到仪器中。

3. 真空控制

点击辅助工具栏中的“真空控制”，点击“自动启动”，启动真空开始。启动真空完成后，在进行条中显示完成，点击“关闭”。

4. 泄漏检查

泄漏检查是用来检查质谱仪真空系统是否存在漏气。等待真空启动 30 min 之后，才能进行泄漏检查。在辅助工具栏中点击“调谐”，点击“峰监测”，出现峰监测窗口，进行调谐。

5. 自动调谐

仪器操作程序自动进行调谐，调谐结束进行分析参数设置。

6. 分析参数设置

(1)自动进样器参数设置。

(2)GC 参数设置。

(3) MS 参数设置。
(4) 谱库检索参数设置。

7. 样品采集、测量

样品采集及测量过程根据具体实验内容而不同，在实验步骤中有具体说明。

8. 关机

GC-MS 操作中应注意：①MS 检测系统需要真空条件，在实验的前一天，就需要开启抽真空装置；②实验中，任何检测的样品中均须无水；③实验过程中，不能打开质谱真空箱；④不要用手碰触进样口，以免污染。

实验 23　气相色谱法分析苯系物含量

一、实验目的

(1) 掌握气相色谱法的基本原理。
(2) 掌握柱效、分离度与柱效能的关系。
(3) 掌握气相色谱中纯物质对照法定性和归一化法定量的分析方法。
(4) 了解气相色谱的仪器组成、测定方法以及数据采集、数据分析的基本操作。

二、实验原理

气相色谱是一项广泛、实用、快速的分析技术，在化工、医药、食品、环境、卫生、商检、公安等领域广泛应用。该分析方法中，高效毛细管柱是最常用的气相色谱柱，它是将固定液直接涂布或通过化学键合于通过处理的毛细管管壁上。利用试样中各组分在气相和固定液相间的分配系数不同将混合物分离、测定的仪器分析方法，特别适用于分析含量少的气体和易挥发的液体。当气化后的试样被载气带入色谱柱中运行时，组分就在其中的两相间进行反复多次分配。由于固定相对各组分的吸附或溶解能力不同，因此各组分在色谱柱中的运行速率就不同，经过一定的柱长后，便彼此分离，按流出顺序离开色谱柱进入检测器被检测，在记录器上绘制出各组分的色谱峰——流出曲线。在色谱条件一定时，任何一种物质都有确定的保留参数，如保留时间、保留体积及相对保留值等。因此，在相同的色谱操作条件下，通过比较已知纯物质和未知物的保留参数或在固定相上的位置，即可确定未知物为何种物质。测量峰高或峰面积，采用外标法、内标法或归一化法，可确定待测组分的质量分数。

苯系物是环境中常见的有机物，通常包括苯、甲苯、乙基苯、间二甲苯、对二甲苯、邻二甲苯、异丙苯和苯乙烯八种，它们对人体均有不同程度的毒性。其中苯、甲苯、二甲苯更是强致癌物，被广泛用作化工原料。因此，对挥发性苯同系物的有效监测越来越受到大家的重视。

苯的沸点为 80.10 ℃，甲苯的沸点为 110.8 ℃，二甲苯的沸点为 137～144 ℃，用一般的分离方法难将其分离。本实验采用 HP-5 毛细管柱(5%苯基甲基聚硅氧烷；非极性柱，固定液通过化学键合于通过处理的毛细管管壁上)，在一定的固定相和一定的操作条件下(如柱温、柱长、柱内径和载气流速等)，对苯系物进行定性和定量分析。

柱效以理论塔板数 n 和理论塔板高度 H 表示：

$$n = 16\left(\frac{t_{\mathrm{R}}}{Y}\right)^2 = 5.54\left(\frac{t_{\mathrm{R}}}{Y_{\frac{1}{2}}}\right)^2$$

$$H = \frac{L}{n}$$

式中，t_{R} 为保留时间；Y 为峰底宽；$Y_{\frac{1}{2}}$ 为半峰宽；L 为柱长。

两个不同组分的分离程度用分离度 R 表示。定义式为相邻两组分色谱峰保留值之差与两个组分色谱峰底宽总和一半之比。

$$R = \frac{t_{\mathrm{R}2} - t_{\mathrm{R}1}}{\frac{1}{2}(Y_1 + Y_2)}$$

定性分析：在气相色谱条件不变的情况下，每一可气化的物质都有各自确定的保留值，依此进行定性分析。对多组分混合物，若色谱峰均能分开，则可以将各自的保留值与各自的标准样品在相同条件下所测定的保留值进行对照，这是气相色谱最常用的定性方法。

定量分析：归一化法是气相色谱中常用的一种简便、准确的定量方法。使用这种方法的条件是：样品中的所有组分都要流出色谱柱，在所用检测器上都产生信号，当样品经色谱实验后，以所得色谱图求出各组分的峰面积，并利用各组分的纯品测出其相对校正因子 f，就可求得各组分的含量。

定量分析是建立在检测信号 A_i(峰面积)的大小与进入检测器的被测组分的质量 m_i 成正比的基础上，即

$$m_i = f_i A_i$$

式中，f_i 为绝对校正因子，表示单位峰面积所代表的某种物质的量，它与仪器的灵敏度和物质的性质有关。绝对校正因子不易被测定，在定量时常用相对校正因子：

$$f = \frac{m_i / A_i}{m_{\mathrm{s}} / A_{\mathrm{s}}}$$

标准物质的 f_{s}=1。

当待测样品中所有组分都能流出色谱柱并在检测器上产生信号时，可采用归一

化法定量，i 组分的质量分数为

$$w_i = \frac{f_i / A_i}{\sum f_i A_i} \times 100\%$$

式中，f_i 为 i 组分的相对校正因子。对于同系物而言，f_i 可近似视为相等，则有

$$w_i = \frac{A_i}{\sum A_i} \times 100\%$$

三、仪器及试剂

1. 仪器

Aglient GC7890A 气相色谱仪；FID 检测器；1 μL 自动进样器；高纯氮气(99.99%)、氢气发生器；空气压缩机；色谱柱(毛细管柱 HP-5，规格 30 m×0.32 mm×0.25 μm)。

2. 试剂

苯、甲苯、邻二甲苯、对二甲苯、间二甲苯、丙酮等试剂均为分析纯。制备苯、甲苯、邻二甲苯、对二甲苯、间二甲苯共五种苯系物的混合物（1∶1∶1∶1∶1，体积比）；制备丙酮、苯、甲苯共三种试剂的混合物（1∶1∶1，体积比）。也可以用甲醇（色谱纯）为溶剂，将上述有机化合物稀释 10 倍后进样。

四、实验内容

(1) 通载气和燃气，启动主机，严格按以下顺序开启。

开启氮气高压钢瓶总阀(注意分压阀不动，已经调好分压为 0.6 MPa)，再开启空气高压钢瓶总阀(注意分压阀不动，已经调好分压为 0.8～0.9 MPa)，接通载气、燃气、助燃气。打开氢气发生器电源(注意关机时需要排气，使压力显数为零)，打开气相色谱仪主机电源，打开计算机电源开关，先点击桌面图标“仪器 1”联机，然后点击桌面图标“仪器 1 脱机”软件，色谱工作站正常工作。

(2) 调节色谱条件。

进样口温度 200 ℃；柱温：程序升温，起始温度 40 ℃，保持 2 min，以 10 ℃ /min 升至 120 ℃，保持 2 min；检测器温度为 200 ℃；载气流量 1.0 mL/min；氢气流量 40 mL/min；空气流量 400 mL/min；分流比 150∶1；进样量 0.2 μL(如果使用稀释液，进样量为 1 μL，分流比 30∶1)。

(3) 待基线稳定后，分别将甲醇、丙酮、苯、甲苯、二甲苯等纯物质注入色谱仪，记录各种纯物质的保留时间 t_R。

(4) 在相同色谱条件下，将苯系物混合试样注入色谱仪，记录色谱图上各峰的保留时间 t_R。

(5) 色谱峰记录与处理，工作站自动获得积分峰面积、峰高、保留时间等数据。实验数据填入表 16-1。

表 16-1 纯物质的色谱数据

	丙酮	苯	甲苯	对二甲苯	间二甲苯	邻二甲苯
峰宽/min						
保留时间/min						

(6)实验结束后，调用关机程序(主要使气化室、柱温和检测器温度降至室温)，退出“仪器 1”联机软件、脱机软件，关闭计算机。关闭气相色谱仪主机电源，关闭氢气发生器电源(注意排气，使压力为零)，关闭空气总压阀，关闭氮气总压阀。

五、数据处理

采用标准品比较法，对已知纯物质及待测试样进行色谱分析，比较其保留时间，当两者的数值相等时，确认待测试样中组分的存在。以苯为分析物，计算毛细管色谱柱的理论塔板数($n_{理论}$)和有效塔板数($n_{有效}$)；苯和甲苯两个物质间的分离度 R；利用面积归一法计算苯、甲苯和二甲苯含量；以苯为标准物质，计算丙酮、乙醇、正己烷、甲苯的相对较正因子。

六、思考和讨论

(1)本实验中，进样量是否要求非常准确?

(2)实验中注意哪些操作?

(3)归一化法使用的条件是什么?

(4)如何求校正因子？在什么条件下可以不考虑校正因子?

(5)在什么情况下考虑使用程序升温？程序升温操作中柱温如何选择?

实验 24 气相色谱-质谱联用法检测方便面中的抗氧化剂

一、实验目的

(1)掌握 GC-MS 工作的基本原理。

(2)了解仪器的基本结构及操作。

(3)初步学会分离检测条件的设定。

(4)初步学会谱图的定性定量分析。

二、实验原理

GC-MS 联用色谱由两个主要部分组成，即气相色谱部分和质谱部分。气相色谱使用毛细管柱，其关键参数是柱的尺寸(长度、直径、液膜厚度)以及固定相性质(如

5%苯基聚硅氧烷）。当试样流经柱子时，根据各组分分子的化学性质的差异而得到分离。分子被柱子所保留，然后，在不同时间（称为保留时间）流出柱子。流出柱子的分子被下游的质谱分析器俘获，离子化、加速、偏向，最终分别测定离子化的分子。质谱仪是将每个分子断裂成离子化碎片，并通过其质荷比来进行测定的。

GC-MS 把气相色谱和质谱这两部分放在一起使用要比单独使用某一部分对物质进行识别精细很多倍。单用气相色谱或质谱是不可能精确地识别一种特定分子的。通常，经质谱仪处理的样品，对纯度的要求很高，而使用传统检测器的气相色谱（如火焰离子化检测器），当有多种分子通过色谱柱的时间一样（具有相同的保留时间）时，这样会导致两种或多种分子在同一时间流出柱子，不能予以区分。在单独使用质谱检测器时，也会出现质荷比相似的离子化碎片。将这两种方法结合起来，则能减少误差，因为两种分子同时具有相同的色谱行为和质谱行为的现象实属罕见。因此，当一张分子识别质谱图出现在某一特定的 GC-MS 分析的保留时间时，将典型地增高对样品中感兴趣的被分析物的确定性。

三、仪器及试剂

1. 仪器

GCMS-QP2010 Plus 气相色谱-质谱联用仪。

2. 试剂

甲醇（色谱纯）；叔丁基-4-羟基茴香醚（BHA）；特叔丁基对苯二酚（TBHQ）；2，6-二叔丁基-4-甲基苯酚（BHT）；无水乙醇。

四、实验内容

1. 操作参数

1）气相色谱

色谱柱：DB-5MS（30 m×0.32 mm i.d.，0.25 μm）。

柱流速：1.0 mL/min。

进样方式：不分流。

进样量：1 μL。

程序升温：100 ℃，然后 30 ℃/min 升至 170 ℃，再以 5 ℃/min 升至 190 ℃，最后 40℃/min 升至 220 ℃，保持 1 min。

进样口温度：250 ℃。

2）质谱条件

离子源温度：250 ℃。

接口温度：220 ℃。

离子化方式：EI。

电子能量：70 eV。

溶剂延迟时间：3 min。

扫描模式：全扫描模式(fullscan)。

2. 实验操作步骤

1)样品前处理

准确称取(2.000±0.0005) g 经过捣碎的面饼，用 10 mL 无水乙醇分三次(5 mL、3 mL 和 2 mL)进行超声提取，每次 10 min，然后 9000 r/min 离心 5 min，将三次提取的上清液混合，氮气吹干，并用 1 mL 甲醇复溶，待测。

2) GC-MS 检测

(1)开机。

开载气→开质谱(红色按钮)→开气相色谱→开计算机→开实时分析软件，确认联机(一短一长两声鸣响)。

(2)实时分析操作。

①抽真空(过夜)→检查漏气→调谐→保存调谐文件。

②点击“数据采集”，按“操作参数”编辑方法，保存方法，完成。

③打开方法文件，点击样品登录(输入数据文件名、样品瓶号、调谐文件)，点击“待机”(上传方法)，当开始按钮变为绿色时，点击“开始”，进行检测。

(3)检测开始后，仪器开始工作，等待样品检测完成，打开再解析分析软件，进行物质的定性定量分析。

3. 检测步骤

(1)定量分析线性范围实验。配制不同浓度的 BHA、BHT 和 TBHQ 标准混合溶液，在实验条件下进样分析，获得不同浓度标准品溶液的色谱图。

(2)检测实际样品。

(3)实际样品加标实验。向上述实际样品中加以其中一种标准品，其余各成分含量不变，在相同条件下进样分析，获得色谱图。

4. 数据记录

(1)线性范围测定。将各物质不同浓度的峰面积记录在表 16-2 中。

表 16-2　三种抗氧化剂的峰面积

浓度/（μg/mL）	BHA	BHT	TBHQ
5			
10			
20			
50			
100			

(2) 检测实际样品。将样品测定结果填入表 16-3 中。

表 16-3　实际样品中被测物的峰面积

实际样品中物质	BHA	BHT	TBHQ
峰面积			

(3) 实际样品加标实验。

加标物质：

加标后峰面积 A =

五、数据处理

(1) 调用色谱图，对标准品色谱图进行相似度检索，确定各抗氧化剂的保留时间。

(2) 积分不同浓度抗氧化剂标准品溶液的色谱图，得到对应色谱峰的峰面积。

(3) 根据各标准品峰面积，绘制标准曲线，并计算标准曲线的线性方程和线性相关系数。

(4) 根据标准曲线，计算样品中所含抗氧化剂的种类及其含量。

(5) 计算加标浓度和加标回收率。

六、思考和讨论

(1) 气相色谱-质谱联用仪主要包括哪几部分？

(2) 什么类型的样品适用于气相色谱-质谱联用检测？

(3) 本实验中质谱检测采用什么方式？

实验 25　气相色谱-质谱联用法检测饮料中的山梨酸、苯甲酸

一、实验目的

(1) 掌握 GC-MS 工作的基本原理。

(2) 了解仪器的基本结构及操作。

(3) 初步学会分离检测条件的设定。

(4) 初步学会谱图的定性定量分析。

二、实验原理

山梨酸和苯甲酸作为防腐剂，是广泛使用的食品添加剂。我国允许的添加量在 0.1%以下。山梨酸和苯甲酸的沸点均在 230 ℃左右，可以直接用气相色谱法检测。由于食品样品组成复杂，干扰严重，因此样品处理过程烦琐费时。使用气质联用的

方法可以提高测量的选择性和灵敏度，是复杂样品中食品添加剂测定的最有效的分析技术之一。

三、仪器及试剂

1. 仪器

气相色谱-质谱联用仪 GCMS-QP2010 Plus。

2. 试剂

乙醚(过膜，0.22 μm 有机膜)；盐酸；无水硫酸钠；山梨酸；苯甲酸。

盐酸(1：2)：取 100 mL 盐酸，加水稀释至 300 mL。

15%氯化钠溶液：取 15 g 氯化钠溶于 85 g 去离子水中。

四、实验内容

1. 操作参数

1)气相色谱

色谱柱：HP-5(30 m×0.32 mm i.d.，0.25 μm)。

柱流速：2.0 mL/min。

进样方式：不分流。

进样量：1 μL。

程序升温：100 ℃，保持 1 min，然后 40 ℃/min 升至 250 ℃，保持 10 min。

进样口温度：230 ℃。

2)质谱条件

离子源温度：230 ℃。

接口温度：250 ℃。

离子化方式：EI。

电子能量：70 eV。

溶剂延迟时间：1.5 min。

扫描模式：选择离子模式(SIM)。

特征离子：山梨酸(定性：*m/z* 112，97，67；定量：*m/z* 97)；苯甲酸(定性：*m/z* 122，105，77；定量：*m/z* 122)。

2. 分离测量

1)样品前处理

称取摇匀的饮料样品 1.00 g 于 25 mL 锥形瓶中，加入 0.5 mL 稀 HCl，涡旋 1 min 溶解。然后加入 10 mL 乙醚振荡 5 min，静置后收集乙醚，再向锥形瓶中加入 5 mL 乙醚，充分振荡 3 min，充分静置后，将合并的乙醚提取液至于 25 mL 锥形瓶中。向乙醚提取液中加入 4 mL 15% NaCl 溶液，充分振荡，静置后将乙醚层经无水硫酸钠干燥过滤后，40 ℃加热并氮气吹干，加入 0.5 mL 乙醚溶解残渣，过膜，待测。

2) GC-MS 检测

(1) 开机，抽真空过夜。

(2) 实时分析操作。

(3) 样品检测完成，打开再解析分析软件，进行物质的定性定量分析。

3. 测量步骤

(1) 定量分析线性范围实验。配制不同浓度的山梨酸、苯甲酸标准混合溶液，在实验条件下进样分析，获得不同浓度标准品溶液的色谱图。

(2) 检测实际样品。

(3) 实际样品加标实验。向上述实际样品中加以其中一种标准品，其余各成分含量不变，在相同条件下进样分析，获得色谱图。

4. 数据记录

(1) 线性实验。将标准曲线实验结果填入表 16-4 中。

表 16-4　标准曲线实验结果

浓度/(μg/mL)	苯甲酸	山梨酸
20		
40		
60		
80		
100		
线性方程		
相关系数(R)		

(2) 检测实际样品。将样品测定结果填入表 16-5 中。

表 16-5　实际样品测定结果

	苯甲酸	山梨酸
峰面积		
含量/(mg/kg)		
相对标准偏差		

(3) 实际样品加标实验。

加标物质：

加标后峰面积 $A =$

五、数据处理

(1)调用色谱图，并积分对应色谱峰的峰面积。

(2)根据各标准品峰面积，绘制标准曲线。

(3)根据标准曲线，计算样品中所含山梨酸/苯甲酸的含量。

(4)计算加标浓度和加标回收率。

六、思考和讨论

(1)在 GC-MS 测定中目标物定性需要几个特征离子？定量需要几个特征离子？

(2)什么是选择离子扫描模式(SIM)和全扫描模式(full scan)？

第17章　液相色谱法

17.1　液相色谱仪的组成和测量条件的选择

17.1.1　仪器结构

高效液相色谱仪是一类高效分离分析仪器，是由色谱输液系统、进样系统、柱分离系统、检测系统及色谱工作站等部分构成。高效液相色谱仪的基本组成见图17-1。

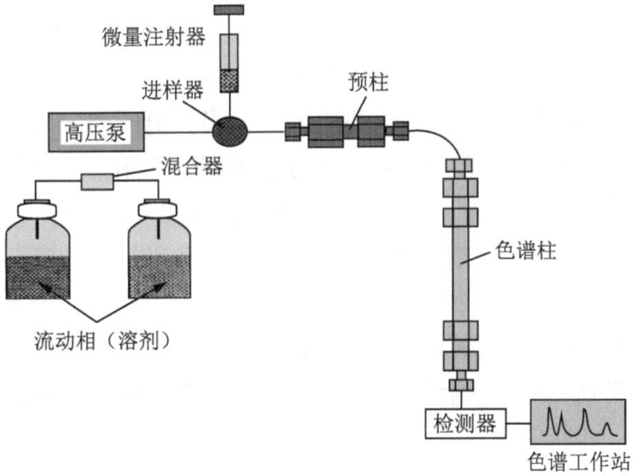

图17-1　高效液相色谱仪组成示意图

(1) 色谱输液系统通常由储液器、高压泵和在线脱气装置等部分组成。其主要功能是为液相系统提供稳定的流动相。

(2) 进样系统根据进样方式可以分为进样针手动进样和自动进样器进样，其作用是将待样品溶液引入到分离系统中。

(3) 色谱柱分离系统主要是色谱柱，是色谱仪的核心部分，进行待测组分的分离，一般在室温下工作。有些色谱仪器将色谱柱放置在恒温箱中，以提高测量的精密度和重现性。为了保护色谱柱，有些仪器在色谱柱前加一个保护柱，或称为预柱，预柱的体积比色谱柱小，主要用来除去一些强保留成分、不溶性杂质以及颗粒物，保证色谱柱能正常运行。

(4) 检测系统是对经色谱柱分离后的组分进行在线检测。单功能的分析仪器，如紫外-可见、荧光、示差折光以及电化学分析都可以作液相色谱的检测器，其中最常用的是紫外-可见检测器。如果使用质谱作为检测器，则为液相色谱-质谱联用仪(LC-MS)。目前高性能的 LC-MS 往往采用 2 个或 2 个以上质谱作为检测器，则称为液相色谱-串联(多级)质谱(LC-MS/MS)，由于多级质谱检测的选择性强，可以大大降低干扰和背景，检测的灵敏度有极大的提高。同时，由于质谱的定性能力极强，用串联质谱作为检测器，液相分离不要求很高的分离度和分离效率，降低了分离难度。

(5)色谱仪是一个复杂的操作系统，操作软件称为色谱工作站，主要是通过软件实现对仪器的控制以及对实验谱图的分析。

17.1.2　分析条件的选择

进行液相色谱分离需要考虑的因素很多，针对反相色谱分离，主要关注的分离和测量条件有以下几点。

1. 流动相的选择和预处理

流动相的组成对分离效率有直接的影响。在反相色谱中，流动相的种类并不多，多使用甲醇-水和乙腈-水的流动相，因此选择流动相的组成十分重要。应根据待分离的组分的极性大小，选择适宜的流动相组成。当分离的组分极性差异很大时，需要采用梯度洗脱的方式。由于梯度洗脱容易造成部分待测组分在色谱柱上较强的保留，导致基线背景升高，同时，色谱柱的平衡往往需要一定的时间，一般情况下，进行梯度洗脱时，流动相组成的差异变化不宜过大，或改变梯度的速度不宜过快。

流动相在使用前必须进行脱气处理，有些型号的仪器自带脱气装置，如没有，应该自行采用超声或通入惰性气体的方式进行脱气。

如果使用的流动相纯度为色谱级，脱气后可以直接使用。否则必须用相应的滤膜进行过滤处理，才能使用。

2. 色谱柱的选择

目前 90%以上的分离都在以 C_{18} 色谱柱为分离柱，反相色谱中进行。选择合适的分离条件，C_{18} 色谱柱可以解决大多数有机化合物的分离。C_{18} 反相色谱柱虽然是非极性柱，却适用于非极性、极性甚至有机酸或有机碱类的有机化合物的分离，是因为即使是离子型有机化合物，在分子中仍然存在着烃类的骨架，与色谱柱有一定的相互作用，只要在分离条件中注意抑制离子的解离，就可以进行分离。因此，C_{18} 色谱柱是起始的分离工作首选的色谱柱。即使是 C_{18} 色谱柱，也有很多类型和型号以及进行修饰改性的色谱柱，应根据需求选择适宜的色谱柱。如果用于定性和定量分析，样品中被测物质的浓度低，可以选择体积小、颗粒粒径小的和 C_{18} 覆盖率适中的色谱柱，这样分离速度快，分离效果也比较好。

3. 检测方式的选择

液相色谱仪常用的检测方法是紫外检测器，如果不了解被分离组分的吸收波长，应事先在紫外-可见分光光度计上扫描光谱，确定检测波长。如果有多种组分，可以折中选择一个适宜的波长，或者使用光二极管阵列检测器，确定几个检测波长，同时测定。

4. 联用技术

联用质谱仪的方式进行检测，可以是单质谱或多级质谱的方式，称为液相色谱-质谱(LC-MS)或液相串联/多级质谱(LC-MS/MS)。在使用串联质谱时，需要先了解被测物质离子化时产生的母离子片段和经过进一步碰撞产生的子离子片段的信息。对于定性分析，需要选择该化合物经过二级质谱产生的 2 个或 3 个 m/z 离子同时检测；对于定量分析，选择 1 个或 2 个 m/z 离子，才能准确对该化合物进行定性和定量分析。

采用质谱或串联质谱联用作为液相色谱的检测器，对色谱分离中流动相和流动相中使用的添加剂有一定的要求，这点和 GC-MS 类似，在 GC-MS 中要求载气为氦气。一般来讲流动相应易挥发，添加剂也应该尽量使用易挥发的有机化合物，不宜使用无机组分或较高的浓度，也尽量避免使用相对分子质量较大或有较好乳化作用的物质作为添加剂。

在液质联用中，因为从液相色谱流出的为液体，接口装置多为喷雾装置，加以特定的电场或放电电极进行电离，最常采用电喷雾离子化方式(ESI)进行离子化，也可用大气压化学电离(API)的方式，可以用正离子或负离子方式检测。

17.1.3　液相色谱操作的一般步骤

1. 准备工作

事先准备流动相，流动相要求色谱级溶剂和二次水或更高规格的水，必要时过滤；流动相进行脱气，可以超声脱气，通入惰性气体脱气或利用仪器配备的脱气设备进行脱气；将连接管线放入流动相中，并连接废液瓶。

2. 开机

按顺序打开主电源、泵、检测器和计算机，先观察管线中液体流动情况，注意是否有漏液，待空气排出后将流动相导入色谱柱。

3. 连接色谱工作站

仪器自检，注意柱压的变化，开机后仪器最好预热一段时间，始终保持流动相为流动状态，观察基线平稳后再开始工作。

4. 设定方法文件

按实验要求设定流动相流速、梯度组成、保持时间以及检测条件。

5. 测量

设定进样条件和信息，进样分离，完成后保存数据文件，进行数据处理。

6. 关机准备

对于反相色谱，关机前应用纯溶剂(甲醇或乙腈)冲洗至基线平稳后再关机，切不可让分离用含有缓冲溶液和无机盐的流动相长时间滞留在色谱柱和泵中，进样阀和定量环也应用纯溶剂清洗干净。

7. 关机

17.2 岛津 LC20A 液相色谱仪操作流程和注意事项

本仪器连接六通阀手动进样，色谱柱环境为室温，各部分连接直观，有利于了解液相色谱仪的组成、连接顺序和工作原理。

(1)开机。准备流动相，检查各部分连接，先打开泵，然后依次打开主机、检测器开关。

(2)打开计算机，点击“LC SOLUTION”。

(3)设定方法文件。

①设定参数：泵 A 和泵 B 的流速，总流速一般为 1 mL/min，各自流速按流动相的比例设定。

②设定检测波长：可选择单通道或双通道，分别设定测量波长，检测波长按照被测物质的吸收光谱最大吸收波长设定。

③设定分析时间：开始时可以设定时间长一点，之后根据分离情况修改合适的分析时间。

④点击“文件”，选择“另存方法文件”，自行设定文件名即可。

(4)分析操作。

①打开所需方法文件，点击 [下载] ，先按照实验要求的流动相比例冲洗色谱柱 5～10 min，当基线稳定后，点击“数据采集”，可以选择单次或多次进样，单独进样分析，点击 [单次运行] 。

②在单次运行界面上设定样品名、方法，选择方法文件(自己设定的方法文件)和数据文件名，点击 [确定] ，计算机弹出进样对话框。

③用注射器量取所需进样量一倍以上的体积，将进样阀转到 [LOAD] 位置，注入样品后，将进样阀扳到 [Inject] 位置即完成进样，工作站开始记录数据，如分离在设定时间前完成，点击 [停止] 。

(5)数据分析：点击主页面上的“数据分析”，弹出数据分析窗口。

液相色谱分离系统涉及的因素很多，为了保证仪器能正常运行，必须注意以下几个问题：

(1) 高压泵能耐压 6000 psi*的压力，但工作时最好不要使泵处于 4000 psi 以上的压力。

(2) 色谱柱上有明确的箭头指示，安装及拆卸色谱柱时应注意柱的连接方向，千万不能接反。否则可能导致柱效降低，甚至损坏色谱柱。

(3) 严禁开空泵，在流动相导入色谱柱前，应先排除泵内和管路中的空气，确保没有气泡后，再扳动阀门，改变流动相的流向。

(4) 在流动相中使用缓冲溶液或改性剂时，使用的所有试剂必须能溶于流动相。

(5) 开机时，应用流动相冲洗色谱系统，直至基线平稳，才能开始实验。实验结束后，应用强洗脱溶剂冲洗色谱柱，观察基线，待基线平稳，无杂质峰出现后，才能关闭仪器。淋洗需要的时间与实验所用流动相和样品有关，如果分析复杂样品，淋洗过程至少要 30 min 以上。

17.3　Waters2695 液相色谱仪操作规程

1. 开机前准备

检查 Seal Wash 溶液(甲醇：水=10：90，体积比)是否充足，一般需要 500 mL 左右。检查洗针溶液是否充足，一般 100mL 左右。补充实验用流动相溶液，保证充足。

2. 开机(开机前确保打开计算机)

打开电源开关，仪器开始自检(需要 4～5 min)，待屏幕上方出现“Idle”字样表示自检成功。

注意：有可能会自检不成功，可以重启机器(或拧开排气阀，当有液体流出时关闭)。

3. 清洗柱塞杆

按“Menu/Status”键回到“Menu”界面，按功能键“Diag”，然后再按下功能键“Prime Seal Wsh”、“Start”，冲洗 1～2 min 后，按下“HALT”、“CLOSE”。

4. 清洗注射针

进入“Diag”界面，按功能键“Prime Ndl Wsh”、“Start”，默认 30 s，按下“Close”，即可返回“Diag”界面。

---

* psi 为非法定单位，1 psi=6.895×10^3 Pa。

5. 湿洗管路排气

在“Status(1)”界面中“Composition”下，选择将用到的溶剂通道为“100%”，按液晶屏幕右下角“Direct Function”键，移动光标选择“3 Wet Prime”、“OK”。流速及时间可使用默认值，也可自行设定(如 5 mL/min，3 min)。将每一个会用到的溶剂通道按照上述操作一次。

注意：进行这个操作的时候要注意观察屏幕上显示的压力，如用纯乙腈 Wet Prime 压力在 400 psi 左右，水在 1300 psi 左右。如果压力在 0 psi 左右或者负值，说明管路有问题，一定要解决以后才能往下进行。

6. 注射器排气泡及清洗

进入“Direct Function”界面后，选择“4 Purge Injector”，“OK”，默认数值为 6，“OK”。

以上步骤为溶剂系统前处理过程，建议每次开机后依次进行，然后进行下面步骤。

7. 冲洗色谱柱

流动相连接：A 乙腈；B 甲醇；C 水；D 盐溶液。

开机操作之后，将流动相比例调为甲醇：水=70：30，即 B：C=70：30，A、D 比例都为 0，冲洗 30 min，流速调为 0.8 mL/min，调节流速方法：0.2 mL/min→0.4 mL/min→0.6 mL/min→0.8 mL/min。

完成上述冲洗步骤后将流动相比例调为实验所用比例，若有盐溶液，在使用盐溶液之前，先使用水和有机相按照实验比例冲洗色谱柱 30 min，然后再换为盐溶液冲洗(此时可打开检测器并预热)。

8. 编制方法文件

打开软件后，在上边工具栏点击“方法”，“右键”，“新建方法”“仪器方法”，选择 2695-2998，“确定”，出现方法编辑器。点击色谱仪图片，编辑分离方法，脱气：开；流量：按照实验要求设置洗脱方式；柱温：不启用；通道：启用通道。点击检测器图片，编辑检测方法，通用：灯开启，启用 3D 数据，波长范围 210～400 nm；其他量不变；2D 通道：通道 1 为 254 nm；通道 2 为 278 nm。保存方法，命名。再次右键“新建方法”，“方法组”，点击“是”，导入新建的仪器方法。

9. 监测基线

检测器预热成功后，看计算机运行样品界面灯是否变绿，若没有变绿，点击“右键”，“重设 PDA”，然后选择对应的方法，点击“监测”，开始监测基线。30 min 左右，基线平稳后，点击上方红色标志，停止监测。方可运行样品。

10. 运行样品

打开软件后，点击选择 2695-2998，“确定”，按实验要求填写样品瓶、进样体积、样品名称，调用方法组，点击“运行”。

11. 数据处理

点击“运行样品”，选择进样方法，点击“确定”，点击“进样”或“通道”，可查看各个进样，点击工具栏中“处理”，可进行积分，得到保留时间和峰面积。

12. 关机

清洗色谱柱，流速 0.8 mL/min。首先使用甲醇：水=10：90 冲洗 1 h，再用甲醇：水=30：70 冲洗 30 min。

清洗柱塞杆、注射器、针。

关闭电源开关(关闭仪器即可，没有顺序)。

注意：反相色谱柱如一周之内不用，要从仪器上卸下，两头塞上原厂螺丝。一般情况下柱子最好用乙腈饱和后保存(最好参考色谱柱说明书上的方法)。

17.4　Agilent Technologies 6400 系列液相色谱-质谱联用系统操作方法

6400 系列液相串联质谱配有三重四极杆质谱分析系统，能够满足复杂样品测定的定量需求，具有很高的灵敏度、可靠性，并易于升级。三重四极杆的原理框图见图 17-2。

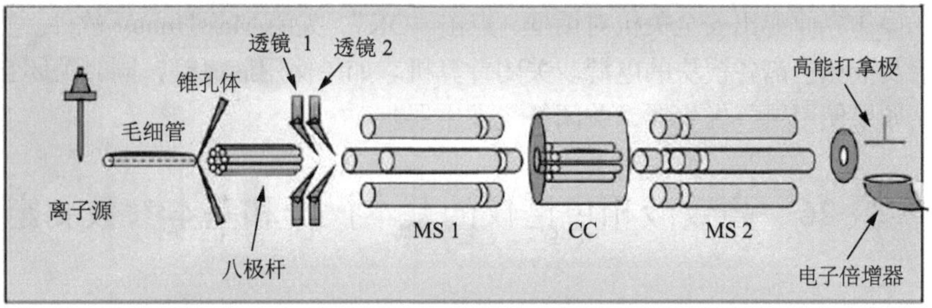

图 17-2　三重四极杆质谱检测器原理框图

仪器操作程序如下：

(1)检查辅助设备的状态，打开辅助设备。如果使用液氮罐，打开液氮罐自增压阀门，调节液氮罐分压表的输出压力为 0.7 MPa(110 psi)，并确认前级泵的镇气阀处于关闭状态。 如果使用氮气发生器，打开氮气发生器的电源，待压力输出稳定后，调节输出压力为 0.7 MPa(100 psi)，并确认前级泵的镇气阀处于关闭状态。打开高纯氮主阀门，调节高纯氮气钢瓶次级减压表输出压力至 0.15 MPa(最大不要超过 0.2 MPa 或 30 psi)。

注意：不同的氮气发生器，其操作可能不同。咨询氮气发生器的供应商，以正确操作氮气发生器。

(2) 打开计算机，网络交换机(LAN switch)电源。

(3) 打开液相部分各个模块电源，应按照液相色谱开机要求进行。

(4) 打开质谱前面左下角的电源开关，这时可以听到质谱里面溶剂切换阀切换的声音。同时，机械泵开始工作，仪器开始自检。等待大约 2 min，听到第二声溶剂阀切换的声音(表明质谱自检完成)后，表示仪器自检完成，可以联机。

质谱一接通电源，前级真空规就开始工作，监视前级真空值。但只有当 Turbo 1 和 Turbo 2(G6410B 没有 Turbo 2，G6430A 和 G6460 有 Turbo 2)涡轮泵的转速都大于 95%之后，四极杆的高真空规才会开始工作，读取真空值。

(5) 在计算机桌面上双击“MassHunter”采集软件图标，进入 MassHunter 工作站。

(6) 如果 MassHunter 工作站在之前曾经打开和关闭过，请确认在再次打开工作站之前，双击桌面上的图标，以关闭 MassHunter 所有的进程。

(7) 关机步骤。

由于质谱仪在高真空状态下工作，关机步骤非常关键，否则会损坏仪器。

关机前务必确认气镇阀处于关闭状态(顺时针拧紧)，否则前级泵的泵油可能因此回流到质谱的真空腔内，损坏仪器。

①在 MassHunter 采集软件内点击“MS”三级四极杆图标，选择“Vent”，点击“确定”。

②在三级四极杆的 Diagnosis 界面观察涡轮泵转速的下降情况。

③操作界面弹出安全关机对话框，点击“OK”，关闭 MassHunter 软件。然后关闭质谱及液相色谱各模块的电源。关闭计算机。如果使用液氮罐，同时关闭自增压阀门；如果使用氮气发生器，关闭氮气发生器。

实验 26　高效液相色谱仪的基本操作和基本参数测定

一、实验目的

(1) 了解高效液相色谱仪的基本原理和基本结构。

(2) 掌握高效液相色谱仪的基本操作。

(3) 了解高效液相色谱柱评价的意义和操作。

二、实验原理

高效液相色谱仪是一类高效分离分析仪器，是由色谱输液系统、进样系统、柱分离系统、检测系统及色谱工作站等部分构成。其基本工作原理是：被分析样品通过进样阀由流动相携带进入色谱柱；在色谱柱内，每个组分存在和固定相、流动相的相互作用，有一系列的动态平衡；由于每个组分的平衡参数不相同，造成不同组分在色谱柱内的差速迁移，导致各个组分的分离；由色谱柱分离的各个组分通过检测器后，经检测得到对应的相应值；色谱工作站收集这些数据并处理形成色谱图（色谱流出曲线，见图 17-3）及处理结果。

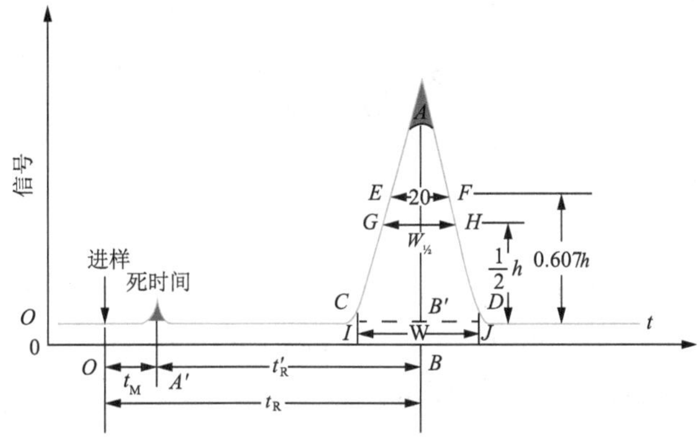

图 17-3 色谱流出曲线

色谱柱是色谱实现分离的关键，柱效（理论塔板数 n）、分离度（R）和被分离化合物的容量因子（k'）是衡量整个色谱体系性能的重要参数。有几种方法可以计算色谱柱的柱效，其中最常用的是半峰宽法：

$$n = 5.54\left(\frac{t_R}{W_{\frac{1}{2}}}\right)^2$$

式中，t_R 为组分的保留时间；$W_{\frac{1}{2}}$ 为半峰宽，即色谱峰高一半所对应的宽度。

分离度 R 是衡量色谱柱的分辨率，即相邻两组分是否能够分开的重要参数，可以从色谱流出曲线相邻色谱峰的保留时间和底峰宽计算得到：

$$R = \frac{t_{R(B)} - t_{R(A)}}{\frac{1}{2}(W_{b(B)} + W_{b(A)})} = \frac{t_{R(B)} - t_{R(A)}}{W_{b(B)}}$$

式中，$t_{R(A)}$ 和 $t_{R(B)}$ 分别为组分 A、B 的保留时间；W_b 为底峰宽。

容量因子是被分离组分在流动相与固定相之间的分配系数，当分配达到平衡时等于固定相和流动相中溶质的质量比，也可以从色谱流出曲线计算：

$$k' = \frac{m_s}{m_M} = \frac{t_R - t_M}{t_M}$$

式中，t_R为组分的保留时间；t_M为死时间，即流动相流出的时间。

综合上述公式，分离度和柱效及容量因子之间的关系为

$$R=\sqrt{n}\cdot\frac{\alpha-1}{\alpha}\cdot\frac{k'}{k'+1}\times\frac{1}{4}$$

式中，α为组分 B 和 A 的容量因子的比值或调整保留时间t'_R（$t'_R=t_R-t_M$）的比值，称为相对保留值。其计算公式如下：

$$\alpha=\frac{k'_B}{k'_A}=\frac{t'_{R(B)}}{t'_{R(A)}}$$

三、仪器及试剂

1. 仪器

日本岛津公司液相色谱仪；LC-6AD 高压泵（双泵），配有 7725i 六通进样阀；紫外检测器和岛津色谱工作站。色谱柱[C_{18}柱，4.6 mm（内径）×250 mm（柱长）×5 μm]；100 μL 进样器；1 mL 注射器；滤头；试样瓶等。

2. 试剂

流动相：乙腈（色谱纯）；水（高纯水）。

样品：α-萘酚（A.R.）、α-萘胺（A.R.）、丙酮（A.R.）。准确称量α-萘酚 0.1000 g、α-萘胺 0.1000 g，分别用乙腈定容 100 mL，配成α-萘酚、α-萘胺 1.0 mg/mL 的储备液。

四、实验内容

1. 流动相和样品溶液准备

乙腈和水分别以 0.45 μm 的微孔滤膜过滤后，超声脱气 10 min，放到色谱储液瓶中。配制样品溶液：将储备液用乙腈稀释，α-萘酚与α-萘胺的浓度均为 0.02 mg/mL，以 0.45 μm 的微孔滤膜过滤后备用。

2. 仪器基本条件设置

检查高效液相色谱仪电路连接和液路的连接正确以后，依次打开色谱泵、检测器、色谱工作站的电源开关。各部分自检通过后，按以下系列条件，进行仪器参数设置。

1）方法 1

色谱柱：5 μm，250 mm×4.6 mm i.d.。

流动相：乙腈：水=0.55：0.45。

流速：1.0 mL/min。

检测波长：235 nm，254 nm。

进样体积：20 μL。

数据采集时间：15 min。

2) 方法 2

流动相比例为乙腈：水=0.52：0.48，其他条件与方法 1 相同。

3) 方法 3

流动相比例为乙腈：水=0.50：0.50，其他条件与方法 1 相同。

4) 方法 4

流动相比例为乙腈：水=0.45：0.55，其他条件与方法 1 相同。

3. 色谱图的测量

待基线稳定以后，用微量注射器取 60 μL 样品进样，收集数据，并用色谱工作站进行数据处理，计算色谱柱的柱效。每种方法测量 1 次。

4. 死时间的测定

用微量注射器取(丙酮：乙腈 = 1：10) 60 μL，测定丙酮的保留时间，每种方法测量 1 次。

5. 关机

分析结束以后，以纯乙腈冲洗色谱柱 15 min。实验结束后，依次关闭色谱工作站、检测器、色谱泵等各部分电源。

五、数据处理

按理论塔板数计算公式计算四种不同色谱条件下的色谱柱的参数：容量因子 k、理论塔板数 n、理论塔板高度 H 和分离度 R，并进行比较。

六、思考和讨论

(1) 注意观察实验过程中柱压的变化，在四种色谱条件下，柱压有什么不同？

(2) 在四种色谱条件下保留时间和柱效各有什么变化？为什么有这种变化？

(3) 流动相和样品配制过程中要用 0.45 μm 的微孔滤膜过滤，主要是为什么？

(4) 影响色谱分离度的因素有哪些？哪个因素影响最大？

实验 27　高效液相色谱法测定化妆品中防腐剂的含量

一、实验目的

(1) 了解高效液相色谱法分离的基本原理。

(2) 了解液相色谱仪的基本构造，掌握其基本操作技术。

(3) 高效液相色谱法应用于防腐剂的测定。

二、实验原理

对羟基苯甲酸酯(paraben)，又称尼泊金酯，因其低毒、非挥发性、良好的杀菌能力和稳定性，而被用作化妆品和食品中的防腐剂。目前使用较多的几种对羟基苯甲酸酯类防腐剂分别是对羟基苯甲酸甲酯(methylparaben，MP)、对羟基苯甲酸乙酯(ethylparaben，EP)、对羟基苯甲酸丙酯(propylparaben，PP)和对羟基苯甲酸丁酯(butylparaben，BP)。我国卫生部颁布的《化妆品卫生规范》对上述四种防腐剂均限定了用量，其中单一酯的最大允许使用浓度为 0.4%，混合酯为 0.8%。因此，有必要建立一个快速、简便的方法同时测定这四种防腐剂的含量。

尼泊金酯是苯基酯类化合物，极性较低，可以用反相液相色谱进行分离，紫外检测器检测，进行分离和定量分析。

三、仪器及试剂

1. 仪器

高效液相色谱仪(Waters 公司)。

2. 试剂

防腐剂标准溶液(对羟基苯甲酸甲酯等防腐剂)。

四、实验内容

1. 实验参数设定

流动相：甲醇∶水=70∶30；流速为 1.0 mL/min。
进样量：20 μL。
色谱柱：色谱柱(250 mm×4.6 mm，5 μm)。
柱　温：25 ℃。
检测波长：254 nm。

2. 操作步骤

(1)准备流动相；超声脱气处理；开机。
(2)冲洗色谱柱直至基线噪声平直。
(3)分离不同浓度的标准溶液(线性考察)。
(4)测试样品溶液，平行测定 5 次，评价精密度。
(5)考察加标回收率。

五、数据处理

(1)采用 Excel 方法处理数据，绘制标准工作曲线。

(2) 测定样品中防腐剂的浓度。

六、思考和讨论

(1) 液相色谱法定性、定量分析的依据是什么?

(2) 如何评价混合组分的分离情况?

(3) 如何调整色谱条件来改善混合组分的分离情况?

(4) 建立液相色谱法分析样品中某种组分的含量,方法学评价一般需要考察哪些指标?

实验28　液相色谱-串联质谱测定动物源性食品中莱克多巴胺和克伦特罗的含量

一、实验目的

(1) 了解液相色谱-串联质谱联用仪的基本原理和基本结构，学习掌握液相色谱-串联质谱联用仪简单的调谐方法。

(2) 了解液相色谱-串联质谱联用仪的基本功能，掌握液相色谱-串联质谱联用仪进行定性分析的基本操作。

(3) 了解液相色谱柱评价的意义和操作。

二、实验原理

克伦特罗即瘦肉精，用在饲料中可以促进猪的增长，减少脂肪含量，提高瘦肉率，但食用含有瘦肉精的猪肉对人体有害，因此“瘦肉精”在我国已经禁用。莱克多巴胺是瘦肉精的替代品，与瘦肉精的作用相似，同样对人体健康有较大的影响，因此我国和欧盟等国都严禁莱克多巴胺。但仍有不法生产企业和商家违法添加使用瘦肉精，为保证食品安全，对动物源性食品进行莱克多巴胺和克伦特罗的检测非常必要。

动物源性食品包括生鲜肉和肉类制品，样品制备复杂，基体干扰严重，因此对分析方法的选择性和灵敏度要求很高。液相色谱-串联质谱联用仪是高性能的分析仪器，多级质谱，如三重四极杆质谱(具体组成和原理可参见图 17-2)中有两个质谱分析器和一个碰撞反应器，第一个质谱可获得分子离子峰信息，经反应器后，分子离子峰进一步形成离子碎片，进入到二级质谱中检测。可以极大地排除基体干扰，具有很高的选择性，同时也提高了信噪比，使检测灵敏度得到了很大提高。因此，用于复杂样品中目标物的检测准确度和灵敏度都有一定的保证。

三、仪器及试剂

1. 仪器

高效液相色谱-串联质谱联用仪，配有电喷雾离子源(ESI)；离心机；氮吹仪；水平振荡器；真空过柱装置；色谱柱[C_{18}柱，2.1 mm(内径)× 150 mm(柱长)，粒径 5 μm]。

2. 试剂

流动相：A 为 0.1%甲酸/水；B 为 0.1%甲酸/乙腈。梯度淋洗见表 17-1。

表 17-1　梯度淋洗表

时间/min	A/%	B/%
0	96	4
2	96	4
8	20	80
21	77	23
22	5	95
25	5	95
25.5	96	4

样品：莱克多巴胺(RAC)和克伦特罗(CLE)。准确称量莱克多巴胺和克伦特罗，分别用甲醇定容，配成不同浓度莱克多巴胺和克伦特罗的工作液和 1 μg/mL 标准储备液。

注意：莱克多巴胺和克伦特罗都是药物，不当使用会造成危害，因此试剂必须严格规范保存，平时只使用储备液。

四、实验内容

1. 样品制备

称取 2 g(精确到 0.01 g)经捣碎的动物源性样品(可用香肠)于 50 mL 离心管中，加入 8 mL 乙酸钠缓冲溶液，充分混匀，再加 50 μL *β*-葡萄糖醛甙酶/芳基硫酸酯酶，混匀后，37 ℃水浴水解 12 h。

添加 100 μL 10 ng/mL 的内标工作液于待测样品中，加盖置于水平振荡 15 min，离心 10 min(5000 r/min)，取 4 mL 上清液加入 0.1 mol/L 高氯酸溶液 5 mL，混合均匀，用高氯酸调节 pH 到 1±0.3。5000 r/min 离心 10 min 后，将全部上清液(约 10 mL)转移到 50 mL 离心管中，用 10 mol/L 的氢氧化钠溶液调节 pH 到 11。加入 10 mL 饱和氯化钠溶液和 10 mL 异丙醇-乙酸乙酯(6∶4)混合溶液，充分提取，5000 r/min 离心 10 min。

转移全部有机相，在 40 ℃水浴下用氮气将其吹干。加入 5 mL 乙酸钠缓冲溶液，超声混匀，使残渣充分溶解后备用。

将阳离子交换小柱连接到真空过柱装置。将上述残渣溶液上柱，依次用 2 mL 水、2 mL 2%甲酸水溶液和 2 mL 甲醇洗涤柱子并彻底抽干，最后用 2 mL5%氨水甲醇溶液洗脱柱子上的待测成分。流速控制为 0.5 mL/min。洗脱液在 40 ℃水浴下氮气吹干。

准确加入 200 μL 0.1%甲酸/水-甲醇溶液(95+5)，超声混匀。将溶液转移到 1.5 mL 离心管中，15 000 r/min 离心 10 min。

上清液供液相色谱-串联质谱测定。

2. 仪器基本条件设置

检查高效液相色谱-串联质谱联用仪电路连接和液路的连接正确以后，按以下系列条件，进行仪器参数设置：

色谱柱：5 μm，150 mm×4.6 mm i.d.。

流动相：A 为 0.1%甲酸/水；B 为 0.1%甲酸/乙腈。梯度淋洗，见表 17-1。

流速：0.2 mL/min。

柱温：30 ℃。

进样体积：20 μL。

离子源：电喷雾(ESI)，正离子模式。

扫描方式：多反应监测(MRM)。

监测离子：监测离子见表 17-2。

表 17-2　被测物的母离子和离子参数表

被测物	母离子(*m/z*)	子离子(*m/z*)	定量子离子(*m/z*)
莱克多巴胺	302	164，284	164
克伦特罗	277	203，259	203

3. 液相色谱-串联质谱测量

按照实验内容 2 中的液相色谱-串联质谱条件测定样品和混合标准工作溶液，以色谱峰面积按标准加入法定量。

4. 液相色谱-串联质谱确证

按照实验内容 2 中的液相色谱-串联质谱条件测定样品和标准工作溶液，如果检出的质量色谱峰保留时间与标准样品一致，并且在扣除背景后的样品谱图中，各定性离子的相对丰度与浓度接近的同样条件下得到的标准溶液谱图相比，误差不超过表 17-3 规定的范围，则可判定样品中存在对应的被测物。

表 17-3　定性确证时相对离子丰度的最大允许误差

相对离子丰度	>50%	20%～50%	10%～20%	≤10%
允许的相对误差	±20%	±25%	±30%	±50%

5. 空白实验

除不加试样外，均按上述测定步骤进行。

6. 关机

分析结束以后，以纯乙腈冲洗色谱柱 15 min。实验结束后，依次关闭色谱工作站、检测器、色谱泵等各部分电源。

五、数据处理

(1) 对质谱图谱进行解析。

(2) 绘制工作曲线。

(3) 精密度。

在重复性条件下获得的两次独立测定结果的绝对差值不得超过算术平均值的 30%。

六、思考和讨论

(1) 流动相和样品配制过程中要用 0.45 μm 的微孔滤膜过滤，主要是为什么？

(2) 影响色谱分离度的因素有哪些？哪个因素影响最大？

(3) 如何对质谱图进行确证？

第 18 章　毛细管电泳法

高效毛细管电泳(high performance capillary electrophoresis，HPCE)是以毛细管为分离通道，以高压电场为驱动力的一种新型液相分离模式。HPCE 具有高效、快速的分离特征，而且具有多种分离模式可选，其中最常见的分离模式为毛细管区带电泳(capillary zone electrophoresis，CZE)。

18.1　毛细管电泳仪的组成

HPCE 仪器一般可以分为高压电源系统、进样系统、分离系统、检测系统和数据系统，仪器示意图见图 18-1。

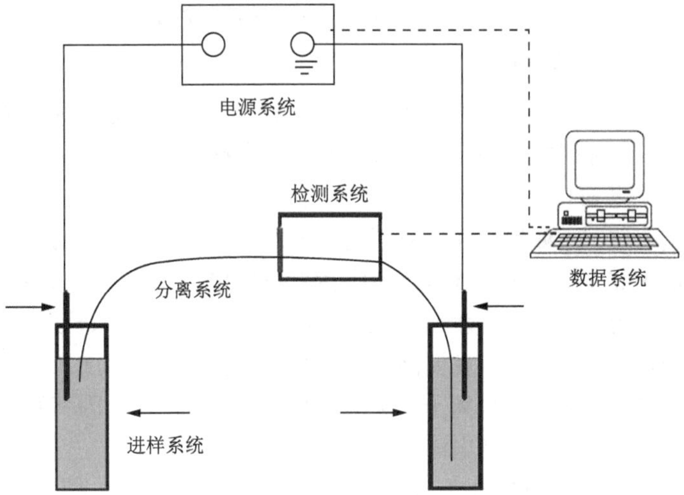

图 18-1　毛细管电泳仪结构示意图

高压电源系统主要用来提供稳定连续可调的高压，电压范围一般为 0～30 kV，而且可以任意选择恒压、恒流或者恒功率模式。

进样系统主要将试样加载到毛细管内，根据进样方式不同，可以分为电进样和压力进样两种模式。

分离系统主要由毛细管柱和缓冲溶液体系组成，其中毛细管柱是 HPCE 分离的核心，其内径范围为 25～100 μm，常用的毛细管柱内径为 50 μm 和 75 μm，毛细管外壁涂有聚酰亚胺，使毛细管柱富有弹性，便于操作。实验过程中可以根据需要选择适当长度的毛细管柱,其中从进样口至检测窗口部分毛细管柱长度称为有效长度。缓冲溶液主要是维持电泳分离的介质，通常需要考察缓冲体系类型、缓冲溶液酸碱度、缓冲盐浓度及各种添加剂的浓度等参数对分离的影响。

检测系统主要是实现对组分的检测，常见的检测器有紫外-可见检测器、二极管阵列检测器、荧光检测器、激光诱导荧光检测器及质谱检测器。

数据系统主要由色谱工作站来完成，色谱工作站除完成数据记录外，还可以实现对分离参数的设置及操作程序的控制，并可完成对数据的分析处理工作。

18.2　毛细管电泳法测量条件的选择

1. 样品溶液的准备

毛细管区带电泳可以直接分离离子，如无机离子、无机酸和酸根、有机酸和碱等。如果待分离的样品不带电荷或在分离条件下解离较为困难，则需要在样品溶液中加入适宜的表面活性剂，表面活性剂的浓度要大于临界胶束浓度，使得不带电荷的有机化合物进入带电胶束粒子的非极性区域中得到分离。

2. 分离缓冲溶液的选择

选择合适的背景电解质缓冲体系是毛细管电泳分离的关键。选择缓冲溶液必须考虑样品的组成，如果样品为有机酸或碱类的化合物，则缓冲溶液要考虑这些化合物的解离或质子化 pH，选择最能体现解离差异的 pH 为缓冲溶液的 pH，再选择合适的缓冲物质的类型。如果样品本身就是离子，可以根据所需要的分离速率选择，一般来讲，pH 高的缓冲溶液分离速率快，因为此时电渗流较大。如果是水溶性小的非极性有机化合物，则需要在缓冲溶液中添加表面活性剂(称为胶束电动色谱)，一般使用阴离子表面活性剂，浓度要高于临界胶束浓度，必要时加入少量有机溶剂增加被分离化合物的溶解性。阳离子表面活性剂必须慎重使用，因其所带电荷与毛细管壁的电荷相反，可能会改变电渗流的方向。

缓冲溶液中缓冲体系的类型和浓度也对分离有较大影响,缓冲体系所带电荷高，浓度较大，都容易产生较大的焦耳热，影响分离，因此需要在实验中重点进行优化。

3. 毛细管的冲洗

毛细管一般是熔融石英制成的,毛细管壁的硅羟基在一定条件下解离或其他物质的吸附都会导致测量精密度和分离效率严重下降。因此，在分离前、分离过程中以及使用后都应用适当的方法冲洗毛细管，保证毛细管壁在平衡状态。一般在使用前，可以用稀酸或稀碱、二次水、工作缓冲溶液等依次淋洗，稀酸和稀碱的浓度不可超过 0.1 mol/L，在几次进样后，可以用二次水、稀酸/碱、二次水和缓冲溶液淋洗(如样品较纯,可不需要),如果使用的是水溶解性较小的有机样品,还应用适当的有机溶剂(如甲醇等)进行冲洗。使用后先用分离缓冲溶液冲洗，再依次用水、酸/碱冲洗，最后用水冲洗并保持毛细管充满水。

4. 电极的位置

毛细管电泳仪的电极是随着仪器操作和毛细管一起上下移动,插入缓冲/样品溶液瓶中，因此使用前一定要把瓶盖去掉，并经常注意电极是否有弯曲，偏离位置等现象，如有必须及时纠正，否则电极会弯曲甚至折断。

18.3　毛细管电泳仪操作规程

(1)安装卡盒。图 18-2 是仪器的毛细管卡盒，卡盒上有冷凝液管，用于控制分离温度。检测窗口两端伸出的毛细管长度是固定的，与电极的长度一致。选择所需长度和内径的毛细管，卡盒上的冷凝液管的长度可根据毛细管长度选择，如果影响不大，也可根据管的长度确定毛细管的长度。卡盒装好后，装到仪器的卡盒位置。如冷凝液不足或漏液，则影响仪器工作。

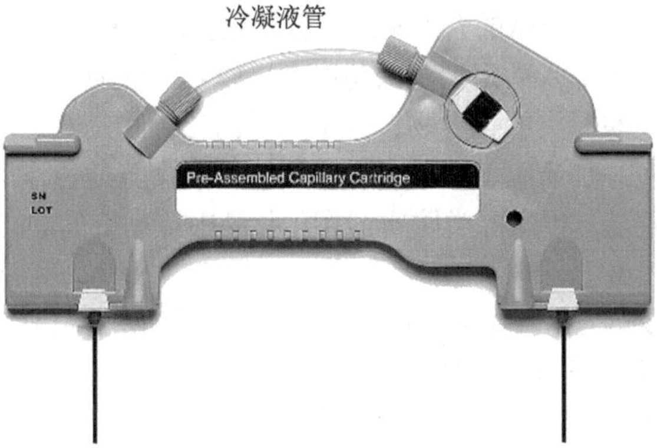

图 18-2　毛细管卡盒

(2)开启计算机。

(3)双击打开计算机上“Karat”软件，出现仪器图标。

(4)仪器图标右键“offline”状态下建立方法(若方法存在，可跳过此步)。

(5)把碱液、水、缓冲溶液、废液瓶取好，按方法设置放入载物盘对应位置。

(6)检查冷凝液。

(7)开机，PWR 灯呈绿色，仪器自检。

(8)待 UV 灯变亮，仪器图标右键选择“online”，进入操作界面“Direct control”;选择“offline”可对谱图进行积分操作。

(9)online 状态下，点击菜单栏里的蓝箭头，调用方法，控制仪器运行。若想中断运行，可点击菜单栏里红色原点或点击“Direct control”中的“stop”。

(10)运行完毕关机。关机前先关灯，“Direct control”中点击灯选择“turn off”，手动冲毛细管，完毕后点击“load”，待载物盘出来后，把仪器盖子“完全”打开，待冷凝液回流完毕，关闭软件，关机，放下盖子，关闭计算机。

(11)注意事项：①运行中不要打开盖子；②点击“load”，载物盘出来后方可取换溶液瓶；③严格按照关机步骤操作。

实验 29 高效毛细管电泳法测定化妆品中防腐剂的含量

一、实验目的

(1)了解毛细管电泳分离的基本原理。

(2)了解毛细管电泳仪的基本构造，掌握其基本操作技术。

(3)运用毛细管电泳技术分析化妆品中常见防腐剂的含量。

二、实验原理

化妆品中由于含有丰富的营养物质，容易滋生微生物，导致化妆品腐败变质，因此在化妆品中必须加入一定剂量的防腐剂，以延长保质期。化妆品中常见的防腐剂有对羟基苯甲酸酯类的化合物，其中典型的化合物是对羟基苯甲酸甲酯，称为尼泊金酯。过多添加防腐剂可能会导致接触性皮炎等危害作用。我国化妆品卫生规范中规定对羟基苯甲酸酯类防腐剂在化妆品中单一酯的最高限量为 0.4%，混合酯为 0.8%。

对羟基苯甲酸酯类化合物中含有苯羟基，在碱性溶液中(pH > 9)羟基上的氢离子解离，形成阴离子，因此可以用毛细管区带电泳进行分离，分离的背景缓冲溶液 pH 在 9 以上，可以选择硼砂作为缓冲体系。

三、仪器及试剂

1. 仪器

毛细管电泳仪(Beckman MDQ)；毛细管柱(内径 75 μm，长度为 50～60 cm)。

2. 试剂

硼砂缓冲溶液；防腐剂标准溶液(对羟基苯甲酸甲酯等标准品储备液)。

四、实验内容

1. 实验参数

缓冲溶液：25 mmol/L 硼砂溶液(pH 10.0)。

分离电压：20 kV。

分离温度：25 ℃。

进样方式：0.5 psi 压力下进样 5 s。

检测波长：200 nm。

2. 实验步骤

(1) 打开毛细管电泳仪，预热至检测器输出信号稳定。

(2) 毛细管柱预处理：依次用 NaOH 溶液、超纯水、缓冲溶液冲洗毛细管柱 5 min。

(3) 设置实验参数和实验方法。

(4) 样品提取：称取 1.0 g 化妆品于带有刻度的比色管中，加入 10 mL 缓冲溶液，混匀，超声 5 min，经 0.45 μm 微孔滤膜过滤后直接进样测定。

(5) 分析标准品溶液：取一定浓度的防腐剂标准品混合溶液进样分析，获得标准品的色谱图。

(6) 加标法确定标准品的成分：向上述标准品混合溶液中加以其中一种标准品，其余各成分含量不变，在相同条件下进样分析，获得色谱图。

(7) 绘制工作曲线（选做内容）：配制不同浓度的防腐剂标准混合溶液，在实验条件下进样分析，获得不同浓度标准品溶液的色谱图。

(8) 考察电压对分离的影响（选做内容）：取一定浓度的防腐剂标准品，改变操作电压，在不同电压下分离标准品溶液。

(9) 测定实际样品提取液。

(10) 结束实验，用超纯水冲洗毛细管柱。

五、数据处理

(1) 调用色谱图，并积分对应色谱峰的峰面积。

(2) 计算样品中所含防腐剂的含量。

六、思考和讨论

(1) 毛细管电泳的分离模式有哪些？列举 2～3 种。

(2) 毛细管电泳技术的分析原理是什么？

(3) 毛细管电泳技术的特点是什么？

(4) 如何利用毛细管电泳技术实现定性和定量分析？

(5) HPCE 法与 HPLC 法在测定防腐剂含量中的异同点是什么？

实验 30　毛细管电泳法测定中药活性成分生物碱光学异构体

一、实验目的

(1) 了解毛细管电泳手性分离的基本原理。

(2) 运用毛细管电泳技术分析中药中活性生物碱。

二、实验原理

中草药中活性成分的研究是中药科学化的重要一环。中草药中活性物质类型很多，生物碱是活性物质的类型之一。生物碱中含有氮杂环或氨基，在弱酸性环境下能够质子化，从而带正电荷，因此可以在酸性条件下，用毛细管区带电泳进行分离。

许多生物碱是手性分子，具有光学异构体。不同的光学异构体，药物活性和毒性可能有很大差异，这就要求在分离中，必须能够将手性化合物分离开来，称为手性拆分。毛细管电泳进行手性拆分具有简单、分离效率高、分离度高的优点。简单的拆分可以通过在缓冲溶液中添加适当的手性选择剂来实现。最常见的手性选择剂是环糊精。环糊精是由葡萄糖组成的圆锥形环状分子，含有疏水的空腔。本实验选用β-环糊精作为手性选择剂，进行麻黄碱的手性分离。

三、仪器及试剂

1. 仪器

毛细管电泳仪(Beckman MDQ)；毛细管柱(内径 75 μm，长度为 50～60 cm)。

2. 试剂

磷酸盐缓冲溶液(80 mmol/L，pH2.5)；β-环糊精溶液[50 mmol/L，水溶液(可加少量乙醇助溶)]；生物碱(麻黄碱、伪麻黄碱标准品)。

四、实验内容

1. 实验参数

缓冲溶液：80 mmol/L 磷酸缓冲溶液(pH 2.5，含 15 mmol/L β-环糊精)。
分离电压：18 kV。
分离温度：25 ℃。
进样方式：0.5 psi 压力下进样 5 s。
检测波长：190 nm。

2. 实验步骤

(1) 打开毛细管电泳仪，预热至检测器输出信号稳定。

⑵毛细管柱预处理：依次用 NaOH 溶液、超纯水、缓冲溶液冲洗毛细管柱 5 min。

⑶设置实验参数和实验方法。

⑷样品提取：准确称取麻黄草样品，加入 10 mL 80%乙醇溶液超声处理 30 min，高速离心取上清液，残渣再用 5 mL 80%乙醇溶液再次超声提取 10 min，连续提取两次，合并提取液并转入 25 mL 容量瓶中，用 80%乙醇溶液定容至刻度，摇匀备用。进样前用 0.45 μm 微孔滤膜过滤后直接进样测定。

⑸分析标准品溶液：取一定浓度的麻黄碱-伪麻黄碱标准品混合溶液进样分析，获得标准品的色谱图；同时用不含环糊精的缓冲溶液分离麻黄碱和伪麻黄碱，比较环糊精的手性识别能力。

⑹加标法确定标准品的成分：向上述标准品混合溶液中加以其中一种标准品，其余各成分含量不变，在相同条件下进样分析，获得色谱图。

⑺考察环糊精浓度对分离度的影响:配制含有不同浓度(5～30 mmol/L)环糊精的缓冲溶液，保持磷酸盐浓度和 pH 不变，分别分离麻黄碱和伪麻黄碱，比较环糊精浓度对手性分离的影响效果。

⑻测定实际样品提取液。

⑼结束实验，用超纯水冲洗毛细管柱。

五、数据处理

⑴调用色谱图，并积分对应色谱峰的峰面积。

⑵计算样品中所含麻黄碱和伪麻黄碱的含量。

六、思考和讨论

⑴请查阅资料回答，什么是环糊精？有几种类型？环糊精手性识别的原理是什么？

⑵哪些实验因素会影响手性拆分效果？

第五篇 波谱和电镜技术

本篇主要介绍有关分子结构、分子间相互作用以及材料的形貌表征等分析方法。一些方法，如红外光谱法和拉曼光谱法虽属于光谱分析，但其主要作用不是定量分析，而是结构分析，或分子间相互作用的分析，因此纳入本篇的内容。而近红外光谱法注重样品的来源和品质的鉴定，因此在第二篇中介绍。

第 19 章　质　谱　法

质谱(MS)法是将样品气体分子经离子源作用,电离生成分子正离子或碎裂成碎片正离子后，经电场加速，并在质量分析器中按质荷比(m/z)大小进行分离、记录的分析方法，所得结果即为质谱图。质谱法具有分析速度快、灵敏度高、提供的信息直接与其结构相关的特点。质谱法与色谱法联用已成为一种最有力的快速鉴定复杂混合物组成的可靠分析工具，得到了广泛应用。

质谱仪是利用电磁学原理，使气体分子产生带正电的运动离子，并按质荷比将其在电磁场中分离,同时记录和显示这些粒子流相对强度和质荷比关系的一种仪器。

分子电离后经电场加速，其动能与加速电压及电荷 z 的关系为

$$zeV = mv^2 \tag{19-1}$$

式中，z 为电荷数；e 为元电荷($e = 1.60\times10^{-19}$ C)；V 为加速电压；m 为离子的质量；v 为离子被加速后的运动速率。当具有初速率 v 的带电粒子垂直进入磁分析器(扇形磁场)后，由于磁场的作用，离子做圆周运动；当离心力与向心力(磁场引力)相等时，则

$$\frac{mv^2}{r} = Bzev \tag{19-2}$$

式中，r 为粒子运动的轨道半径；B 为磁感应强度。由式(19-1)和式(19-2)得

$$r = \frac{\sqrt{2V}}{B}\sqrt{\frac{m}{ze}} \tag{19-3}$$

可见，当 V 和 B 不变时，粒子在磁场中的运动轨道半径只取决于荷质比。在使用感光板记录的质谱仪中，保持 B、V 不变，记录 r 的变化。而在现代质谱仪中，由于磁场中离子的出射狭缝位置固定不变(r 不变)，因此需要通过电磁铁扫描磁场(V、r 保持不变)或扫描电压(B、r 保持不变)获得质谱图。

19.1　质谱仪的基本结构

质谱仪的基本组成见图 19-1。

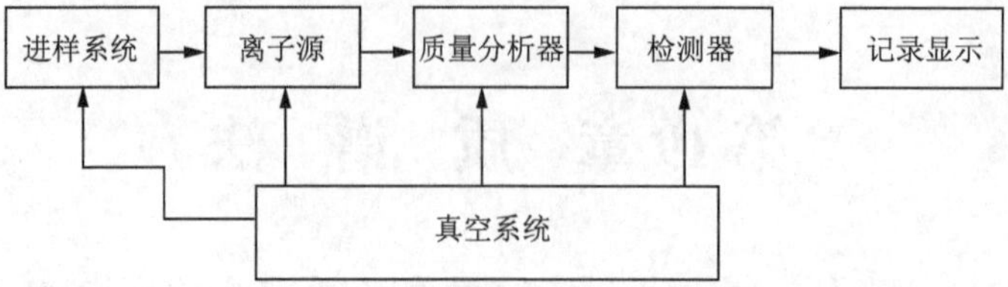

图 19-1　质谱仪的组成框图

质谱仪各部分的功能简述如下。

1. 真空系统

质谱仪除记录和显示系统外，其他部分都必须在不同的高真空度下工作，真空系统是由低真空的机械泵和高真空的扩散泵组成的二级真空系统。若真空度过低，会造成离子源灯丝损坏、本底增高、电离室中加速极发生火花放电等一系列问题，从而使谱图复杂化。

2. 进样系统

常用进样系统有三种类型：间歇式进样系统、直接探针进样及色谱进样系统。间歇式进样系统主要用于气体、低沸点液体和较高蒸气压的固体样品进样，样品通过可拆卸式试样管被引入试样储存器中气化，气化的样品分子通过分子漏隙以分子流的形式扩散进入离子源中。高沸点液体、固体则通过样品探针杆直接送入离子源中气化、电离。气相色谱仪可以通过接口作为质谱仪的进样系统。进样系统设计时要求能够高效地将样品引入电离室且不会造成电离室真空度降低。

3. 离子源

离子源的作用是将由进样系统引入的气态样品分子转化为离子。常用离子源有电子轰击离子源、化学电离源、快原子轰击源、火花源、ICP 源等。各种离子源能量大小不同，应用的对象也不同。同一种物质，使用不同的离子源，得到的质谱图也不一样。能量高的离子源分子离子少，碎片离子多；能量低的离子源则相反。最常用的离子源是电子轰击离子源，其主要优点是电离效率高、结构简单、操作方便，缺点是分子离子峰弱，有时甚至不出现，故在运用时常将其与低能量的离子源配合使用。

4. 质量分析器

质量分析器的作用是将经电离室电离的气态样品正离子按质荷比 m/z 分开。常用的质量分析器的主要类型有单聚焦磁偏转型、双聚焦型、飞行时间分析器、四极杆滤质器、离子回旋共振分析器等。采用双聚焦质量分析器的质谱仪空间分辨率高，可以用于质量的准确测定，而飞行时间质谱仪则时间分辨率强，可以用于研究快速反应以及与气相色谱联用。

5. 质谱检测器和记录器

质谱检测器有三类：法拉第杯、电子倍增器和照相检测。法拉第杯是最简单的一种，方便、廉价，但灵敏度不同，它可以准确测定穿过出射狭缝的离子流。电子倍增器的原理类似于光电倍增管，它可以记录 10^{-18}A 的电流，灵敏度比法拉第杯约高 10^3 倍。照相检测只适用于某些质谱仪，离子流轰击感光板上的乳剂而成像。现代质谱仪一般都通过计算机对产生的信号进行接收和处理，并能通过计算机对仪器的运行条件进行严格监控，大大简化了结果处理，提高了分析精度。

19.2 质谱仪的主要性能指标

1. 灵敏度

灵敏度是标志仪器对样品在量的方面的检测能力。它与仪器的电离效率、检测效率以及被检测的样品等多种因素有关。

有机质谱常用某种标准样品产生一定信噪比的分子离子峰所需的最小检测量作为仪器的灵敏度指标。

2. 分辨率

分辨率指仪器对质量非常接近的两种粒子的分离能力。如果两个质量非常接近的离子峰(m_1 和 m_2)能被仪器分开，则仪器的分辨率 R 定义为

$$R = m_1(\text{或 } m_2) / \Delta m \tag{19-4}$$

式中

$$\Delta m = m_2 - m_1$$

例如，能被仪器分开的两个最接近的峰若质量数分别为 1000 和 1001，则此时仪器的分辨率 R=1000/(1001−1000)=1000。分辨率 1000 还表示在质量数 100 附近，仪器能分开质量数分别为 100.1 和 100.0 的两个离子峰。因此，分辨率又可以理解为仪器在质量数 m 附近能分辨的最小相对质量差。

在一定的质量数附近，分辨率越高，能够分辨的质量差越小，测定的质量精度越高。

3. 质量范围

质量范围指质谱仪所能测量的最大 m/z 值，它决定仪器所能测量的最大相对分子质量。自质谱进入生物大分子研究的分析领域以来，质量范围已成为被关注和感兴趣的焦点。各种不同质谱仪具有的质量范围各不相同。目前质量范围最大的质谱仪是基质辅助激光解吸电离飞行时间质谱仪(MALDI-TOE-MS)，该种仪器测定的分

子质量可高达 1 000 000 Da 以上。

质量范围为 2000 Da 的电喷雾质谱仪测定蛋白质大分子时，由于样品可产生多达 20 多个电荷的分子离子峰，实际测量的最大分子质量可远超过仪器的质量范围。

19.3　质谱法的应用

1. 相对分子质量

用质谱法测定相对分子质量首先要确定质谱图中的分子离子峰。原则上讲，除同位素峰外，分子离子峰应该是质谱图中质荷比最高的峰。但是，某些不稳定化合物被电子轰击后全部成为碎片离子，在质谱图上看不到分子离子峰。下面一些规律有助于确证分子离子峰：

(1) 分子离子峰的质量数必须符合氮律，即在由 C、H、O 组成的有机化合物中，分子离子峰的 m/z 一定是偶数；而在 C、H、O、N 组成的化合物中，含奇数个 N，分子离子峰的 m/z 是奇数，含偶数个 N，分子离子峰的 m/z 是偶数。

(2) 分子离子峰与左侧临近离子峰的质量差不能等于 4～13 和 21～25 等不合理的质量单位。

(3) 在含 S、Cl、Br 等高丰同位素的化合物中，可以利用 M^+ 和 $(M+1)^+$ 峰的强度比来确认分子离子峰。

(4) 在用电子轰击离子源的质谱图中，分子离子峰强度往往随电子轰击离子源电压降低而增加。

2. 分子式的确定

用质谱法确定化合物的分子式有两种方法，即利用化合物精密相对分子质量表和根据同位素丰度比。

1) 利用化合物精密相对分子质量表确定分子式

拜农 (Beynon) 等编制了有 C、H、O、N 组成的各种分子式的精密相对分子质量表（准确到小数点后 3 位），利用高分辨率质谱仪测得精确相对分子质量，查拜农表就可以找出可能的分子式，再配合其他信息，就可能推测出最合理的分子式。

2) 由同位素丰度比确定分子式

对于含 C、H、O 和 N 组成的有机化合物，若分子式可以写成 $C_wH_xN_yO_z$，则质谱图中的分子离子峰和同位素离子峰的强度可以用下式近似计算：

$$\frac{I_{M+1}}{I_M} \times 100 = 1.08w + 0.02x + 0.37y$$

$$\frac{I_{M+2}}{I_M}\times 100=\frac{(1.08w+0.02x)^2}{200}+0.20z$$

拜农等据此计算了相对分子质量在 500 以内、分子式为 $C_wH_xN_yO_z$ 类型化合物的 I_{M+2} 和 I_{M+1} 与 I_M 的相对强度，编制成表，称为拜农质谱数据表。在求分子式时，只要质谱图上得到的分子离子峰足够强，其高度和 M+1、M+2 同位素峰的高度都能准确测定，则通过计算 M+1 和 M+2 峰相对于 M 峰的百分数后，根据拜农质谱数据表，便可确定化合物可能的经验式。

3. 结构式的确定

各类化合物裂解都具有一定的特征性。例如，饱和脂肪烃裂解时易产生质荷比为 15、29、43 等一系列符合 C_n 的正离子峰，且 m/z 为 43 和 57 的峰最强；烯烃有明显的一系列 41+14n 峰，基峰 m/z 为 41（$C_3H_5^+$）；烷基芳香烃易形成 m/z 为 91（C_7）的基峰；脂肪醇分子离子峰弱，易失去一分子水并伴随失去一分子乙烯，生成 $(M-18)^+$ 和 $(M-46)^+$ 峰；酮类化合物分子离子峰强，易在 α-位断裂产生 $R—C\equiv O^+$ 峰，当存在 γ-氢时，会产生麦氏重排；对于 C_1～C_3 醛，能生成稳定的 CHO^+ 基峰，高碳直链醛则形成 $(M-29)^+$，同时也会产生分子重排峰；醚类主要发生 α-和 β-断裂并脱去一分子乙烯，生成 45+14n 和 31+14n 一系列碎片；羧酸、酯和酰胺主要发生 α-位断裂，分别产生 $HO—C\equiv O^+$（m/z=45）、$R—C\equiv O^+$ 和 $NH_2—C\equiv O^+$（m/z=44），也易出现分子重排峰；胺则发生相对于 N 原子 α-和 β-位碳原子之间的键断裂而产生基峰，对伯胺，基峰离子为 $CH_2{=}N^+H_2$（m/z=30）。所以，根据质谱图所提供的分子离子峰、同位素峰和上述这些特征离子峰，可以推断出化合物的结构。

从未知化合物的质谱图推测化合物结构的步骤大致如下：

（1）确认分子离子峰，求得化合物的相对分子质量和分子式。

（2）由分子式计算不饱和度。

（3）根据分子离子峰和基峰强度，大致推测化合物类型。

（4）找出质谱图上重要的碎片离子峰，根据分子离子峰和碎片离子之间 m/z 的差值，找出分子离子可能脱掉的中性碎片；观察是否存在亚稳离子峰，找出 m_1 和 m_2 的关系。综合以上信息推测分子的结构和裂解的过程。

4. 色谱联用技术

联用技术是将两种（或两种以上）分析技术连接，互相补充，从而完成复杂的分析任务。其中，色谱-质谱联用技术（如 GC-MS、LC-MS 等）将色谱的分离和质谱的鉴定技术结合起来，已成为当前复杂样品分析的最有力工具之一。

结合分离技术，质谱在定性和结构分析中能发挥更大的作用。实际工作中，色谱部分既可以作为分离技术，也可以利用色谱的自动进样系统作为质谱的进样手段，因此色谱和质谱联用应用十分广泛，教材中的质谱实验就是在色谱-质谱联用仪器上进行的。

在第 16 和 17 章中，介绍了 GC-MS 和 LC-MS/MS 联用仪器的操作方法，在这里不再赘述。本章中的实验重点在结构分析。

19.4　质谱仪常见问题及解决方法

⑴调谐质谱仪时需要过高的离子能量和推斥电压。原因：离子能量过高是由于离子源被污染；推斥电压过高时，预四极杆、四极杆被污染；质谱仪调谐未达到最佳状态。排除方法：对离子源、预四极杆、四极杆依次用甲醇、丙酮超声清洗各 15 min 及保养维护；重新调谐质谱仪。

⑵调谐参数改变时，仪器响应不明显。原因：离子源短路或电路未接通。排除方法：取出离子源，用万用表测量各部件间的电路连接是否正常。

⑶调谐时无参考峰出现。原因：参考标样瓶中无参考标样；参考标样的管路被堵塞。排除方法：添加参考标样于质谱仪内置的参考标样瓶中；拆下管路，用丙酮超声清洗。

⑷噪声过多。原因：离子源被污染；供电系统产生杂峰。排除方法：对离子源依次用甲醇、丙酮超声清洗各 15 min；安装电源净化装置。

实验 31　GC-MS 定性分析有机混合物

一、实验目的

⑴了解 GC-MS 分析的一般过程和主要操作。

⑵熟悉 GC-MS 分析条件的设置。

⑶掌握 MS 数据解析处理方法。

二、实验原理

混合物样品经 GC 分离成单一组分，并进入离子源，在离子源中，样品分子被电离成离子，离子经过质量分析器之后即按 *m/z* 顺序排列成谱。经检测器检测后得到质谱，计算机采集并储存质谱，经过适当处理即可得到样品的色谱图、质谱图等。经计算机检索后可得到化合物的定性结果，由色谱图可以进行各组分的定性分析。本实验以纯物质为样品，学习质谱定性分析方法。

三、仪器及样品

1. 仪器

气相色谱质谱仪 GCMS-QP2010 Plus。

2. 样品

混合有机样品。

四、实验内容

(1) 样品制备：进行 GC-MS 分析的样品应该是在 GC 工作温度下(如 300 ℃)能气化的样品。选择 3～4 种易挥发有机化合物(苯、甲苯、萘和菲等)，配制成 1 μg/mL 甲醇溶液，样品中应避免大量水的存在，浓度应该与仪器灵敏度相匹配，可根据得到的信号大小对样品进行适当稀释。

(2) 分析条件的设置：根据仪器操作说明和样品情况(详见实验 25)，设置 GC 条件(气化温度、升温程序、载气流量等)和 MS 条件(扫描速率、电子能量、灯丝电流、倍增器电压、扫描范围等)，然后用微量注射器进样并开始采集数据。

(3) 采用总离子流测量方式，进行色谱分离。

(4) 用选择离子方式，记录各个组分的质谱图。

五、数据处理

(1) 采集数据结束之后，色谱降温，关闭质谱仪灯丝、倍增器等。然后进行数据处理。显示并打印总离子色谱图，显示并打印每个组分的质谱图。

(2) 对每个位置谱进行计算机检索，并记录检索结果。

六、注意事项

(1) 注意开机顺序，严格按操作手册规定的顺序进行。真空达到规定值后才可以进行仪器调整。

(2) 仪器调整完毕后应尽快停止 F-43 进样，立刻关闭灯丝电流和倍增器电压，以延长二者寿命。

(3) 灵敏度是对一定样品和一定实验条件而言的，改变条件，灵敏度会变化。

(4) 谱图检索必须输入化合物英文名称。

七、思考和讨论

(1) 在进行 GC-MS 分析时需要设置合适的分析条件。假如条件设置不合适可能会产生什么结果？如果色谱柱温度不合适会怎么样？扫描范围过大或过小会怎么样？

⑵总离子色谱图是怎样得到的？质量色谱图是怎样得到的？

⑶如果把电子能量由 70 eV 变成 20 eV，质谱图可能会发生什么变化？

⑷进样量过大或过小可能对质谱产生什么影响？

⑸拿到一张质谱图如何判断相对分子质量？如果没有相对分子质量,还有什么方法得到相对分子质量？

⑹为了得到一张好的质谱图通常要扣除本底,本底是怎么形成的？如何正确地扣除本底？

实验 32　天然产物中挥发油成分分析(GC-MS)

一、实验目的

⑴了解天然产物中挥发油的组分及水蒸气蒸馏提取方法。

⑵学习用 GC-MS 联用仪分析天然产物中挥发油成分的方法。

⑶根据所学知识进行谱图解析，剖析所分析物质结构组成。

二、实验原理

天然产物中的挥发油混合物经过气相色谱被分离成不同组分，分别进入质谱，经过离子源每一组分样品分子被电离成不同质荷比离子，这些离子经过质量分析器即按质荷比大小顺序排成谱，检测器检测后得到质谱，经过计算机采集并储存，再经过适当处理即可得到样品的色谱图、质谱图，计算机检索后可得到每个组分的鉴定结果。

三、仪器及试剂

1. 仪器

气相色谱-质谱仪 GCMS-QP2010 Plus；HP-5 毛细管；微量注射器。

2. 试剂

高纯氦气(He)；天然产物挥发油；二氯甲烷；正己烷等。

四、实验内容

⑴仪器条件：HP-5 石英毛细管色谱柱 30 m×0.25 mm×0.25 mm；离子源 EI；离子源温度 230 ℃；电离能量 70 eV；四极杆质量分析器温度 150 ℃。

⑵样品制备：水蒸气蒸馏提取天然产物(橙皮、槟榔、花椒、丁香花等)挥发油成分，经过溶剂萃取、水分干燥及浓缩等纯化步骤得到样品。

⑶分析条件的设置：根据天然产物中挥发油特点设置分析条件，包括气相色谱

条件、接口条件、质谱条件、报告形式。

气相色谱条件：进样方式、进样口(气化室)参数、色谱柱参数、柱温箱升温程序等。

质谱条件：溶剂延迟时间、扫描范围、扫描速率等。

(4)进样分析:将挥发油样品通过进样器(微量注射器或自动进样器)进样分析并开始采集数据。

(5)采集数据结束后,气相色谱和质谱自动恢复到初始设定状态,然后进行数据处理。

五、数据处理

(1)调用采集的总离子色谱图，处理后得到每个组分的质谱图。

(2)对每个未知物质谱图进行计算机检索，得到样品的鉴定结果。

六、思考和讨论

(1)拿到一张质谱图如何判断相对分子质量?

(2)根据柠檬烯的质谱图解释不同质荷比的离子是怎样形成的。

第 20 章　核磁共振波谱法

20.1　核磁共振波谱法的基本原理

核自旋量子数 $I \neq 0$ 的原子核在磁场中产生核自旋能量分裂，形成不同的能级，在射频辐射的作用下，可使特定结构环境中的原子核实现共振跃迁。记录发生共振时的信号位置和强度，就可得到核磁共振(NMR)谱。谱上共振信号的位置反映样品分子的局部结构(如官能团)；信号的强度往往与有关原子核在分子中存在的量有关。自旋量子数 $I=0$ 的核(如 ^{12}C、^{16}O、^{32}S)没有共振跃迁。$I \neq 0$ 的原子核原则上都可以得到 NMR 信号。但目前有实用价值的仅限于 ^{1}H、^{13}C、^{19}F、^{31}P 及 ^{15}N 等核磁共振信号，其中氢谱和碳谱应用最广。

原子核带单位正电荷，而且自旋，其自旋量子数 $m_s = \pm 1/2$，简记 $I = 1/2$。一个自旋的电荷(只要原子核质量数和原子序数有一个为奇数)即可形成循环电流，循环电流就会产生磁场与之联系，因此核可视为一个小小的磁偶极子(或比作小磁棒)。不存在外部磁场时，核的取向是随机的，只有一个能级(平均能量)。但把核置于外磁场(H_0)时，有两种取向：一种与 H_0 平行，另一种与 H_0 方向反平行；两种取向的能量不同，遂分为两个能级，称为磁能级或自旋能级，即质子在外磁场作用下分裂出两个自旋能级。一个相当于 $m_s=+1/2$(低)，一个相当于 $m_s = -1/2$(高)。两个自旋能级的能量差 $\Delta E=2\mu H_0$，μ 为磁矩，对于给定的核来说，μ 是常数，对质子而言，$\mu = \gamma h/4\pi$，γ 为质子的磁旋比，为特征常数。

如果对处于外磁场 H_0 作用的质子，用无线电磁波照射，并当无线电辐射的能量($h\nu_{照}$)等于质子两个自旋能级的能量差时，即 $h\nu_{照} = \gamma h/2\pi$，简化为 $\nu_{照}=\gamma H_0/2\pi$，质子将吸收这份能量而从低自旋能级跃迁到高自旋能级，称为质磁共振。这种共振可在专门设计的核磁共振仪中获得，并给出一个信号，记录下来，就是 ^{1}H NMR 谱图，见图 20-1。

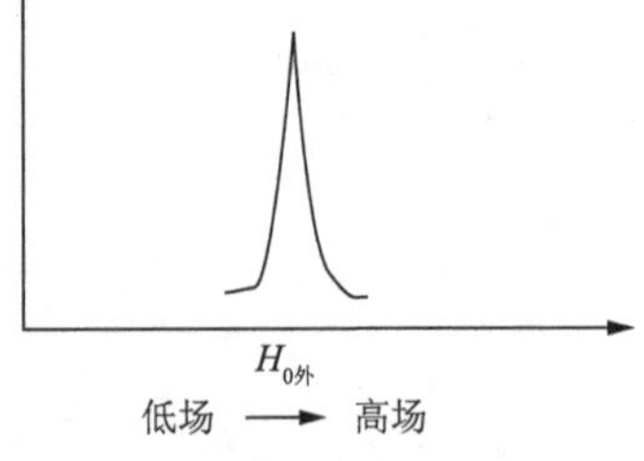

图 20-1　核磁共振光谱信号

实际上，核外有电子绕核运动，电子的屏蔽作用抵消一部分外加磁场。原子核实际感受到的磁场强度为$(1-\sigma)H_0$。

由于屏蔽作用，原子的共振频率与裸核的共振频率不同，即发生了位移，称为化学位移。化学位移用δ表示。若选择某一标准物质，将它的化学位移定为零，则其他各化合物的化学位移都可以与这一标准物质相比较，表示为

$$\delta = \frac{\nu_{试样} - \nu_{标准}}{\nu_{标准}} \times 10^6 \text{ ppm} \tag{20-1}$$

式中，$\nu_{试样}$为试样中被测定磁核的共振频率；$\nu_{标准}$为标准物中磁核的共振频率。

δ 为无量纲常数，是一个与磁场强度无关的数值。常选用的标准物质是四甲基硅烷(TMS)，在氢谱和碳谱中，把它的化学位移定为零，在图谱的右端。大多数有机化合物核磁吸收信号在谱图上都位于它的左边。

磁性核之间的相互作用使共振峰分裂成多重线，这一现象称为自旋-自旋偶合。偶合强度J用多重线的间隔(以 Hz 为单位)表示。多重谱线的数目为$2nI+1$，其中，n为与被讨论的核相邻的磁性核的数目；I为相邻磁性核的核自旋量子数。对于质子来说，因为$I=1/2$，所以谱线数目等于$n+1$，多重线内各峰的强度可以根据简单的统计方法求出，与二项展开式的系数成比例。也就是说，一个邻近质子使被讨论核的共振峰分裂成双线(1∶1)，三个相邻质子产生四重线(1∶3∶3∶1)等。

20.2　核磁共振波谱仪

高分辨率核磁共振波谱仪分为连续波核磁共振波谱仪和傅里叶变换核磁共振波谱仪。前者主要供教学及日常分析使用，后者由于设备本身及运行成本较高，主要用于研究工作。随着仪器的发展更新以及我国经济实力的不断增强，连续波核磁共振波谱仪逐渐被淘汰，而傅里叶变换核磁共振波谱仪使用越来越普遍。

20.2.1　连续波核磁共振波谱仪

图 20-2 是连续波核磁共振波谱仪组成示意图。仪器主要由永久磁铁、射频发生器、探头、射频接收器和记录系统等组成。各部分的功能介绍如下。

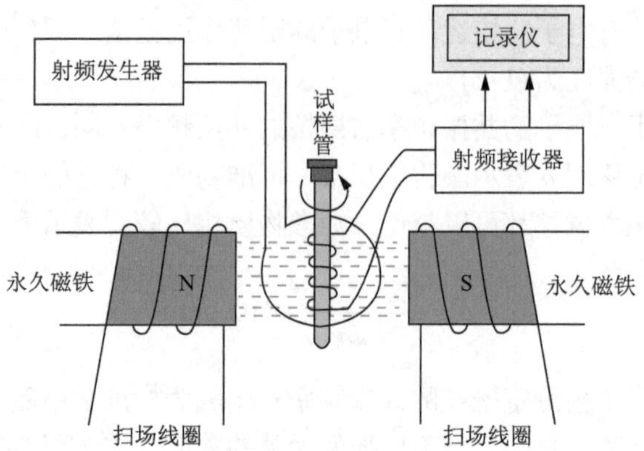

图 20-2　连续波核磁共振波谱仪组成示意图

1. 永久磁铁

永久磁铁是核磁共振波谱仪的关键部件，要求能够提供强而稳定、均匀的磁场。永久磁铁决定核磁共振波谱仪的灵敏度和分辨率。永久磁铁常用于共振频率 60 MHz 的 NMR 波谱仪，电磁体一般提供 60～100 MHz 的共振频率，超导磁体则可以提供更高的磁场。

2. 射频发生器

将射频发生器连接到发射线圈上，然后将能量传递给样品，而射频发射方向垂直于磁场。射频接收器连接到一个围绕样品管的线圈上，发射线圈与接收线圈相互垂直，又同时垂直于磁场方向。

射频发生器发出平面偏振辐射，此辐射可分解为在 xy 平面上相位相同但旋转方向相反的两个圆偏振辐射矢量，因此在 y 轴上的矢量和为零，射频接收器接收不到信号。当核的进动频率与射频发射器发出的平面偏振辐射中的某一部分频率相同时，核就会吸收与核进动方向相同的偏振辐射，使与核进动方向不相同的偏振辐射通过样品，结果使 y 轴上的矢量之和不再为零，射频接收器就接收到信号。

3. 扫场线圈

扫场线圈绕在磁铁的凸缘上，由扫描电压发生器提供一个可控的周期性变化的锯齿波直流电流，使样品除受永久磁铁所提供的强磁场之外再加一个可变的附加磁场。这个小的附加磁场通常由弱到强连续变化，称为扫场(场扫描)。

4. 探头

样品探头不仅用于固定样品管在磁场中的位置，还用来检测核磁共振信号。探头除包括样品管外，还有发射线圈、接收线圈以及预放大器等元件。磁场和频率源通过探头作用于样品。

5.信号检测及处理系统

共振核产生的共振信号通过探头上的接收线圈送入射频接收器，经一系列处理被放大后由 NMR 记录仪记录，纵坐标为共振吸收信号，横坐标驱动与扫描同步。NMR 波谱仪常配有一套装置，可以在 NMR 波谱上以阶梯的形式显示出积分数据，用以估计各类核的相对数量及含量。部分连续波 NMR 波谱仪配有多次重复扫描并将信号进行累加的功能以提高其灵敏度。受仪器稳定性影响，一般累加次数为 100 次左右为宜。

20.2.2　傅里叶变换核磁共振波谱仪

傅里叶变换核磁共振波谱仪采用多通道发射机同时发射多种频率，使不同化学环境的核同时共振，再用多通道接收机同时获得所有共振核的信号。这些信号包含很多种频率，是多种频率信号的叠加，且随着时间增长而衰减，称为自由感应衰减(FID)信号。FID 信号称为时域谱，由接收线圈识别，经过放大等处理后，利用计算机的傅里叶变换算法，经过快速变换，使信号变换为频率，变换成可直观识别的通常的核磁共振谱图。傅里叶变换核磁共振波谱仪灵敏度更高，性能更加全面先进，自 20 世纪 70 年代以来逐渐取代连续波核磁共振波谱仪，成为当今主要的核磁共振波谱仪。

傅里叶变换核磁共振波谱仪的主要部件有磁铁、探头、射频发射系统、接收机、信号处理系统。与连续波核磁共振波谱仪相比，特殊的部件有射频脉冲功率放大器，脉冲程序器、数据处理系统。

1. 磁铁

傅里叶变换核磁共振波谱仪要求磁铁有较高的磁场强度，所产生的静电场高度均匀和稳定。常规分析型傅里叶变换核磁共振波谱仪常用电磁铁，研究型高档傅里叶变换核磁共振波谱仪采用超导磁铁。

2. 射频发射系统

傅里叶变换核磁共振波谱仪具有多个射频通道，每个射频通道均有射频发射机。这些分射频系统并不独立，而是通过频率综合技术把各分频率进行组合调整。现代傅里叶变换核磁共振波谱仪采用直接数字频率合成(DDS)技术，将分频率组合成新的频率，这些按各通道需要合成的新频率更加稳定、精度更高。

3. 探头

傅里叶变换核磁共振波谱仪探头的结构和种类与连续波核磁共振波谱仪相同，其接收线圈感应出的信号是 FID 信号。

4. 接收机与信号处理系统

接收机的工作原理是由探头的接收线圈获得的 FID 信号经前置放大器放大后进入混频电路，混频器将 FID 信号变成中频 FID 信号，经中频放大器放大到适当强度，然后分成两路进入正交检波器或相检波器，进行以中频为参考的第二次混频，混频后获得两个相位差为 90°的低频 FID 信号。这两个信号分别通过各自的低频放大器及滤波器，使信号的强度达到模/数转换器输入端的要求，信号经模/数转换进入计算机数据处理系统，按程序进行运算处理，最后将运算结果以 NMR 谱图显示。

20.3　Varian VNMRS 600 MHz 核磁共振波谱仪

20.3.1　仪器使用范围

Varian VNMRS 600 MHz 核磁共振波谱仪的磁场强度为 14.1 T，对应质子共振频率 600 MHz。该仪器拥有三个射频通道，每一通道均有脉冲波形发生器，有 *Z* 轴脉冲梯度场和梯度波形发生器，可进行氘去偶。仪器配备 5 mm 正向宽带脉冲场梯度探头和 5 mm 反式三共振脉冲场梯度探头，仪器主要包括超屏蔽磁体系统、控制柜、前置放大器、PC 工作站和 VNMRJ 软件，随机软件带有 Varian 公司的标准脉冲序列。

该波谱仪可以观测 ^{1}H、^{13}C、^{15}N、^{17}O、^{19}F、^{31}P 以及绝大多数可观测核素；可以进行几乎所有的一维、二维和三维核磁共振实验。核磁共振可以测定液态或可溶有机化合物的结构。

20.3.2　样品测定

由于核磁共振波谱仪开关机需要很长的平衡时间，一般情况下，仪器是持续运行的，仪器和控制软件的连接在开机期间始终保持联通。样品测定时，不需要重新开机设置。测定样品的基本过程为：

(1) 以注册的 username 和 password 登录 Linux 系统，开启 VNMRJ。

(2) 准备样品：测定 ^{1}H 谱的样品量为 3～10 mg，测定 ^{13}C 谱的样品量为 20～50 mg，所需溶剂量约为 0.7 mL，样品用移液器加到石英样品管中，样品高度为 45～50 mm，石英管放入样品管时，样品高度应在标尺的测量高度范围内，如样品略少，可适当调整高度。注意不同内径的石英管得到适宜的样品高度，需要加入的液体体积不一样。将样品管放入自动进样器中。

(3) 设定探头，点选 VNMRJ 界面左下角探头选项，即出现探头菜单，由下拉菜单选择正确的探头名称，点击“close”关闭视窗。

(4) 放入样品并旋转：在 “Start”界面中点击“Eject”开启载浮气体，此时样品弹出，然后选择“Insert”将样品放入磁体中，在此页面勾选“Spin”选项，点击

“Spin”选项设定转速，一般 10 mm 的核磁管，设定 Spin=15 Hz，5 mm 的核磁管，Spin=20～26 Hz。

(5) 调谐和锁场：此步骤仪器可自动完成，需要时由实验管理人员进行。在进行常规的 ^{1}H 和 ^{13}C 谱测定时，可直接进行步骤(6)。

(6) 匀场：在“Start”界面中，点击“Gradient shim”即开始脉冲度匀场，脉冲梯度匀场数据可在“Message History”窗口中查看。

(7) 选择实验项目：点选下拉菜单中的“Experiment”，可选择 NMR 各种实验，也可以在“VNMRJ Walkup”界面中点击“Protocal Tab”直接选取。

(8) 设定实验条件：在“Start”界面中输入样品名称和相关信息；在“Acquire/Default nuclear”界面中选择谱宽，或在“start”与“end”空格中输入低场(downfield)和高场(upfield)数据，并设定扫描数值，用下拉菜单设定采样次数；在“Acquire/Flags”页面中可进阶设定“block size”与“interleave”功能，可勾选“Save FID at each block”保存设定；在“Acquire/Future Action”界面中设定实验完成时保存文件或其他功能，如需要每一区段次数完成时做傅里叶变换(FT)，可在“when block finish”栏内输入“wft”。

(9) 采集 NMR 信号：在“Acquisition”(数据采集)下拉菜单中点选“Acquire and wft”，或在参数控制面板中点选“Acquire”标记里的“Acquire”按键即开始采集数据。也可以在“Walkup”界面中点击“Submit”(提交)开始采集数据。

(10) 数据处理和图谱显示：在“Process”(数据处理)下拉菜单中选择“Process”和“display ID”(数据处理并显示一维)，傅里叶转换数目等设定可在“Process/Weighting”页面中设置；相位校正可在“Process/Default”页面中进行，“Display”区域中点击“autophase”调整图谱基线。当采集信号结束，软件自动做傅里叶变换，图形界面也显示 NMR 图谱时，界面左面会显示图谱处理的图示工具列，次工具列提供图谱放大、积分和相位调整等功能。

(11) 保存文件：测量结束后，点击“File”菜单，选择“save data setup”(保存数据设置)，设定保存路径与文件保存格式。

20.3.3　仪器常见问题及解决办法

1. 换上样品后找不到氘信号

这种情况一般发生在样品的溶剂发生了变化。有很多方面(参数、匀场条件和仪器)的原因可能使得找不到氘信号，但应首先找一找样品的原因，核实样品是否真的使用了氘代试剂，样品插入转子的位置是否合理，样品是否浮在了空中没有进入探头的线圈范围。如果使用了氘试剂，应粗略估算氘的含量。如果刚换上的样品中氘含量比换下的样品少得多，就应增加锁场的功率和增益。如果锁场功率和增益都有了大致合理的数值仍然看不到氘信号，就要调整磁场偏置。调整磁场偏置可参考氢谱的化学位移。若前面几种可能性都考虑过了，最后的一种可能性就在仪器本身。如果没有明显的可观测到的外部问题，如电路断开等，就需要求助专门的技术人员，对仪器的硬件、软件进行系统的查询，以便发现问题及时解决。

2. 锁场信号电平不稳

如果锁场信号呈现出无规则的大起大落，问题大都源于锁场功率太大而导致了锁场信号饱和。在寻找氘信号时，有时要有意识地使用很强的锁场功率，但是一旦锁上场，就应立即将锁场功率降下来。还有一种情况并不是锁场功率过大造成的，而是锁场信号过宽的原因。当溶液中的顺磁物的浓度过大或黏度过大时，也会使得氘信号很宽，若使用氘代二甲基亚砜(DMSO)，当温度接近其冰点(18.4 ℃)时，锁场线就会不稳。适当地提高温度，对于实现稳定的场频联锁是有益的。

3. 测得的信号表明场并不均匀，但锁场电平却难以提高

这时需要首先检查锁场相位是否正确。如果问题不是出在锁场相位，就要尝试大幅度地调整某一旋钮，有意识地使匀场电平降低，然后再调整其他旋钮。这时会发现匀场状况会快速得到改善。

4. 谱中无任何信号

这种情况容易发生在对灵敏度很低的核进行观测的时候。对于这种情况可以按以下顺序逐一检查：

(1)样品中想要观测的核浓度不够。当观测的是灵敏度很低的核，在较短的时间内看不到信号是常事。

(2)当前使用的工作窗口所定义的观测核与想要观测的核不相符。

(3)没有调谐。虽然在工作窗口中定义了观测核，如果探头还保留在其他的调谐状态，也不能观测到信号。^{1}H 谱的调谐范围很窄，一般不调谐也能有信号。因没有调谐而看不到信号的情况主要发生在 ^{1}H 以外的其他核。

(4)谱宽和中心频率不准确。对于氢谱，更换锁场物质后磁场偏置有较大的变化，因此频率偏置应作相应地变化，否则在定义的谱宽范围内就不会有信号。一般在更换样品后进行第一次采样时，应将谱宽范围加大至原来的 3～5 倍，信号就必然出现。对于其他核，更换锁场物质后一般不需要重新调整频率偏置。

实验 33　单纯化合物 ^{1}H NMR 的结构鉴定

一、实验目的

(1)通过实验初步掌握脉冲傅里叶变换 NMR 波谱仪基本原理与构造。

(2)初步掌握获得 NMR 图谱的一般操作与技术，作出给定未知物的 ^{1}H NMR

谱图。

(3) 通过给定未知物的推定，加深理解关于化学位移、偶合常数、一级谱、峰面积及其影响因素等 NMR 基本概念，并了解运用这些概念分析谱图和推定分子结构的一般过程。

二、实验原理

NMR 波谱法是鉴定有机化合物结构的有力工具，其中 ^{1}H NMR 谱是目前应用最广泛和成熟的测量技术。^{1}H NMR 谱给出的主要参数是化学位移、偶合常数和积分面积。从这些参数可以得到分子的结构信息，如从化学位移可判断分子中存在质子的类型(甲基、亚甲基、芳基、羟基等)以及质子的化学环境和磁环境，从积分制可以确定每种基团中质子的相对数目，从偶合裂分情况可判断质子与质子之间的关系。本实验以有机纯物质为样品，测定化合物的氢谱，学习结构解析的方法和规律。

三、仪器及试剂

1. 仪器

核磁共振波谱仪；核磁共振样品管(直径 5 mm)。

2. 试剂

已知分子式的系列试样，如 C_3H_8O、C_4H_8O、$C_4H_8O_2$、$C_4H_{10}O$、$C_7H_{12}O$、C_8H_{10} 等；已知相对分子质量 M_r=72，且只含有碳、氢、氧 3 种元素的系列化合物。

四、实验内容

(1) 启动仪器，使探头处于热平衡状态，波谱仪程序处于待用状态(教师提前完成)。

(2) 锁场并调分辨率。电磁铁仪器以内锁方式观察标准样品中氘信号进行锁场。利用标样中乙醛的 FID 信号或醛基四重峰，仔细调节匀场线圈电流，获得最佳仪器分辨率。超导仪器宜用 $CDCl_3$ 标样以峰形、峰宽为依据获得最佳仪器分辨率。

(3) 设置测量参数及测量。设置的参数包括：① ^{1}H 谱观测频率及其观测偏值；② ^{1}H 谱谱宽为 $(10\sim15)\times10^{-6}$；③观测射频脉冲 45°～90°；④延迟时间 1～2s；⑤累加次数 4～32 次；⑥采样数据点 8000～32 000；⑦脉冲序列类型，无辐照场单脉冲序列。

(4) 试样制备。上述待测试样任选其一(约几十毫克)，用 0.5 mL CCl_4(外锁测量)或 $CDCl_3$ 混溶，滴加少许 TMS，小心移入样品管内，盖上小帽，擦净外壁，套上转子，以量规确定其位置待测量用。

(5) 切换到外锁状态，更换欲测的试样，或直接以内锁方式选择某一已知分子式的试样或选择某一已知相对分子质量的试样，以 20 r/min 的速率旋转测出 ^{1}H NMR 谱。

(6) 作出谱图。利用所选参数，对采集的 FID 信号作以下的加工处理：①数据的窗口处理；②作快速傅里叶变换(FIT)获得频谱图；③作相应的调整；④调整标准参考峰位(如 TMS 为 0，$CDCl_3$ 残余氢为 7.27)，显示并记录谱峰化学位移 i；⑤对谱峰作积分处理，记录积分相对值；⑥合理布局谱图与积分曲线的大小与范围等，绘出谱图。

五、数据处理

按表 20-1 记录实验数据并作处理。

表 20-1　实验数据记录表

峰序号	δ	δ/Hz	J	J/Hz	峰积分高度/cm	相对数
1						
2						
3						
4						

六、注意事项

(1) 严格按操作规程进行，实验中不用的旋钮不得乱动。

(2) 严禁将磁性物体(工具、手表、钥匙等)带到强磁体附近，尤其是探头区。

(3) 样品管的插入与取出务必小心谨慎，切忌折断或碰碎在探头中造成事故。样品管壁应先擦干净，用量规限定转子的高度，用以保证试样在磁体发射线圈中心位置。

七、思考和讨论

(1) 利用脉冲傅里叶方式是如何获得 NMR 频谱的？

(2) NMR 波谱法与红外、紫外光谱法相比较有何重要差异？为什么？

(3) NMR 波谱仪有哪些主要部件？各自功能及它们之间的相互关系如何？

实验 34　^{1}H NMR 谱定量测定波兰伏特加酒中的乙醇含量

一、实验目的

(1) 了解 NMR 波谱仪基本原理与构造。

(2) 初步掌握获得 NMR 谱图的一般操作与技术。

(3) 了解 NMR 波谱仪的定量分析方法。

二、实验原理

在 ^{1}H NMR 谱中，只要避免信号饱和，则信号面积通常正比于对此信号有贡献的核的数目。因此，在化学上用 ^{1}H NMR 谱的积分作定量测定的计算是可能的。

三、仪器及试剂

1. 仪器

核磁共振波谱仪；核磁共振样品管(直径 5 mm)。

2. 试剂

全氘代丙酮；高度白酒样品。

四、实验内容

(1)启动仪器，使探头处于热平衡状态，波谱仪程序处于待用状态(教师提前完成)。

(2)仪器条件设定：脉冲时序图和相循环，参数设定：

td: 32k　　　　d1:5 s

sw: 10 ppm　　　　ns:16

o1: 在 ^{1}H NMR 谱的中央

p1: 45°^{1}H 发射器脉冲

(3)数据采集所需时间为 5 min。

(4)试样准备：含几滴无水全氘代[D6]丙酮的 0.7 mL 波兰伏特加酒或其他品牌的白酒。

用大数据组(数字分辨率为 10 点/Hz)记录标准 ^{1}H NMR 谱。谱宽应足够大，以便两头的信号不受波谱仪模拟音频滤波器的影响。要确保信噪比好，至少要 35/1。为了达到充分弛豫，脉冲重复时间必须足够长($5T_1$，其中 T_1 是最长的自旋-晶格弛豫时间)。建议用不同的设定参数重复实验，并计算结果的平均值。所得 ^{1}H NMR 图谱见图 20-3。

五、数据处理

用附加的零填充至数据为 4k，应用标准一维数据处理过程进行处理。在傅里叶变换之前，对 FID 作基线校正。精确调节谱图的相位并完成基线校正，然后对信号进行积分。需确保积分区间间隔足够远，这样才能给出完整的积分。调节各个积分的斜率和水平偏度，这对宽信号的积分特别重要。在所述情况下，共有 3 个信号(H_2O+OH，乙醇的 CH_2 和 CH_3)。

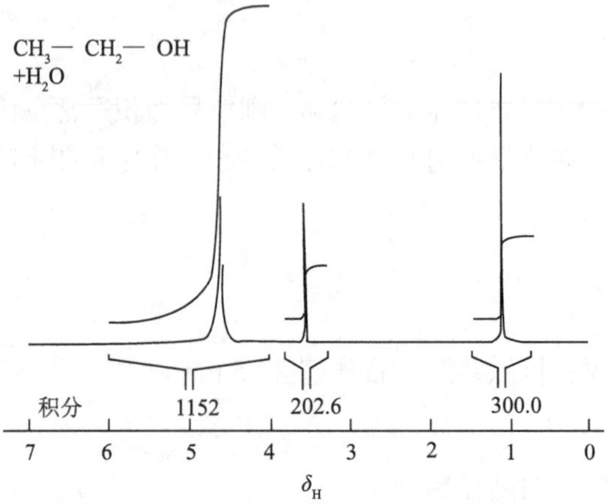

图 20-3　白酒样品的 ^{1}H NMR 谱

注：NMR 信号的积分是共振核数的相对度量。若一个组分的浓度比另一个组分的浓度低得多，则定量测定这个次要组分的百分误差可能会很高。为进行定量测定，有的文献中提出了去卷积和曲线拟合方法，这两种方法尤其适用于峰没有完全分开的情况。从市场上买到的软件包中常含有曲线拟合程序。

水与乙醇的质量比由式(20-2)计算：

$$\frac{G_a}{G_b}=\frac{F_a}{F_b}\times\frac{N_b}{N_a}\times\frac{M_a}{M_b} \tag{20-2}$$

式中，G_a、G_b 分别为组分 a 和 b(本实验中分别指水和乙醇)的质量分数；F_a、F_b 分别为 H_2O 和 CH_2 信号的面积；N_a、N_b 分别为产生该信号的核的数目，本实验中都是 2；M_a、M_b 分别为两个组分的相对分子质量，分别为 18 和 46。由所测信号的积分(1152，202.6)可计算水和乙醇的质量比。例如，计算值为 2.029/1，即酒样品中含有质量分数为 33.0%的乙醇，或者考虑到乙醇-水混合物的真实密度，酒中含有体积分数为 39.6%的乙醇。与标签上的乙醇含量比较结果的误差。因为 OH 信号包含水和乙醇中的 OH 质子，所以在计算水和乙醇的质量比(或体积比)前，必须从水的积分值中减去对应于一个质子的强度。

六、思考和讨论

(1)用 NMR 如何进行白酒中乙醇和水的定量分析？

(2)本法是否可用于红酒的测定？

实验 35　缔合常数 K_a 的测定

一、实验目的

(1) 了解 NMR 波谱仪基本原理与构造。

(2) 初步掌握获得 NMR 图谱的一般操作与技术。

(3) 了解 NMR 波谱仪测定缔合常数的方法。

二、实验原理

分子识别是近来生物有机化学和生物物理化学研究的扩展领域。“主体-客体化学”是重要的研究内容之一。缔合常数 K_a 的定义为

$$K_a = \frac{[HG]}{[H][G]} \tag{20-3}$$

式中，[HG]为主体-客体配合物的浓度；[H]和[G]分别为主体和客体的平衡浓度。只要预先控制测量条件，缔合常数 K_a 就可由 NMR 进行测定。当反应在 NMR 时标快速进行时，所观测到的化学位移 δ_{obs} 可由式(20-4)表示：

$$\delta_{obs} = x_G\delta_G + x_{HG}\delta_{HG} \tag{20-4}$$

式中，x_G 和 x_{HG} 分别为游离物种和配合物物种的摩尔分数。在配合物为 1∶1 型的情况下，式(20-5)和式(20-6)成立。

$$[G] + [HG] = [G_0] \tag{20-5}$$

$$[H] + [HG] = [H_0] \tag{20-6}$$

在式(20-5)和式(20-6)中，只有初始浓度 $[H_0]$ 和 $[G_0]$ 已知，因此必须通过测量化学位移对浓度的依赖关系，作计算机迭代模拟或用图解估算来得到其他浓度。本实验以环糊精和 4-叔丁基吡啶形成主客体配合物作为例子，学习具有中等 K_a 值(在 10^3 L/mol 范围)体系的详细测定步骤。

三、仪器及试剂

1. 仪器

核磁共振波谱仪；核磁共振样品管(直径 5 mm)。

2. 试剂

β-环糊精水合物(CD)和 4-叔丁基吡啶(TBP)。

缓冲溶剂储备液：溶解 142 mg(1 mmol) Na_2HPO_4，制备 50 mmol/L 磷酸盐缓冲 D_2O 溶剂储备液 20 mL。加入 1～3 滴浓 H_3PO_4，用数字酸度计作指示调至 pH 为 7.0。注意：为避免 pH 对化学位移的影响，必须用缓冲溶液。

10 mmol/L CD 储备液：用分析天平称取 113.5 mg(0.1 mmol) CD，用分析容量瓶溶解于 10 mL 述缓冲 D_2O 溶液中。

10 mmol/L TBP 储备液：将 7.39 μL（6.76 mg，0.05 mmol）TBP 注入含有 5 mL 上述缓冲 D_2O 溶液的分析容量瓶中。CD 和 TBP 储备液的浓度应尽可能相等，这可以取等量溶液，由 NMR 通过比较积分值来检验。

四、实验内容

(1) 启动仪器，使探头处于热平衡状态，波谱仪程序处于待用状态(教师提前完成)。

(2) 仪器方法设定：脉冲时序图和相循环。

(3) 数据采集所需时间：1.5 h。

试样：主体为 CD，客体为 TBP。

参考体系：因为不同的客体和主体浓度可能会影响参考信号，所以需制备一根加入丙酮的密封测熔点毛细管，将它插入 NMR 试样管中。现代的数字仪器假设在不同试样中锁信号不会移动，因此可以不用波谱仪参考信号值。

试样的制备：根据表 20-2 制备 9 根 NMR 试样管。运用连续变化原理([H]+[G]= 常数) 按表 20-2 配制溶液。

表 20-2　溶液配制方法

试样	V_{CD}/μL	V_{TBP}/μL	x_{CD}
1	0	600	0
2	75	525	0.125
3	150	450	0.25
4	225	375	0.375
5	300	300	0.5
6	375	225	0.625
7	450	150	0.75
8	525	75	0.875
9	600	0	1

全部测量后，检查是否满足 pH 恒定的条件。

装入标准的 ^{1}H NMR 采样参数，设定并控制温度为 298 K，使每一个试样平衡 10 min。设置谱宽为 10 ppm，采用 d1=2 s、30° 激发脉冲和 8 次扫描。

五、数据处理

本实验数据处理较为复杂。图 20-4 是环糊精配合物的 ^{1}H NMR 谱。应用 ^{1}H NMR 谱的标准一维数据处理过程进行处理。

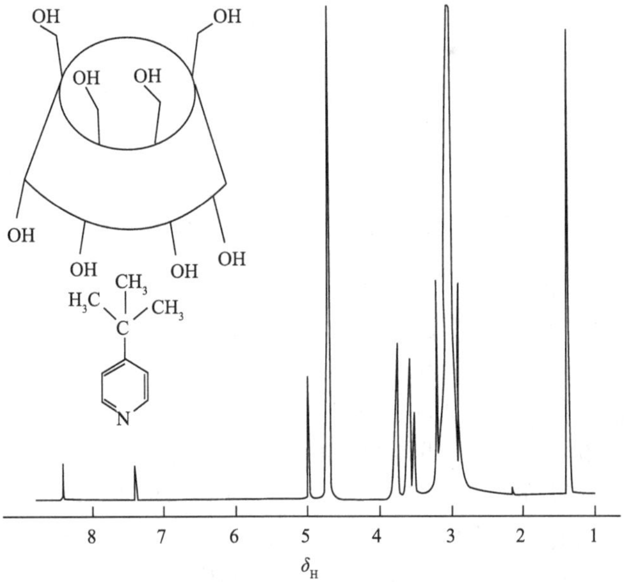

图 20-4　β-CD 和 4-TBP 配合物的 ^{1}H NMR 谱

(1) 根据由表 20-2 中 5 号试样得到的谱图进行数据处理。注意：由于磁化率的差异，外标丙酮的巨大信号不在通常的化学位移位置上。为了评价这一系列谱，可以用叔丁基吡啶的信号，也可以用 β-CD 的 H_3 和 H_5 信号。

(2) 计算缔合常数，按下述方法进行。

进行缔合常数计算前，必须检验化学计量关系，图 20-5 给出了数据处理的方法。图 20-5(a) 是叔丁基客体的摩尔分数 x_G 和它与纯客体的化学位移之差 $\Delta\delta_G$ 的乘积 $(x_G \cdot \Delta\delta_G)$ 对 x_G 所作的图。对称曲线在 $x_G=0.5$ 处具有极大值，表明该配合物为 1∶1 型。

图 20-5(b) 是观测到的化学位移[图 (b) 所示的是连接叔丁基的吡啶基质子]与客体浓度的关系。这条 S 形曲线可用计算机程序拟合，以求得未知的[HG]和 δ_{HG}。根据这些数据可计算缔合常数 K_a=3826 L/mol。

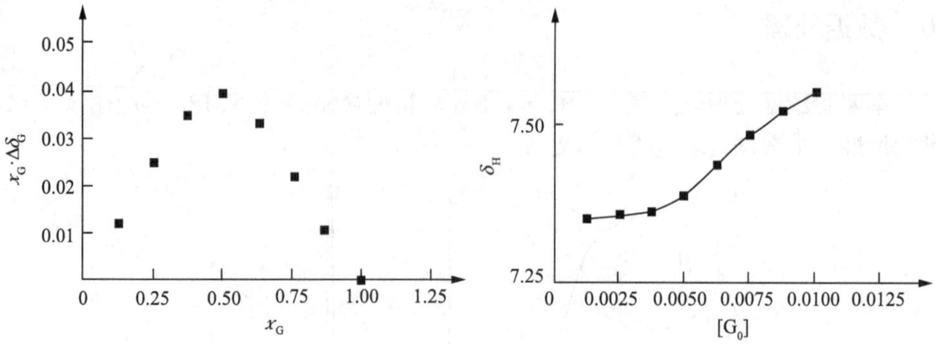

(a)　　(b)

图 20-5　化学位移和化合物的量之间的关系

注意：除计算机拟合迭代法外，还有许多其他图解方法可用于确定 K_a。不过，所有这些方法都要求作某些假设或忽略一些近似，因此必须在客体和主体分子的限定浓度范围内使用。若 K_a 很小(< 10 L/mol)或很大(> 10^5 L/mol)，测量计算会更加复杂，在这些情况下必须采用不同的方法。缔合常数也可通过扩散测量来确定。

从 NMR 的角度来看，最重要的是正确选择具有足够大化学位移之差的体系，控制温度、pH 和正确的外标参考。采取更多的实验点可能会增加 K_a 值的可信度。

用于拟合数据的方程为 $Y=(1-B/X)\delta_G+(B/X)\delta_{HG}$，其中 $B=F-(F^2-XT+X^2)^{0.5}$，$F=0.5(T+1/K_a)$。式中，X 和 Y 分别为每个试样的化学位移观测值和 G_0 浓度；δ_G 为表 20-2 中 1 号试样管中纯客体的化学位移；T 为总浓度。

六、思考和讨论

(1)用 NMR 进行缔合常数的测定要注意什么问题？

(2)常用的测定缔合常数的方法有哪些？

第21章　红外光谱法

红外光谱法又称红外分光光度分析法，简称IR，是分子吸收光谱的一种。红外光谱是由于分子吸收了红外光的能量之后发生振动能级和转动能级的跃迁而产生的一种吸收光谱。红外光谱是指 λ=1～2.5 μm（相当于 ν = 625～4000 cm^{-1}），这种光只能对应分子振动能级和转动能级的跃迁。

利用物质对红外光区电磁辐射的选择性吸收来进行结构分析及对各种吸收红外光的化合物的定性和定量分析的一种方法。被测物质的分子在红外线照射下，只吸收与其分子振动、转动频率相一致的红外光谱。对红外光谱进行剖析，可对物质进行定性分析。化合物分子中存在着许多原子团，各原子团被激发后，都会产生特征振动，其振动频率也必然反映在红外吸收光谱上。据此可鉴定化合物中各种原子团，也可进行定量分析。

21.1　红外光谱的特征参数

1. 红外光谱的表示方法及特征

用不同 λ、v 或 ν 的红外光照射样品，依次测定透光率 T(%)，有时也用吸光度 A(%)，然后以 T 作纵坐标，以 λ 或 ν 作横坐标，作图，即得一张IR谱图。由于吸收强度通常是用 T 来表示，因此吸收越强，曲线越向下，IR谱图上的“谷”实际上是“吸收峰”，又称吸收带。纵坐标表示分子对某波长的红外光吸收的强度，横坐标指出了吸收峰出现的位置。在IR谱图中，吸收峰一般不按其绝对吸光强度表示，而是粗略地分为强(s)、弱(w)、中强(m)；并按形状分为尖(sh)、宽(b)等。上述属性均是分子振动能级跃迁而引起的，而且均与分子的构造有严格的因果关系。

2. 多原子分子的简正振动与吸收带的位置、形状、相对强度的关系

分子处在不断的振动之中，其振动方式可以分为两大类：

(1) 伸缩振动。键长改变而键角不变。这种振动与机械振动很相似。几种伸缩振动还可以偶合而成新的振动。新的伸缩振动分为对称伸缩振动和不对称伸缩振动。

(2) 弯曲（变角）振动。键角变化，而键长不变；也可有偶合。变角振动包括面内振动和面外振动。面内振动有剪式和摇摆式，面外振动有扭曲式和摇摆式。

对于双原子分子，如H—Cl，只有一种伸缩振动；有机分子都是多原子分子，所以振动方式就很多。可以证明，对于非线性分子，有 $(3n-6)$ 种振动；线性分子则

有(3*n*−5)种振动(*n* 为分子中的原子数)，如 CH_4 就有 3×5−6=9 种振动。

3. 红外光谱吸收与强度

1)分子吸收红外光的条件

分子吸收红外光必须满足以下两个条件：

(1)分子振动过程中，只有偶极矩发生变化的振动方式才能吸收红外光，从而在红外光谱中出现吸收带。这种振动方式称为红外活性。反之，振动过程中偶极矩不发生变化的振动方式是红外非活性的，虽然红外辐射引起分子振动，但不能吸收红外光。

(2)振动光谱的跃迁规律是$\Delta\nu = \pm 1$，±2，…。

2)红外吸收带强度

吸收强度取决于跃迁概率。

$$\text{概率}=\left(\frac{4\pi^2}{h^2}\right)\left|\mu_0\right|^2 E_0^2 t$$

式中，E_0为红外光的电场矢量；μ_0为跃迁偶极矩。不同分子的永久偶极表明振动时偶极矩变化的大小。上式表明，谱带强度取决于振动时偶极矩变化的大小。分子振动时偶极矩变化越大，吸收强度越大。一般极性较强的分子或基团吸收强度比较强，极性比较弱的分子或基团吸收强度比较弱。如果振动偶合为 0，即并不引起偶极矩变化，则不能产生红外吸收。但是，即使极性很强的基团，其红外吸收谱带强度比电子跃迁产生的紫外-可见吸收带的强度小 2～3 个数量级。

3)基本频率

分子的每一种振动，与机械振动的振动一样，都有一个固有的振动频率，称为基本频率，以 ν_0 表示。

$$\nu_0 = \frac{1}{2}\sqrt{\frac{f}{\dfrac{m_A m_B}{m_A + m_B}}}$$

式中，*f* 为连接两个原子的化学键的强度，称为键力常数；m_A、m_B 为连接两个原子的质量，$\dfrac{m_A m_B}{m_A + m_B}$ 为折合质量。

4. 特征频率(区)

特征频率主要出现在 IR 谱图中波数在 1400～4000 cm^{-1} 的区域，所以该区域称为化学键和基团的特征频率区。在这个区域内出现的吸收带，其峰位置的计算结果和实验结果非常接近，说明该区域的吸收带一般情况下不受分子其他部分结构的环境影响。例如，Y—H(Y=C、N、O)的吸收带位置比较稳定，均在 3300 cm^{-1} 左右，出现在特征区的最左端；2500～1600 cm^{-1} 为不饱和区(Y≡Z、Y═Z)，特征频率的稳定性差些；1400～1600 cm^{-1}，主要为—CH_2—、>C—H 和 OH 的变角振动频率以及 C—Y（Y=C、N、O、X）伸缩振动频率，特征频率的稳定性更差。这表明，特征频率还会受其他结构因素（如共轭、临近基团存在、角张力、范德华力、氢键等）影响。

5. 指纹区

1400 cm^{-1} 以下（650～1400 cm^{-1}）的区域内，出现的吸收峰较多，而且基团在这个区域内的吸收峰很容易受分子中其他部分的影响而改变，犹如人的指纹一样，因此称为指纹区。称为指纹区的更重要的原因是每个分子在此区域的吸收带都是特征的，没有任何两个分子是相同的，就像人的指纹一样，没有两个人的指纹完全相同。换言之，不同化合物在此区域的吸收峰差异较大，这个区域的吸收峰能够反映分子细微结构的不同，所以利用指纹区的光谱来核对两个化合物是否相同很有用处。

总之，红外光谱的吸收带与分子振动能级的跃迁相对应，分子的振动频率不仅与振动键的强度（力常数）和振动原子的质量有关，而且与整个分子其他部位的影响大小有关。

6. 影响基团频率的因素

1）内部因素

（1）诱导效应（键力常数）。

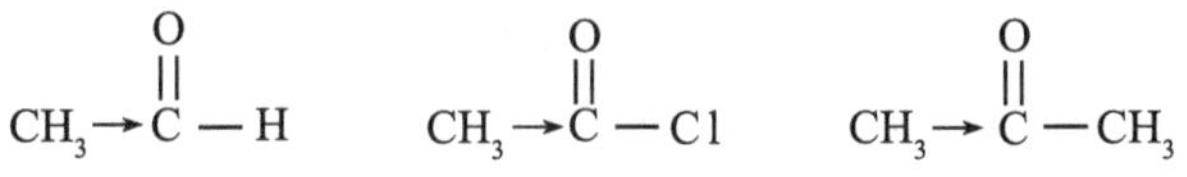

1731 cm^{-1}　　1807 cm^{-1}　　1715 cm^{-1}

（2）共轭效应。

1680 cm^{-1}　　1630 cm^{-1}

（3）环张力效应。环张力增加使环外双键的伸缩振动频率升高，环内双键的伸缩振动频率降低。

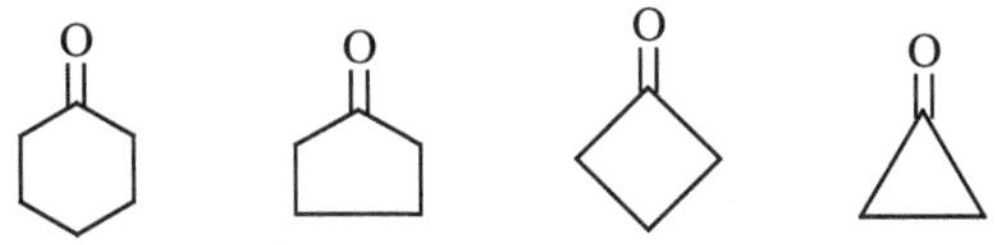

1715 cm^{-1}　　1745 cm^{-1}　　1780 cm^{-1}　　1850 cm^{-1}

 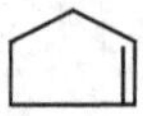 

1639 cm^{-1}　1623 cm^{-1}　1566 cm^{-1}

(4)空间位阻效应。当共轭体系的共平面性被偏离或被破坏时，共轭体系已受到影响或破坏，吸收频率移向高波数。

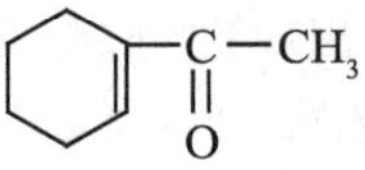

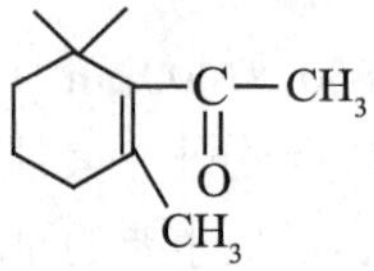

1663 cm^{-1}　1683 cm^{-1}

(5)偶极场效应。例如：

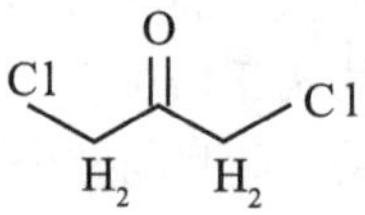

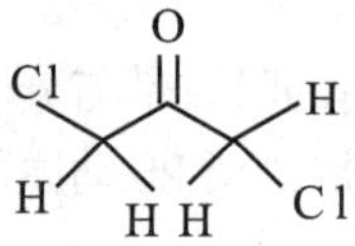

1775 cm^{-1}　1742 cm^{-1}

(6)氢键效应。

(7)质量效应。

2)外部因素

外部因素指测定时物质的状态、溶剂效应等因素。

(1)物态效应：气态尖锐，液态变宽。

(2)溶剂效应。

21.2　红外光谱仪的类型和组成

红外光谱仪(红外分光光度计)的发展大体可分为三代。第一代是以棱镜作为分光元件，分辨率较低，操作环境要求恒温恒湿。第二代以衍射光栅作为分光元件，分辨率提高，能量较高。第一代和第二代红外光谱仪都是色散型红外光谱仪，随着计算机技术的发展，20 世纪 70 年代开始出现第三代干涉型红外光谱仪，即傅里叶变换红外光谱仪(FTIR)，它具有高光通量、低噪声、测量速度快、分辨率高、波数准确、光谱范围宽等特点。

1. 色散型红外光谱仪

色散型红外光谱仪的型号很多，其结构原理大致相同，光学系统基本一致。基本上是由光源、样品池、检测器、放大器和记录仪等五部分组成，见图 21-1。

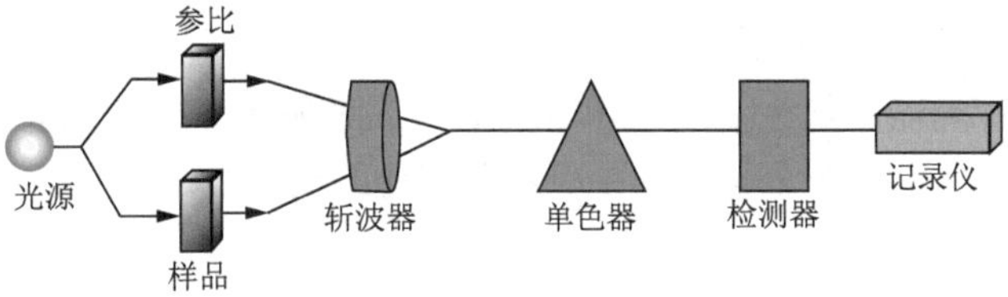

图 21-1　色散型红外光谱仪组成示意图

工作过程：

由光源产生的光分为两路，一路通过样品槽；另一路通过参比槽。通过参比槽的光经光梳与通过样品的光汇合于切光器上，切光器控制使参比光束和样品光束交替进入单色器。经过棱镜（或光栅）色散后，两束光交替地照射到检测器上。如果样品光路与参比光路情况相同，则检测器将不产生信号，如果在样品光路中放置了样品，由于样品的吸收，破坏了两束光的平衡，检测器就有信号产生，该信号被放大后用来驱动梳状光阑，使之对参比光路进行遮挡，直到参比光路和样品光路的辐射强度相等，这就是“光零位平衡”的原理。梳状光阑和光谱记录器由同一个驱动装置驱动，当光阑移动时，记录仪同时进行绘图，随着入射波数的改变，样品的吸收情况也发生改变，记录仪以频率为横坐标，吸收强度为纵坐标，绘制成红外光谱图。由于光学零位平衡法排除了来自光源和检测器的误差以及大气吸收的干扰，保证了红外光谱仪的精度。

2. 傅里叶变换红外光谱仪

傅里叶变换红外光谱仪（FTIR）主要由光源、迈克耳孙干涉仪、检测器和计算机组成，见图 21-2。

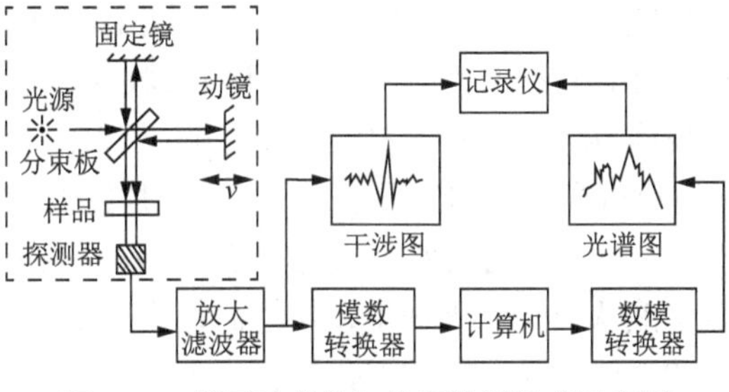

图 21-2　傅里叶变换红外光谱仪组成示意图

FTIR 光谱仪具有以下特点：

(1) 光学部件简单，只有一个动镜在实验中运动，不易磨损。

(2) 测量范围宽，其波数范围可达到 6～45 000 cm^{-1}。

(3) 精度高，光通量大，所有频率同时测量，检测灵敏度高。

(4) 扫描速率快，可作快速反应动力学研究，并可与气相色谱、液相色谱联用。

(5) 杂散光不影响检测。

(6) 对温度、湿度要求不高。

随着红外探测器、氦-氖激光器和小型计算机的发展，FTIR 目前已经取代了色散型红外光谱仪，并成为分析化学中应用最广泛的仪器之一。

21.3 TENSOR Series 傅里叶变换红外光谱仪使用方法

21.3.1 仪器性能

仪器采用 RockSolidTM (专利) 干涉仪，全部使用金反射镜，反射率比铝镜高 5%以上。仪器的分辨率优于 0.25 cm^{-1}，且连续可调；信噪比优于 50 000:1 (峰-峰值，1 min 测试)。测量光谱范围在 350～8000 cm^{-1} (基本) 和 20～15 500 cm^{-1} (可选)，精度为 0.005 cm^{-1} (波数精度)。测量速度最高可达 40 张光谱/s (需配套相应检测器)。

仪器具有四个外接扩展口，可连接 GC、TG、VCD、PM-IRRAS、显微镜、积分球、望远镜、在线探头、自动进样器等多种设备。

21.3.2 操作程序

1. 样品制备

试样应该是单一组成的纯物质，试样中不应含有游离水，水本身有红外吸收，会严重干扰样品谱图，而且还会侵蚀吸收池的盐窗。固体样品一般用溴化钾压片法测定，样品含水量不能太高，注意压片之前应将溴化钾和样品在红外灯下干燥，并将压片模具、研钵和不锈钢药匙等洗净，用无水乙醇擦拭干净并干燥。因为溴化钾极易吸潮，常在 3400 cm^{-1} 及 1640 cm^{-1} 附近出现水的干扰吸收峰。通常将 1～2 mg 固体试样与 200 mg 纯溴化钾研细混合，研磨至粒径小于 2 μm 粉末，放入压模中，用上盖向下顺时针用力旋转，直至试样厚度均匀平整，再放到压片机上压制成均匀透明薄片，用于测定。对于有些在空气中研磨会发生氧化、分解的样品可用糊状法制样，即将固体粉末分散或悬浮于液状石蜡等糊剂中，再将糊状物夹于两片溴化钾等盐片间进行测定。对沸点较高的液体样品可在纯溴化钾压片上滴 1 滴液体样品，放在支架上即可直接测定其红外谱图。或将样品直接滴在液体池的两块盐片之间，并在两块盐片之间垫入不同厚度的垫片，形成不同厚度液膜，再用专用夹具将两块盐片夹住便可进行测量。对低沸点液体样品可用固定密封的液体池来测定，先将液体吸收池倾斜放置，样品从下口注入，直至液体被充满为止，用聚四氟乙烯塞子依次堵塞液体池的入口和出口，然后进行测试。气态样品可以直接导入已抽成真空的气体池内进行测定。高聚物样品可用薄膜法制样。对熔点低，在熔融时不发生分解、升华及其他变化的样品，可用熔融法制备，即将该类样品直接用红外灯或电吹风加热熔融后涂制成膜。对于某些相对分子质量大的聚合物可用具有抛光面的模具在热压机上压制成膜，冷却后揭下薄膜即可直接放在夹具中进行测试。对某些能溶于易挥发溶剂的高聚物试样，可将试样溶解在溶剂中，涂抹在盐片上，待溶剂挥发后即可成膜，进行测定。对不溶、难熔又难粉碎的固体样品可以用机械切片来测定。

2. 测量光谱

(1) 启动计算机，启动 OPUS 软件，用注册的用户名和密码登录。

(2) 进入 OPUS 窗口后，首先设置光谱仪的部件，打开下拉菜单“Measure”，选择“Optic Setup and Service”对话框，设置仪器参数。

(3) 设置测量参数，打开下拉菜单“Measure”，选择“Measurement”对话框，设置“Optic”(光学)参数、“Acquisition”(采样)模式，以及改变傅里叶变换参数。

(4) 首次使用光谱仪需储存干涉峰的位置，以后除非更换仪器硬件，一般不需要反复储存。

(5) 高级设置，打开下拉菜单“Measure”，选择“Advanced”对话框，在此设置扫描次数以及保存的路径等。

(6) 测量背景，进入“Optic”页面，首先检查光圈的设定，然后进入“Basic”页面，点击“Collect Background”按钮，即可采集背景谱。

(7) 测量样品，采集背景光谱后，将测试样品放置在光路中，点击“Collect Sample”，测试对话框消失，并进入谱图窗口。测试结束后，谱图会显示在谱图窗口。

(8) 选择“File”菜单里的“Save File As”，保存谱图。

21.3.3　仪器使用及保养的注意事项

(1) 测定时实验室的温度应为 15～30 ℃，相对湿度应在 65%以下，所用电源应配备有稳压装置和接地线。因要严格控制室内的相对湿度，因此红外实验室的面积不要太大，能放得下必需的仪器设备即可，但室内一定要有除湿装置。

(2) 为防止仪器受潮而影响使用寿命，红外实验室应经常保持干燥，即使仪器不用，也应每周开机至少两次，每次半天，同时开除湿机除湿。特别是梅雨季节，最好是能每天开除湿机。

(3) 如所用的是单光束型傅里叶变换红外光谱仪(目前应用最多)，实验室里的 CO_2 含量不能太高，因此实验室里的人数应尽量少，无关人员最好不要进入，还要注意适当通风换气。

(4) 红外光谱测定最常用的试样制备方法是溴化钾(KBr)压片法(药典收载品种 90%以上用此法)，因此为减少对测定的影响，所用 KBr 最好应为光学试剂级，至少也要分析纯级。使用前应适当研细(200 目以下)，并在 120 ℃以上烘 4 h 以上后置干燥器中备用。如发现结块，则应重新干燥。制备好的空 KBr 片应透明，与空气相比，透光率应在 75%以上。

(5) 如供试品为盐酸盐，因考虑在压片过程中可能出现的离子交换现象，标准规定用氯化钾(也同溴化钾一样预处理后使用)代替溴化钾进行压片，但也可比较氯化钾压片和溴化钾压片后测得的光谱，如二者没有区别，则可使用溴化钾进行压片。

(6) 压片时取用的供试品量一般为 1～2 mg，因不可能用天平称量后加入，并且每种样品对红外光的吸收程度不一致，故常凭经验取用。一般要求所得的光谱图中绝大多数吸收峰处于 10%～80%透光率范围内。最强吸收峰的透光率如果太大(如大于 30%)，则说明取样量太少；相反，如果最强吸收峰接近透光率为 0%，且为平头峰，则说明取样量太多，此时均应调整取样量后重新测定。

实验 36　红外光谱法测定有机化合物的结构

一、实验目的

(1) 掌握红外光谱法测定样品的制备方法，以及由红外光谱法鉴别官能团并根据官能团确定未知组分主要结构的方法。

(2) 学习红外光谱仪的使用。

二、实验原理

红外光谱定性分析一般采用两种方法：①用已知标准物对照；②标准谱图查对法。

已知物对照应由标准品和被检物在完全相同的条件下，分别绘出其红外光谱图进行对照，谱图相同，则肯定为同一化合物。

标准谱图查对法是最直接、最可靠的方法。根据待测样品的来源、物理常数、分子式以及谱图中的特征谱带，查对标准图来确定化合物。常用标准谱图集为萨特勒红外标准谱图集。

在用未知物谱图查对标准谱图时，必须注意以下几点：

(1) 比较所用仪器与绘制的标准谱图在分辨率与精度上的差别，可能导致某些峰的细微结构的差别。

(2) 未知物的测绘条件一致，否则谱图会出现很大差别。当测定溶液样品时，溶剂的影响大，必须要求一致，以免得出错误结论。若只是浓度不同，只会影响峰的强度，而每个峰之间的相对强度是一致的。

(3) 必须注意引入杂质吸收带的影响，如 KBr 压片可能吸水而引入水的吸收带等。应尽可能避免杂质的引入。

一般谱图的解析大致步骤如下：

(1) 先从特征频率区入手，找出化合物所含主要官能团。

(2) 指纹区分析，进一步找出官能团存在的依据。因为一个基团常有多种振动形式，所以确定该官能团就不能只依靠一个特征吸收，必须找出所有的吸收带。

(3) 对指纹区谱带位置、强度和形状仔细分析，确定化合物可能的结构。

(4) 对照标准谱图，配合其他鉴定手段进一步验证。

三、仪器及试剂

1. 仪器

红外光谱仪；手压式压片机（包括压模等）；玛瑙研钵；可拆式液体池；盐片。

2. 试剂

KBr（A.R.）；无水乙醇（A.R.）；液状石蜡；滑石粉；苯甲酸；对硝基苯甲酸；苯乙酮；苯甲醛等。

四、实验内容

1. 固体样品苯甲酸红外光谱的测定

取已干燥的苯甲酸（或对硝基苯甲酸）1～2 mg，在玛瑙研钵中充分磨细后，再加入 400 mg 干燥的 KBr，继续研磨至完全混匀。颗粒的直径约为 2 μm，取出约 100 mg 混合物装于干净的压模内（均匀铺洒在压模内），于压片机上在 29.4 MPa 压力下压制 1 min，制成透明薄片。将此薄片装于样品架上，置于光谱仪的样品池处。先粗测透光率是否超过 40%，若达到 40%以上，即可进行扫谱。从 4000 cm^{-1} 扫至 650 cm^{-1} 为止。若未达 40%，则重新压片。扫谱结束后，取下样品架，取出薄片，按要求将模具、样品架等擦净收好。

2. 纯液体样品苯乙酮（或苯甲醛）红外光谱的测定

(1) 可拆式液体样品池的准备。戴上指套，将可拆式液体样品池的两盐片从干燥器中取出，在红外灯下用少量滑石粉混入几滴无水乙醇磨光其表面。用软纸擦净后，滴加无水乙醇 1～2 滴，用吸水纸擦洗干净。反复数次，然后将盐片放于红外灯下烘干备用。

(2) 液体样品的测试。在可拆式液体样品池的金属池板上垫上橡胶圈，在孔中央位置放一盐片，然后滴半滴液体试样于盐片上。将另一盐片平压在上面（注意不能有气泡），再将另一金属片盖上，对角方向旋紧螺丝，将盐片夹紧在其中。将此液体池置于红外光谱仪的样品池处，进行扫谱。

(3) 扫谱结束后，取下样品池，松开螺丝，套上指套，小心取出盐片。先用软纸擦净液体，滴上无水乙醇，洗去样品（千万不能用水洗），然后于红外灯下用滑石粉及无水乙醇进行抛光处理，最后用无水乙醇将表面洗干净、擦干、烘干。将两块盐片收入干燥器中保存。

五、数据处理

将扫谱得到的谱图与已知标准谱图进行对照比较，并找出主要吸收峰的归属。

六、注意事项

(1) 固体样品经研磨(在红外灯下)后仍应随时注意防止吸水,否则压出的片子易沾在模具上。

(2) 可拆式液体池的盐片应保持干燥透明,每次测定前后均应反复用无水乙醇及滑石粉抛光(在红外灯下)，但切勿用水洗。

七、思考和讨论

(1) 红外光谱仪与紫外-可见分光光度计在光路设计上有什么不同？为什么？

(2) 为什么红外光谱法要采取特殊的制样方法？

(3) 液体样品若为溶液样品，摄取红外光谱图时应注意什么问题？

实验 37　醛和酮的红外光谱

一、实验目的

(1) 选择醛和酮的羰基吸收频率进行比较，说明取代效应和共轭效应，指出各个醛、酮的主要谱带。

(2) 熟悉压片法及可拆式液体样品池的制样技术。

二、实验原理

醛和酮在 1540～1870 cm^{-1} 出现强吸收峰，这是 C═O 的伸缩振动吸收带，其位置相对较固定且强度大,很容易识别。而 C═O 的伸缩振动受到样品的状态、相邻取代基团、共轭效应、氢键、环张力等因素的影响，其吸收带实际位置有所差别。

脂肪醛在 1720～1740 cm^{-1} 有吸收。α-碳上的电负性取代基会增加 C═O 谱带吸收频率。例如，乙醛在 1730 cm^{-1} 处吸收，而三氯乙醛在 1768 cm^{-1} 处吸收。双键与羰基产生共轭效应，会降低 C═O 的吸收频率。芳香醛在低频处吸收。分子内氢键也使吸收向低频方向移动。

酮的羰基比相应醛的羰基在稍低的频率处吸收。饱和脂肪酮在 1715 cm^{-1} 左右有吸收。同样，双键的共轭会造成吸收向低频移动。酮与溶剂之间的氢键也将降低羰基的吸收频率。

三、仪器及试剂

1. 仪器

红外光谱仪；压片机；压模；样品架；可拆式液体池；盐片；红外灯；玛瑙研钵。

2. 试剂

苯甲醛；肉桂醛；正丁醛；二苯甲酮；环己酮；苯乙酮；滑石粉；无水乙醇；KBr。

四、实验内容

(1) 用可拆式液体池将苯甲醛、肉桂醛、正丁醛、环己酮、苯乙酮等分别制成 0.015～0.025 mm 厚的液膜，测定红外光谱。

(2) 二苯甲酮为固体，可按压片法制成 KBr 片剂测其红外光谱。

五、数据处理

(1) 由红外光谱图确定各化合物的羰基吸收频率，根据各化合物的光谱写出它们的结构式。

(2) 根据苯甲醛的光谱图，指出在 3000 cm^{-1} 左右及 675～750 cm^{-1} 的主要谱带。

(3) 根据环己酮光谱图，指出在 2900 cm^{-1} 和 1460 cm^{-1} 附近的主要谱带。

(4) 比较肉桂醛、苯甲醛与正丁醛的烷基频率，论述共轭效应和芳香性对羰基吸收频率的影响。

(5) 论述共轭效应及芳香性对酮羰基频率的影响。

六、注意事项

在实验中注意保护液体池的盐片。

七、思考和讨论

(1) 解释若用氯原子取代烷基，羰基频率会产生位移的原因。

(2) 推测苯乙酮 C═O 伸缩振动的泛频频率。

实验 38　红外光谱的校正——薄膜法聚苯乙烯红外光谱的测定

一、实验目的

(1) 掌握薄膜的制备方法，并用于聚苯乙烯的红外光谱测定。

(2) 利用绘制的谱图进行红外光谱的校正。

二、实验原理

每一张谱图，在光谱仪上图纸的实际安放位置是有变化的。为了完全正确地鉴别峰的位置，需要校正所要分析的谱图。聚苯乙烯红外光谱的已知吸收峰的位置分别在 2850 cm^{-1}、1601.8 cm^{-1}、906 cm^{-1} 处，可用于校正光谱。

此外，薄膜法在高分子化合物的红外光谱分析中被广泛应用。

三、仪器及试剂

1. 仪器

红外光谱仪；红外灯；薄膜夹；平板玻璃；玻璃；铅丝等。

2. 试剂

CCl_4(A.R.)；聚苯乙烯；氯仿(A.R.)。

四、实验内容

(1)配制浓度约 12%的聚苯乙烯四氯化碳溶液，用滴管吸取次溶液于干净的玻璃板上，立即用两端绕有细铅丝的玻璃棒将溶液推平，使其自然干燥(1～2 h)，然后将玻璃棒浸于水中，用镊子小心的揭下薄膜，再用滤纸吸去薄膜上的水，将薄膜置于红外灯下烘干。最后，将薄膜放在薄膜夹上，于光谱仪上测量谱图。

(2)用氯仿作溶剂，同上操作，再扫谱图。

五、数据处理

将两次扫描的谱图与已知标准谱图对照比较，找出主要吸收峰的归属，同时检查 2850 cm^{-1}、1601.8 cm^{-1}、906 cm^{-1} 的吸收峰位置是否正确，了解仪器图纸的位置是否恰当。

六、注意事项

(1)平板玻璃一定要光滑、干净。

(2)扫谱前应调整仪器图纸的实际位置。

七、思考和讨论

(1)聚苯乙烯的红外光谱图与苯乙烯的谱图有什么区别?

(2)为什么红外光谱制备样品薄膜时必须将溶剂和水分除去?

第 22 章　拉曼光谱法

22.1　拉曼光谱的产生原理

当波束为 ν_0 的单色光入射到介质上时，除了被介质吸收、反射和透射外，总会有一部分被散射。按散射光相对于入射光波数的改变情况，可将散射光分为三类：第一类，其波数基本不变或变化小于 10^{-5}cm^{-1}，这类散射称为瑞利散射；第二类，其波数变化大约为 0.1 cm^{-1}，称为布里渊散射；第三类，其波数变化大于 1 cm^{-1} 的散射，称为拉曼散射。从散射光的强度看，瑞利散射最强，拉曼散射最弱。

在经典理论中，拉曼散射可以看作是入射光的电磁波使原子或分子电极化以后所产生的。因为原子和分子都是可以极化的，所以产生瑞利散射。因为极化率又随着分子内部的运动(转动、振动等)而变化，所以产生拉曼散射。

在量子理论中，把拉曼散射看作光量子与分子相碰撞时产生的非弹性碰撞过程。当入射的光量子与分子相碰撞时，可以是弹性碰撞的散射也可以是非弹性碰撞的散射。在弹性碰撞过程中，光量子与分子均没有能量交换，于是它的频率保持恒定，称为瑞利散射，见图 22-1(a)。在非弹性碰撞过程中，光量子与分子有能量交换，光量子转移一部分能量给散射分子，或者从散射分子中吸收一部分能量，从而使它的频率改变，它取自或给予散射分子的能量只能是分子两定态之间的差值 $\Delta E = E_1 - E_2$，当光量子把一部分能量交给分子时，光量子则以较小的频率散射出去，称为频率较低的光(斯托克斯线)，散射分子接收的能量转变成为分子的振动或转动能量，从而处于激发态 E_1，见图 22-1(b)，这时的光量子的频率为 $\nu' = \nu_0 - \Delta\nu$；当分子已经处于振动或转动的激发态 E_1 时，光量子则从散射分子中取得了能量 ΔE (振动或转动能量)，以较大的频率散射，称为频率较高的光(反斯托克斯线)，这时的光量子的频率为 $\nu' = \nu_0 + \Delta\nu$。如果考虑到更多能级上分子的散射，则可产生更多的斯托克斯线和反斯托克斯线。

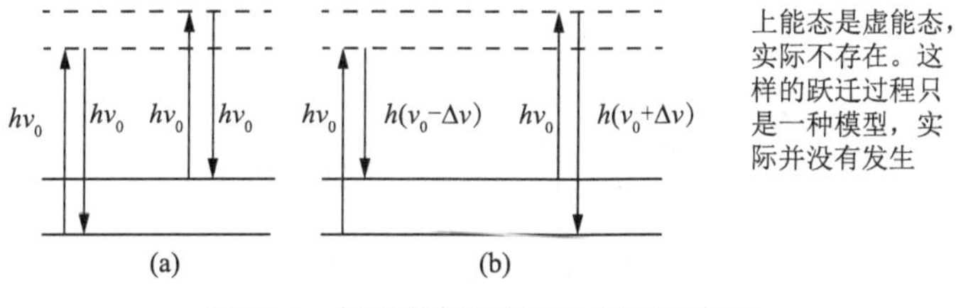

图 22-1　拉曼散射光谱产生原理示意图

最简单的拉曼光谱如图 22-2 所示，在光谱图中有三种线，中央的是瑞利散射线，频率为ν_0，强度最强；低频一侧的是斯托克斯线，与瑞利线的频差为$\Delta\nu$，强度比瑞利线的强度弱很多，约为瑞利线强度的几百万分之一至上万分之一；高频的一侧是反斯托克斯线，与瑞利线的频差也为$\Delta\nu$，和斯托克斯线对称的分布在瑞利线两侧，反斯托克斯线强度比斯托克斯线的强度又要弱很多，因此并不容易观察到反斯托克斯线的出现，但反斯托克斯线的强度随着温度的升高而迅速增大。斯托克斯线和反斯托克斯线通常称为拉曼线，其频率常表示为$\nu_0 \pm \Delta\nu$，$\Delta\nu$称为拉曼频移，这种频移和激发线的频率无关，以任何频率激发这种物质，拉曼线均能伴随出现。因此，从拉曼频移还可以鉴别拉曼散射池所包含的物质。拉曼位移取决于分子振动能级的变化，不同的化学键或基态有不同的振动方式，决定了其能级间的能量变化，与之对应的拉曼位移是特征的。这是拉曼光谱进行分子结构定性分析的理论依据。

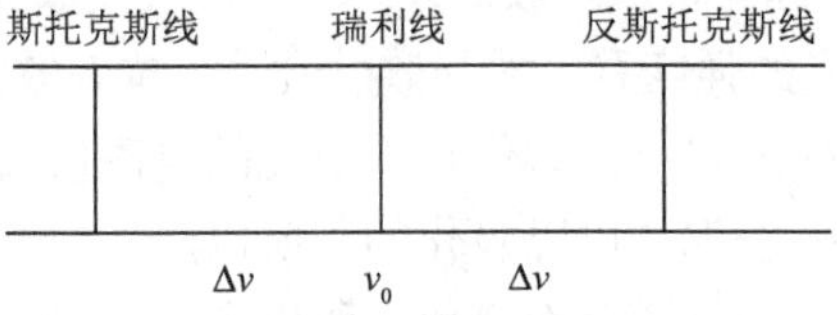

图 22-2　简单的拉曼光谱

22.2　拉曼光谱仪的基本结构

拉曼光谱仪的组成和光路见图 22-3 和图 22-4。

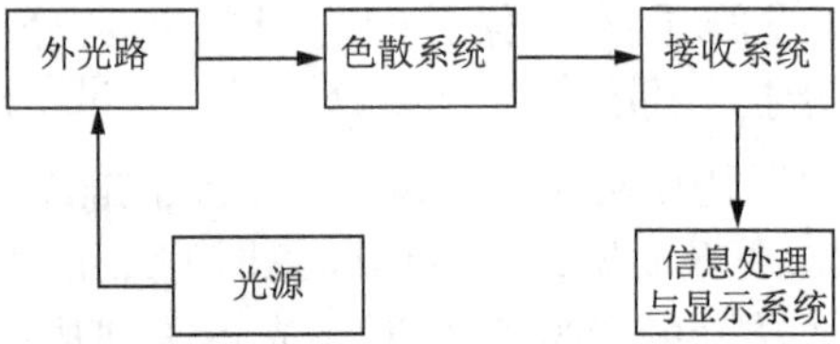

图 22-3　拉曼光谱仪基本结构

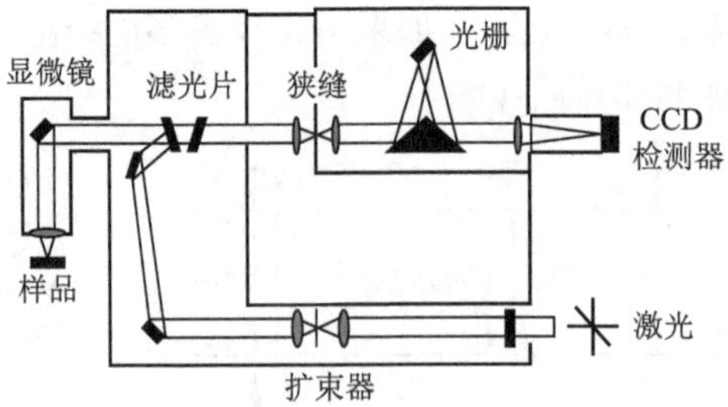

图 22-4　显微激光拉曼光谱仪光路示意图

(1) 光源的功能是提供单色性好、功率大且最好能多波长工作的入射光。目前拉曼光谱实验的光源已全部用激光器代替历史上使用的汞灯。对常规的拉曼光谱实验，常见的气体激光器基本上可以满足实验的需要。在某些拉曼光谱实验中要求入射光的强度稳定，这就要求激光器的输出功率稳定。

(2) 外光路包括聚光、集光、样品架、滤光和偏振等部件。

①聚光：用一块或两块焦距合适的会聚透镜，使样品处于会聚激光束的腰部，以提高样品光的辐照功率，可使样品在单位面积上辐照功率比不用透镜会聚前增强 10^5 倍。

②集光：常用透镜组或反射凹面镜作散射光的收集镜。通常是由相对孔径数值在 1 左右的透镜组成。为了更多地收集散射光，对某些实验样品可在集光镜对面和照明光传播方向上加反射镜。

③样品架：样品架的设计要保证使照明最有效和杂散光最少，尤其要避免入射激光进入光谱仪的入射狭缝。为此，对于透明样品，最佳的样品布置方案是使样品被照明部分呈光谱仪入射狭缝形状的长圆柱体，并使收集光方向垂直于入射光的传播方向。

④滤光：安置滤光部件的主要目的是为了抑制杂散光以提高拉曼散射的信噪比。在样品前面，典型的滤光部件是前置单色器或干涉滤光片，它们可以滤去光源中非激光频率的大部分光能。小孔光阑对滤去激光器产生的等离子线有很好的作用。在样品后面，用合适的干涉滤光片或吸收盒可以滤去不需要的瑞利线的一大部分能量，提高拉曼散射的相对强度。

⑤偏振：作偏振谱测量时，必须在外光路中插入偏振元件。加入偏振旋转器可以改变入射光的偏振方向；在光谱仪入射狭缝前加入检偏器，可以改变进入光谱仪的散射光的偏振；在检偏器后设置偏振扰乱器，可以消除光谱仪的退偏干扰。

(3) 色散系统使拉曼散射光按波长在空间分开，通常使用单色仪。由于拉曼散射强度很弱，因此要求拉曼光谱仪有很好的杂散光水平。各种光学部件的缺陷，尤其是光栅的缺陷，是仪器杂散光的主要来源。当仪器的杂散光背景小于 10^{-4} 时，只能作气体、透明液体和透明晶体的拉曼光谱。

(4) 接收系统。拉曼散射信号的接收类型分单通道和多通道接收两种。光电倍增管接收就是单通道接收。

(5) 信息处理与显示系统。为了提取拉曼散射信息，常用的电子学处理方法是直流放大、选频和光子计数，然后用记录仪或计算机接口软件画出图谱。

22.3　拉曼光谱仪的操作程序与注意事项

inVia 激光拉曼光谱仪的操作基本程序如下：

(1) 打开主机电源、计算机电源，将使用的激光器电源，预热 20 min 以上。

514nm：打开激光器后面的总电源开关→打开激光器上的钥匙。

785nm：直接打开激光器电源开关。

(2)用鼠标双击“WiRE3.0”图标，进入仪器工作软件环境；系统自检画面出现，选择“Reference All Motors”并“OK”。系统将检验所有的电机。从主菜单“Measurement”→“New”→“New Acquisition”，设置实验条件。“Static”(静态取谱)，中心 520 Raman Shift cm^{-1}，“Advanced”→“Pinhole”设为“in”。使用硅片，用 50 倍物镜，1s 曝光时间，100%激光功率取谱。使用“Curve fit”(曲线拟合)命令检查峰位。

(3)将样品放置在载玻片上，盖上盖玻片，置于显微镜的载物台上，调节显微镜载物台的高度使显微镜能够清晰地观察到样品表面(上 2，下 1)。选择“Measurement”→“New”→“Spectral acquisition”，进行实验条件设置，再将白光照明光路切换到激光照明光路(上 1，下 2)，即选择激光照射，选择“Measurement”→“Run”运行实验，等待实验运行，直到窗口中出现红色的光谱曲线，采集光谱结束，保存扫描结果。

(4)用仪器自带软件 WiRE2.0 或 Excel 绘制拉曼光谱。纵坐标是散射强度，可用任何单位表示，横坐标是拉曼位移，通常用相对于瑞利线的位移表示其数值，单位为波数 cm^{-1}。

使用注意事项如下：

(1)样品准确地成像于单色仪入射狭缝是非常重要的。为此一般通过肉眼观察狭缝上散射体的照明像，或监视光电检测信号的强度变化。可以在光谱仪扫描至某一谱线时再微动集光镜的位置，做进一步的检查和必要的修正。

(2)正确地选择单色仪的狭缝宽度，一般情况下，出射与入射狭缝宽度相同。入射狭缝开启宽度要考虑到谱线宽度、信号强度和散射光的信躁比，通常的开启宽度为 100～300 μm。

(3)光电倍增管的电源高压，应选一最佳值，使其增益最大，而噪声最小。

(4)光电指标是互相关联，又互相制约的，应规范优化过程确定最佳值。

(5)作谱图时，特别刚加入样品 1～2 h 内，经常出现不应有的峰，这是由于样品中含有悬浮物引起的散射，当然还可能有大气中尘埃造成的散射。

(6)本仪器可在一般照明条件下收集拉曼散射，但仍应避免强光直接照射，以免光噪声的增强。光电倍增管及其与单色仪出射狭缝接口处发生漏光是直接进入光电管的，应特别引起注意。

(7)尘埃会使光学部件性能变坏，尘埃产生的散射将严重增加光谱仪噪声的背景。因此，拉曼光谱仪应在少尘的室内使用。

(8)拉曼光谱仪是精密的光学系统，因此要注意防震，工作时仪器外光路的门、盖要轻开轻闭。

实验 39　拉曼光谱的测定和分析以及快速检测食用油掺假的研究

一、实验目的

(1)了解拉曼散射的基本原理。

(2)学习使用拉曼光谱仪测量物质的谱线，知道简单的谱线分析方法。

(3)学习使用拉曼光谱仪测定食用油掺假的方法。

二、实验原理

拉曼光谱技术具有测试样品非接触性、非破坏性、检测灵敏度高、时间短、样品所需量小以及样品无需制备等特点，并且在分析过程中不会对样品造成化学的、机械的、光化学和热的分解，因而被广泛应用于食品、医学、药物、文物考古、宝石鉴定和法庭科学等方面。

本实验包括两方面的内容。第一，测量 CCl_4 分子的振动拉曼谱，学习拉曼光谱仪的使用和谱线分析方法；第二，利用傅里叶转换拉曼光谱法对芝麻油的掺假进行鉴别。将花生油、玉米油和大豆油各按质量比在 5%～20%范围内以梯度 2%掺入芝麻油中，使用搅拌器充分混匀。用 785 nm 的半导体激发光源，物镜为 20 倍长焦距镜头，波数范围为 90～3500 cm^{-1}，分辨率为 9 cm^{-1}，扫描 3 次取平均，每次积分时间为 3 s，并且每个掺假油样品测 5 次。

三、仪器及试剂

1. 仪器

显微共焦激光拉曼光谱仪。

2. 试剂

CCl_4；花生油、玉米油、大豆油和芝麻油样品。

四、实验内容

1. 记录 CCl_4 分子的振动拉曼谱

(1)要求完整记录包括瑞利线和斯托克斯线、反斯托克斯线的振动拉曼谱，体验拉曼光谱的基本实验技术和认识拉曼谱的主要特点及其与分子结构的联系。

(2)拉曼光谱仪的外光路调节到使入射激光束铅垂地通过需要放置样品的中心，并且样品最佳地成像于单色仪入射狭缝。

⑶合适地调节信号接收系统的各项参数，使谱图的基线位于记录纸宽度的1/10～1/8处，而最强拉曼线的尖峰位于2/3～3/4处。调节单色仪的扫描速率，使谱线的轮廓对称和宽窄合适。

⑷分别记录单色仪狭缝为125 μm和50 μm(入射和出射狭缝相等)时的谱图。

⑸实验报告要求记录所有实验参数，特别要标明狭缝的几何宽度和波长扫描范围；在谱图上把波长标度换成波数差标度，在各谱线峰尖处标出其波数差值；比较各谱线实测的相对强度，辨认各谱线对应的简谐振动类型。

⑹观察并报告入射光偏振方向改变时，样品照明状况有何不同，并解释其原因。

2 食用油掺假检测

⑴样品准备：将花生油、玉米油和大豆油各按质量比在5%～20%范围内以梯度2%掺入芝麻油中，使用搅拌器充分混匀。

⑵测定：用785 nm的半导体激发光源，物镜为20倍长焦距镜头，波数范围为90～3 500 cm^{-1}，分辨率为9 cm^{-1}，扫描3次取平均，每次积分时间为3 s，并且每个掺假油样品测5次。

⑶建立定量分析模型：在拉曼光谱分析中，为了消除来自高频的随机噪声、基线漂移、散射光干扰等因素带来的误差。在建立定标模型时，常采用不同的光谱预处理方法对光谱进行处理后建模，可以提高模型的可靠性。光谱数据经Savitzky-Golay平滑(7点2次平滑)、多元散射校正(MSC)、一阶导数(1st D)和二阶导数(2nd D)预处理后，采用偏最小二乘法(PLS)建立芝麻油中掺入的大豆油含量的定标模型，并经内部交互验证。在用偏最小二乘法建立模型时，最重要的是确定建模所需要的主因子数，采用的主因子数过多或过少，都会使拟合的精度降低，预测效果变差。本实验要求比较不同预处理方法在PLS建模下的主成分数以及RMSECV的值，并选择主成分相对较小的校正R^2模型作为预测模型，再根据交互验证的R^2和RMSECV值来选择最佳预测模型。

五、数据处理

⑴将测量所得CCl_4的拉曼光谱与标准光谱(图22-5)对照，标明狭缝的几何宽度和波长扫描范围；在谱图上把波长标度换成波数差标度，在各谱线峰尖处标出其波数差值；比较各谱线实测的相对强度，辨认各谱线对应的简谐振动类型。

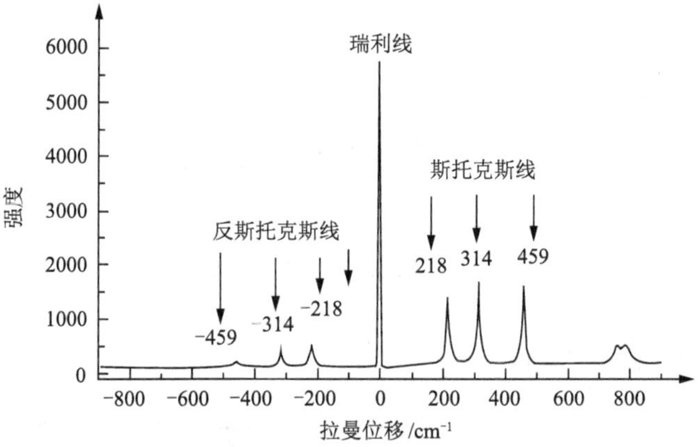

图 22-5 CCl_4 的标准拉曼光谱图

(2)采用优化建立的模型进行掺假芝麻油的分类和鉴别。

第 23 章　电子显微镜

23.1　透射电子显微镜

23.1.1　仪器的基本组成

透射电子显微镜(transmission electron microscope，TEM)，简称透射电镜，是以波长很短的电子束作照明源，用电磁透镜聚焦成像的一种具有高分辨本领、高放大倍数的电子光学仪器(图 23-1)。

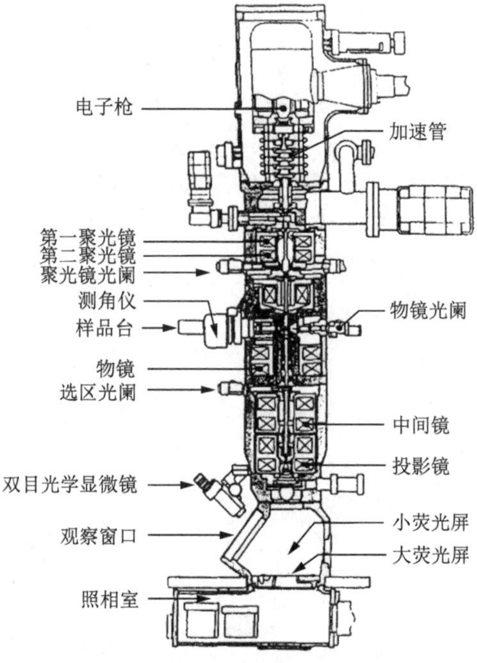

图 23-1　TEM 剖面结构示意图

组成部分及其功能介绍如下。

1. 电子光学系统

又称镜筒，是 TEM 的核心。

(1)照明部分：包括发射并使电子加速的电子枪，会聚电子束的聚光镜，电子束平移、倾斜调节装置，用于提供亮度好、相干性好、束流稳定的照明电子束。

(2)成像部分：包括物镜、中间镜、投影镜、物镜光阑和选区光阑。穿过试样的透射电子束在物镜后焦面上成衍射花样，在物镜像平面上成放大的组织像，并经过中间镜、投影镜的接力放大，获得最终的图像。

(3) 观察记录部分：包括荧光屏和照相机。

试样图像经过透镜多次放大后，在荧光屏上显示出高倍放大的像。

2. 真空系统

电子光学系统的工作过程要求在真空条件下进行，这是因为在充气的条件下会发生以下情况：

(1) 栅极与阳极间的空气分子电离，导致高电位差的两极之间放电，炽热灯丝迅速氧化，无法正常工作。

(2) 电子与空气分子碰撞，影响成像质量。

(3) 试样易于氧化，产生失真。

目前，一般 TEM 的真空度为 10^{-5} Torr (1 Torr = 133.32 Pa) 左右。真空泵组经常由机械泵和扩散泵两级串联成。为了进一步提高真空度，可采用分子泵、离子泵，真空度可达 10^{-8} Torr 或更高。

3. 电源与控制系统

用于提供两部分电源，电子枪加速电子用小电流高压电源，透射激磁用大电流低压电源。

23.1.2　仪器的工作原理

1. 成像原理

TEM 是依照阿贝成像原理工作的，阿贝成像原理见图 23-2。平行入射波受到有周期性特征物体的散射作用在物镜的后焦面上形成衍射谱，各级衍射波通过干涉重新在像平面上形成反映物体的特征的像。

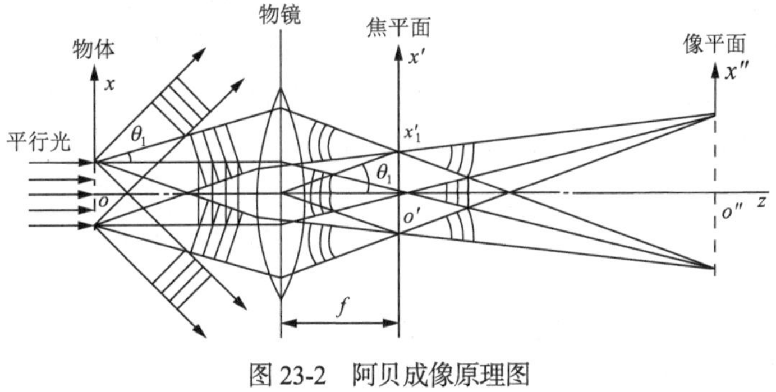

图 23-2　阿贝成像原理图

2. 具体过程

电子枪产生的电子束经 1～2 级聚光镜后均匀照射到试样上的某一待观察微小

区域上，入射电子与试样物质相互作用，由于试样很薄，绝大部分电子穿透试样，其强度分布与所观察试样区的形貌、组织、结构一一对应。

透射出试样的电子经过物镜、中间镜、投影镜的三级磁透镜放大投射在观察图形的荧光屏上，荧光屏把电子强度分布转变为人眼可见的光强分布，于是在荧光屏上显示与试样形貌、组织、结构相对应的图像。

根据阿贝成像原理，穿过试样的透射电子束在物镜像平面成放大的组织像，可以进行形貌分析，透射电子束在物镜后焦面成衍射花样，可以进行物相分析，并经过中间镜、投影镜的接力放大，获得最终的图像。

常见的透射电镜仪器有透射型和高分辨率场发射型。

23.1.3 7650 型透射电子显微镜的操作方法

1. 开机

(1) 打开循环水装置开关至“ON”。

(2) 主机启动：顺时针旋转主机开关钥匙至“EVAC ON”，待机械泵启动后，再将钥匙顺时针转至“COL ON”启动计算机。

(3) 等主机启动后约 30 min，“EVAC”指示灯由闪烁变绿后(说明真空已抽好)，开始进行电镜观察。

2. 电镜观察

1) 装样品

(1) 将样品杆水平向外拉出，碰到第一次阻止时稍向顺时针方向旋转 15°，碰到第二次阻止，接着水平向外拉，直到碰到第三次阻止，再逆时针旋转 45°，碰到第四次阻止时，样品外室控制开关指示灯亮，变红色，按下开关至“OFF”，待指示灯灭后，水平拔出样品杆。

(2) 将样品杆头部样品安装槽上的垫片取下，用尖头镊子夹取一个载有样品的铜网放入安装槽内，装上垫片，然后固定，仔细检查有无松动现象。

(3) 将样品杆水平插入样品室，待样品外室控制开关指示灯亮时，将开关转向“ON”的位置，待指示灯变绿色时，将样品杆沿着上述反方向送入样品室。

2) 加高压

点击计算机屏幕对话框中“HV ON”按钮，加高压至 80 kV。

3) 调光

荧光屏出现亮斑后进行电子束对中调整，并使亮斑均匀发散为止。

(1) 按下“LENS”键，将光路恢复到初始状态。

(2) 转动“BRIGHT”旋钮，将亮斑调小。按下“BH”键，同时配合使用左右两边的万能调节旋钮，将亮斑调至荧光屏中央(使亮斑以荧光屏中央的十字叉“+”为圆心)。

(3) 转动“BRIGHT”旋钮，使亮斑均匀散开。再通过调节聚光镜光阑旁边的两个小旋钮，使得到的亮圆与荧光屏形成同心圆。

4) 调样品

将样品杆完全推入样品室，此时在荧光屏上看到铜网的像。找到铜网支持膜上有样品的位置，转动“MAG”旋钮，将放大倍数调至 20 k 倍(2 万倍)。

(1) 按下“WOB”键，样品开始振动(样品高度引起)。按下“SPOT”键，一个小的放大镜出现在荧光屏的中央(用于观察样品振动细节)。此时借助放大镜，调节样品高度，直到样品不发生振动为止。

(2) 按下“MODU”键，样品又开始振动(光引起)。此时仍借助放大镜，并使用左右两边的万能调节旋钮，将样品调至不发生振动。最后，按下“SPOT”键，将放大镜退出。

5) 增加样品反差

(1) 找到铜网支持膜上有样品的位置，按下“DIFF”键(此时由图像模式变换至衍射模式)，旋转物镜光阑旋钮，选择合适的物镜光阑孔，同时调节物镜光阑旁边的两个小旋钮，用物镜光阑孔将中心最亮的衍射斑点套住(使最亮衍射斑点成为物镜光阑孔的圆心)。

(2) 按下“ZOOM1”键，此时又由衍射模式变换到图像模式。

6) 拍照

(1) 选定所要拍照的区域，转动“BRIGHT”旋钮，将光调暗。用盖子盖上观察室，在计算机屏幕上进行操作，用 CCD 相机进行观察。

(2) 在计算机屏幕上观察样品的形貌，通过转动“FOCUS”旋钮，观察样品在正焦、过焦和欠焦时所得图像的清晰度情况。

(3) 经过精确调焦后(在稍欠焦的状态下拍得的图像最好)，拍照并保存记录。在拍照过程中要注意左右手的配合，同时将放大倍数、亮度、样品台移动、调焦等一系列动作密切协调，以达到最佳的观察效果。

3. 关机

(1) 将灯丝电流关闭，再将高压关闭，放大倍数复位(3k 倍左右)，然后退出物镜光阑，将样品从样品杆中取出。

(2) 将主机电源钥匙逆时针转一格，先关闭计算机，等计算机关闭后，继续逆时针转一格，关闭主机电源。

(3) 约等 30 min 后，机械泵完全停止工作(“EVAC”和“AIR”指示灯都熄灭)，此时关闭循环水装置，切断总电源。

4. 紧急处理

(1) 在观察过程中遇到意外情况时，必须停止操作，并通知电镜室负责人，待意外情况排除后，得到电镜室负责人同意方能继续观察。

(2)遇到突然停电，首先将主机电源开关关闭，约等 30 min 后关闭循环水。

23.2　扫描电子显微镜

23.2.1　扫描电镜仪器的基本组成

扫描电子显微镜(scanning electron microscope，SEM)，简称扫描电镜，由电子光学系统、信号收集与显示系统、真空及电源系统组成，见图 23-3。

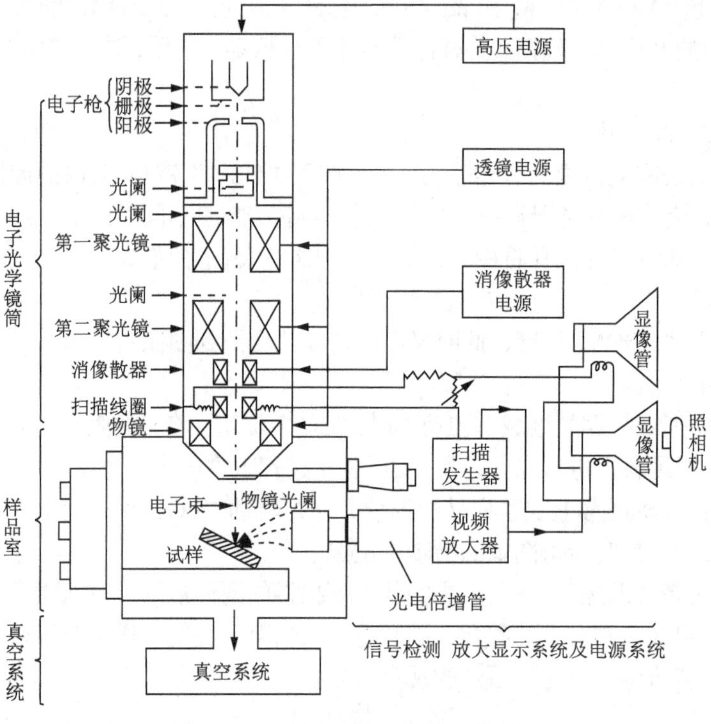

图 23-3　扫描电子显微镜结构示意图

扫描电镜的各部分功能介绍如下。

1. 电子光学系统

电子光学系统由电子枪、电磁透镜、扫描线圈和样品室等部件组成。其作用是用来获得扫描电子束，作为产生物理信号的激发源。为了获得较高的信号强度和图像分辨率，扫描电子束应具有较高的亮度和尽可能小的束斑直径。

1) 电子枪

其作用是利用阴极与阳极灯丝间的高压产生高能量的电子束。目前大多数扫描电镜采用热阴极电子枪。其优点是灯丝价格较便宜，对真空度要求不高，缺点是钨丝热电子发射效率低，发射源直径较大，即使经过二级或三级聚光镜，在样品表面上的电子束斑直径也在 5～7 nm，因此仪器分辨率受到限制。现在，高等级扫描电镜采用六硼化镧(LaB_6)或场发射电子枪，使二次电子像的分辨率达到 2 nm。但这种电子枪要求很高的真空度。

2) 电磁透镜

其作用主要是把电子枪的束斑逐渐缩小，使原来直径约为 50 mm 的束斑缩小成一个只有数纳米的细小束斑。其工作原理与透射电镜中的电磁透镜相同。扫描电镜一般有三个聚光镜，前两个透镜是强透镜，用来缩小电子束光斑尺寸。第三个聚光镜是弱透镜，具有较长的焦距，在该透镜下方放置样品可避免磁场对二次电子轨迹的干扰。

3) 扫描线圈

其作用是提供入射电子束在样品表面上以及阴极射线管内电子束在荧光屏上的同步扫描信号。改变入射电子束在样品表面扫描振幅，以获得所需放大倍率的扫描像。扫描线圈是扫描电镜的一个重要组件，它一般放在最后两个透镜之间，也有的放在末级透镜的空间内。

4) 样品室

样品室中主要部件是样品台。它能进行三维空间的移动，还能倾斜和转动，样品台移动范围一般可达 40 mm，倾斜范围至少在 50°左右，转动 360°。样品室中还要安置各种型号检测器。信号的收集效率和相应检测器的安放位置有很大关系。样品台还可以带有多种附件，如样品在样品台上加热、冷却或拉伸，可进行动态观察。

2. 信号收集与显示系统

其作用是检测样品在入射电子作用下产生的物理信号，然后经视频放大作为显像系统的调制信号。不同的物理信号需要不同类型的检测系统，大致可分为三类：电子检测器、阴极荧光检测器和 X 射线检测器。在扫描电子显微镜中最普遍使用的是电子检测器，它由闪烁体、光导管和光电倍增器组成。

当信号电子进入闪烁体时将引起电离；当离子与自由电子复合时产生可见光。光子沿着没有吸收的光导管传送到光电倍增器进行放大并转变成电流信号输出，电流信号经视频放大器放大后就成为调制信号。这种检测系统的特点是在很宽的信号范围内具有正比于原始信号的输出，具有很宽的频带(10 Hz～1 MHz)和高的增益(10^5～10^6)，而且噪声很小。由于镜筒中的电子束和显像管中的电子束是同步扫描，荧光屏上的亮度是根据样品上被激发出来的信号强度来调制的，而由检测器接收的信号强度随样品表面状况不同而变化，由信号监测系统输出的反映样品表面状态的调制信号在图像显示和记录系统中就转换成一幅与样品表面特征一致的放大的扫描像。

3. 真空及电源系统

真空系统的作用是为保证电子光学系统正常工作，防止样品污染提供高的真空度，一般情况下要求保持 10^{-5}～10^{-4}mmHg (1mmHg=133.32 Pa) 的真空度。

电源系统由稳压、稳流及相应的安全保护电路组成，其作用是提供扫描电镜各部分所需的电源。

23.2.2　扫描电镜的工作原理

扫描电镜的工作原理如图 23-4 所示，从灯丝发射出来的热电子，受 1～30 kV 电压加速，经两个聚光镜和一个物镜聚焦后，形成一个具有一定能量、强度和斑点直径的入射电子束，在扫描线圈产生的磁场作用下，入射电子束按一定时间、空间顺序做光栅式扫描。由于入射电子与样品之间的相互作用，从样品中激发出的二次电子通过收集器的收集，可将向各个方向发射的二次电子收集起来。这些二次电子经加速并射到闪烁体上，使二次电子信息转变成光信号，经过光导管进入光电倍增管，使光信号再转变成电信号。这个电信号又经视频放大器放大，并将其输入到显像管的栅极中，调制荧光屏的亮度，在荧光屏上就会出现与试样上一一对应的相同图像。

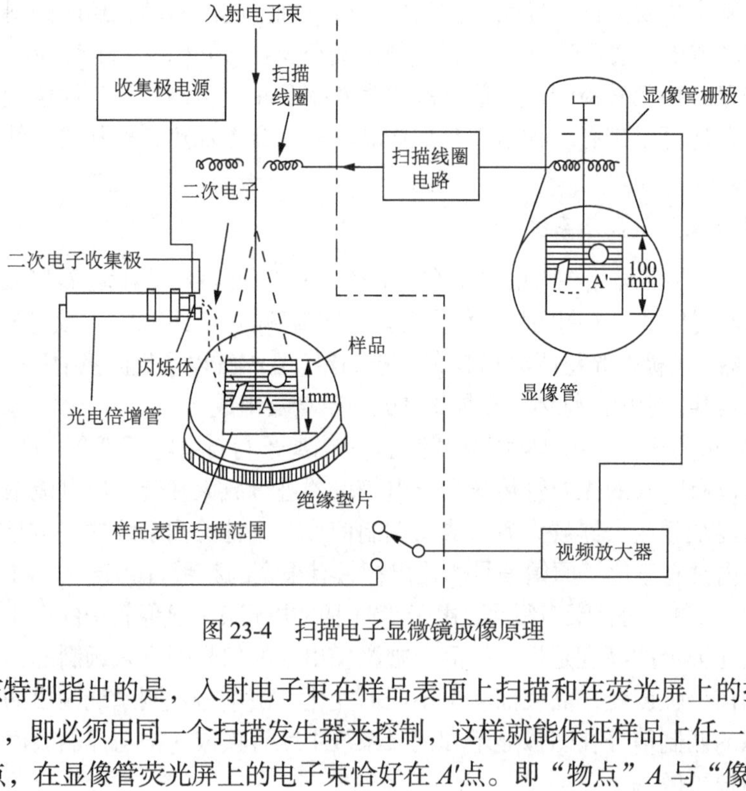

图 23-4　扫描电子显微镜成像原理

应该特别指出的是，入射电子束在样品表面上扫描和在荧光屏上的扫描必须“同步”，即必须用同一个扫描发生器来控制，这样就能保证样品上任一“物点”样品 *A* 点，在显像管荧光屏上的电子束恰好在 *A′* 点。即“物点” *A* 与“像点” *A′* 在时间上和空间上一一对应。通常称“像点”A′为图像单元。显然，一幅图像是由很多图像单元构成的。

扫描电镜除能检测二次电子图像外，还能检测被散射电子、透射电子、特征 X 射线、阴极荧光等信号图像。其成像原理与二次电子像相同。

常见的扫描电镜仪器有钨灯丝型，冷场发射、热场发射等类型。

23.2.3　SU8010 型扫描电子显微镜的操作方法

1. 开机

(1) 打开循环水装置开关至“ON”。

(2) 打开 Display 开关,计算机自动开机进入用户界面并自动运行 PC-SEM 程序,以空口令登入。

2. 图像观察

(1) 装入样品。

把样品托装入样品座，并用标尺确定高度、旋紧→按“AIR”按钮→将样品座插在样品交换杆上并锁紧→将交换杆拉至尽头卡紧，关闭交换室→按下“EVAC”按钮→等真空抽好后，按下“OPEN”按钮打开“MV-1”，推进交换杆，旋转样品杆“UNLOCK”位置后拉出交换杆→按下“CLOSE”按钮。

(2) 图像观察及保存。

样品室真空恢复正常后(显示为“LE-3”)→选择适当的加速电压(“Vacc”)→加高压→在低倍、TV 模式下使用“Focus”旋钮聚焦，将图像调节清楚→消像散→“Slow3”确认图像质量→点击“Capture”按钮拍照→点击左下方“Save”按钮→选择保存位置、使用者及样品信息，保存。

(3) 结束观察。

点击“OFF”按钮关闭加速电压→将放大倍率还原设至“×1.00k”→按操作界面右上方“HOME”使样品台回到初始位置→依照装入样品的方式反序取出样品。

3. 关机

(1) 退出 PC-SEM 程序→退出 Windows XP 系统→关闭 DISPLAY。

(2) 待 20 min 后，关闭循环水装置。

4. 注意事项

(1) 每次使用时，记录 IP1、IP2、IP3 真空度，以及 Flashing 结束后第一次加高压后 Vext 值，若 Vext 大于 5.0 kV，则准备新的 FE-Tip 更换。对电镜出现的故障详细记录并及时解决。每次操作完后，打扫电镜室内的卫生，注意保持操作台、地面以及电镜面板等清洁。

(2) 对样品的要求：需用电镜观测的样品必须干燥、无磁性、无挥发性、有导电性、能与样品台牢固黏结。样品制完后用强力气流吹去黏结不牢固的粉末。同一次装入电镜的样品，高度差不要超过 1.5 mm。样品进交换仓之前需与比高器相比，样品最高处必须低于比高器规定的高度。

(3)关于计算机：禁止修改计算机的任何设置，禁止安装任何软件。禁止使用 USB 接口(包括优盘)。使用光驱或软驱等需经电镜管理人员检查同意，严防病毒感染。计算机的许多指令要驱动电镜中的电气部件或机械部件的一系列动作，时间可能较长，千万不要连续点击或按键，否则可能引起计算机死机。

(4)未经专门培训的人员不得操作该电镜。操作者未经允许不得改变电镜各参数。

实验 40　利用透射电镜观察纳米三角 Ag

一、实验目的

(1)了解透射电镜的基本构成和成像原理。

(2)掌握透射电镜的操作过程。

(3)学会利用透射电镜观察纳米三角 Ag。

二、实验原理

透射电镜的电子枪产生的电子束经 1～2 级聚光镜后均匀照射到试样上的某一待观察微小区域上，入射电子与试样物质相互作用，由于试样很薄，绝大部分电子穿透试样，其强度分布与所观察试样区的形貌、组织、结构一一对应。

透射出试样的电子经过物镜、中间镜、投影镜的三级磁透镜放大投射在观察图形的荧光屏上，荧光屏把电子强度分布转变为人眼可见的光强分布，于是在荧光屏上显示与试样形貌、组织、结构相对应的图像。

三、仪器、试剂及耗材

1. 仪器

Hitachi(日立)-7650 型透射电镜。

2. 试剂

纳米三角 Ag 胶体；乙醇(A.R.)。

3. 耗材

带有碳支持膜的 Cu 网。

四、实验内容

1. 样品制备方法

取 1 mL 纳米三角 Ag 胶体置于 5 mL 离心管中，然后向其中加入 1 mL 乙醇溶液。将上述混合液超声分散 1 min 后，用移液枪取 50 μL 混合液滴在带有碳支持膜的 Cu 网上，晾干备用。

2. 仪器方法设置

按照仪器操作说明设置分析方法，具体参数如下：

(1) 加速电压：80 kV。

(2) 物镜光阑：2 号孔。

(3) 放大倍数：2 万倍。

3. 分析测试

1) 装样品

将样品杆头部样品安装槽上的垫片取下，用尖头镊子夹取滴有纳米三角 Ag 的 Cu 网放入安装槽内，装上垫片，固定好。然后将样品杆水平插入样品室。

2) 加高压

点击计算机屏幕对话框(图 23-5)中“HV ON”按钮，加高压至 80 kV。

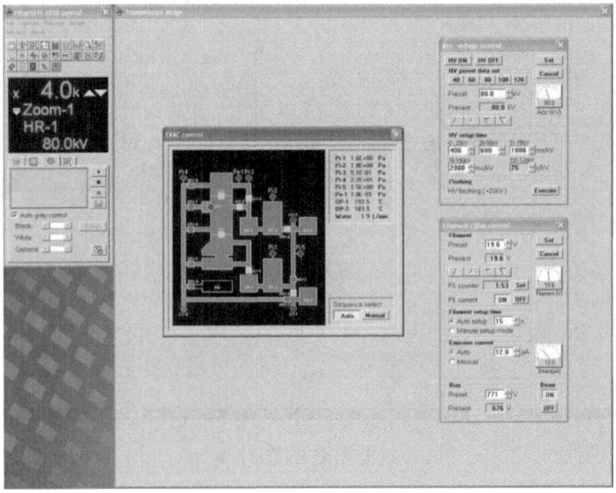

图 23-5　7650 图像观察界面

3) 调光

(1) 按下“LENS”键。

(2) 转动“BRIGHT”旋钮，将亮斑调小。按下“BH”键，同时配合使用左右两边的万能调节旋钮，将亮斑调至荧光屏中央。

(3) 转动“BRIGHT”旋钮，使亮斑均匀散开。再通过调节聚光镜光阑旁边的两个小旋钮，使得到的亮圆与荧光屏形成同心圆。

4）调样品

将样品杆完全推入样品室，此时在荧光屏上看到 Cu 网的像。找到 Cu 网支持膜上有纳米三角 Ag 的位置，转动“MAG”旋钮，将放大倍数调至 2 万倍。

⑴按下“WOB”键，样品开始振动。按下“SPOT”键，此时借助放大镜，调节样品高度，直到样品不发生振动为止。

⑵按下“MODU”键，样品又开始振动。此时仍借助放大镜，并使用左右两边的万能调节旋钮，将样品调至不发生振动。最后，按下“SPOT”键，将放大镜退出。

5）增加样品反差

⑴找到 Cu 网支持膜上有纳米三角 Ag 的位置，按下“DIFF”键，旋转物镜光阑旋钮，用物镜光阑 2 号孔将中心最亮的衍射斑点套住。

⑵按下“ZOOM1”键。

6）拍照

⑴选定所要拍照的区域，转动“BRIGHT”旋钮，将光调暗。用盖子盖上观察室，在计算机屏幕上进行操作，用 CCD 相机进行观察。

⑵在计算机屏幕上观察样品的形貌，通过转动“FOCUS”旋钮，观察纳米三角 Ag 在过焦、正焦和欠焦时所得图像的清晰度情况。图 23-6 显示了不同的聚焦情况。

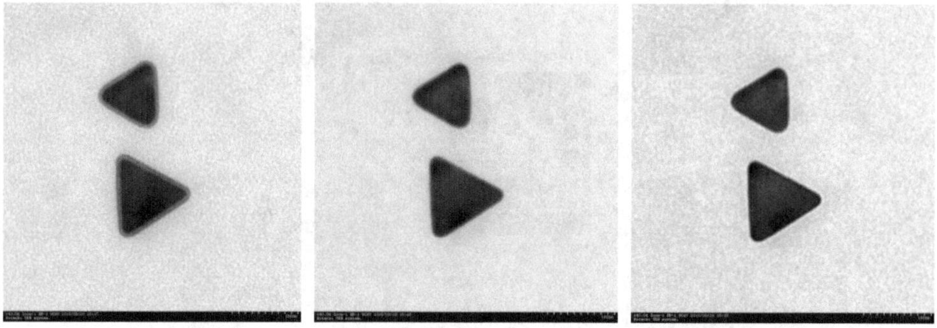

过焦时的图片　　正焦时的图片　　欠焦时的图片

图 23-6　图像的聚焦情况

⑶经过精确调焦后，在稍欠焦的状态下（图 23-7）拍得的图像最好，拍照并保存记录。

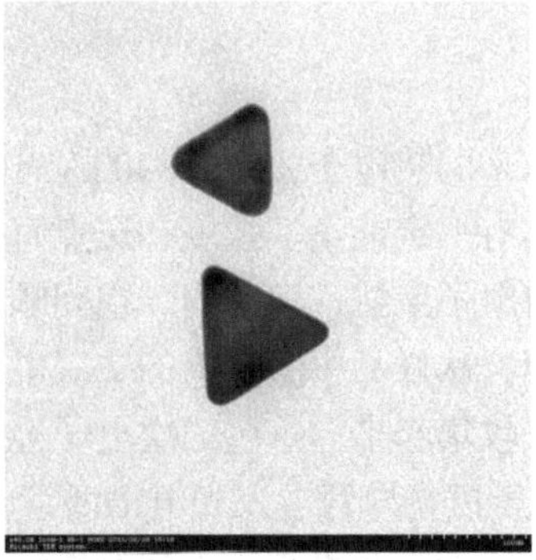

图 23-7　稍欠焦时的图片

五、数据处理

利用 Photoshop 软件对图像进行处理，达到数据使用要求，见图 23-8。

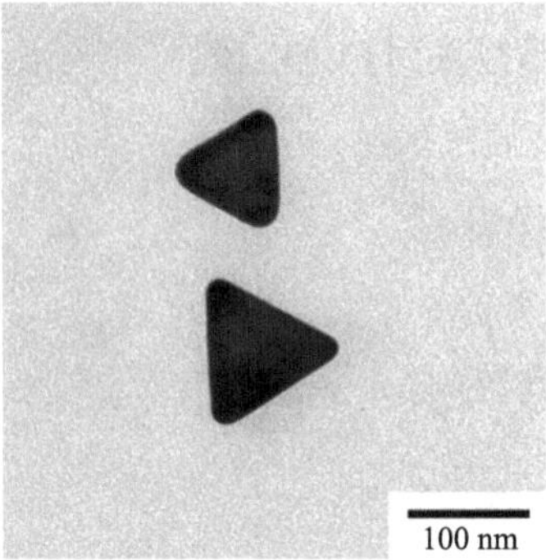

图 23-8　处理后的图片

六、思考和讨论

(1) TEM 的成像原理是什么？具体的成像过程是什么？

(2) 简述利用 TEM 观察纳米三角 Ag 的操作过程。

实验 41　利用扫描电镜观察 Ag 纳米线

一、实验目的

(1) 了解扫描电镜的基本构成和成像原理。

(2) 掌握扫描电镜的操作过程。

(3) 学会利用扫描电镜观察 Ag 纳米线。

二、实验原理

从扫描电镜灯丝发射出来的热电子，受 1～30 kV 电压加速，经两个聚光镜和一个物镜聚焦后，形成一个具有一定能量、强度和斑点直径的入射电子束，在扫描线圈产生的磁场作用下，入射电子束按一定时间、空间顺序做光栅式扫描。由于入射电子与样品之间的相互作用，从样品中激发出的二次电子通过收集器的收集，可将向各个方向发射的二次电子收集起来。这些二次电子经加速并射到闪烁体上，使二次电子信息转变成光信号，经过光导管进入光电倍增管，使光信号再转变成电信号。这个电信号又经视频放大器放大，并将其输入到显像管的栅极中，调制荧光屏的亮度，在荧光屏上就会出现与试样上一一对应的相同图像。

三、仪器、试剂及耗材

1. 仪器

Hitachi（日立）SU8010 型场发射扫描电镜。

2. 试剂

Ag 纳米线胶体；乙醇（A.R.）。

3. 耗材

Al 台；Si 片；碳导电胶带。

四、实验内容

1. 样品制备方法

首先将 Si 片用碳导电胶带粘在 Al 台上。

取 1 mL Ag 纳米线胶体置于 5 mL 离心管中，然后向其中加入 1mL 乙醇溶液。将上述混合液超声分散 1 min 后，用移液枪取 50 μL 混合液滴在 Si 片上，晾干备用。

2. 仪器方法设置

按照仪器操作说明设置分析方法，具体参数如下：

（1）加速电压：20 kV。

（2）样品距离：8 mm。

（3）放大倍数：2 万倍。

3. 分析测试

1）装入样品

把滴有 Ag 纳米线胶体的 Al 台装入样品座，并用标尺确定高度、旋紧→按

“AIR”按钮→将样品座插在样品交换杆上并锁紧→将交换杆拉至尽头卡紧，关闭交换室→按下“EVAC”按钮→等真空抽好后，按下“OPEN”按钮打开“MV-1”，推进交换杆，旋转样品杆“UNLOCK”位置后拉出交换杆→按下“CLOSE”按钮。

2) 图像观察及保存

图像观察界面见图 23-9。待真空恢复正常后(显示为“LE-3”)→加速 20 kV 电压→在低倍、TV 模式下使用“Focus”旋钮聚焦，将图像调节清楚(图 23-10)→消像散→将图像放大至 2 万倍，“Slow3”确认图像质量→点击“Capture”按钮拍照→点击左下方“Save”按钮→选择保存位置、使用者及样品信息，保存。

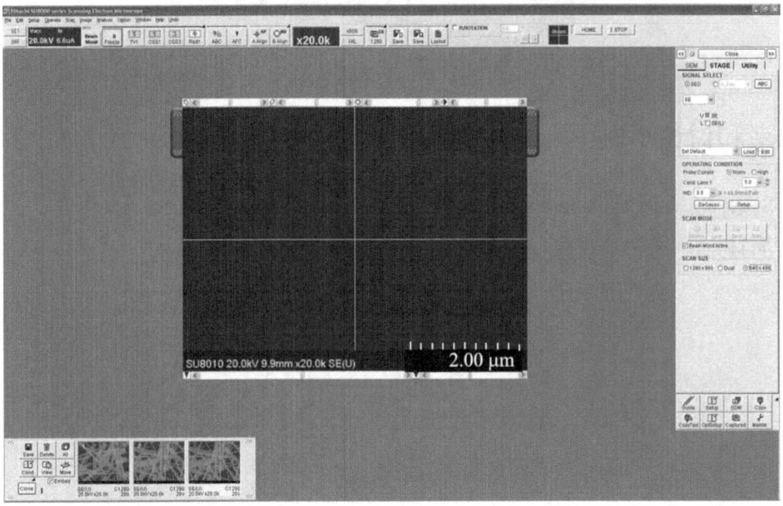

图 23-9　SU8010 图像观察界面

调焦前的图像　　　　调焦后的图像

图 23-10　图像调焦前和调焦后对比

3) 结束观察

点击“OFF”按钮关闭加速电压→将放大倍率还原设至×1.00k→按操作界面右上方“HOME”使样品台回到初始位置→依照装入样品的方式反序取出样品。

五、数据处理

利用 Photoshop 软件对图像进行处理，达到数据使用要求，见图 23-11。

图 23-11　处理后的图片

六、思考和讨论

(1) SEM 的成像原理是什么？

(2) 简述利用 SEM 观察 Ag 纳米线的操作过程。

第六篇　综合设计实验

综合设计实验是仪器分析实验的考核实验，还可作为化学综合实验的实验内容以及实验室开放实验内容。

1. 综合设计实验项目

(1)蔬菜样品中微量元素的测定(根据季节选择应季蔬菜作为样品)。

(2)陈皮中药物活性物质的测定。

(3)地面水中污染物分析。

(4)尿液中多巴胺的测定。

(5)牛奶中抗生素的测定。

(6)自来水中阳离子和阴离子种类和含量的测定。

(7)金/银纳米颗粒的制备、性质与形貌表征。

(8)水溶性 CdTe/CdS 量子点的制备、发光性质和分析应用。

2. 综合设计实验要求

(1)根据所选题目查阅文献，设定实验目标和分析目标物质。

(2)选择合适的仪器分析方法，可选多种仪器方法进行实验。

(3)设计完整的实验方案，包括实验目的、参考文献、实验原理、仪器和试剂、样品处理方法、实验步骤、定量分析方法和数据处理方法。

(4)提交实验方案，经实验组和指导教师讨论修改确定方案。

(5)实验准备，准备实验样品、实验所需试剂。和实验教师预约实验时间，讨论仪器测量条件以及样品处理仪器的使用条件。样品处理等实验应提前进行。

(6)进行实验。

(7)撰写实验报告，实验报告要按照第 2 章的规定撰写。

参 考 文 献

蔡冬梅. 2011. 浅议灵敏度、检出限和测定限. 大学化学, 26 (4): 84

陈登云, Tye Christopher. 2001. ICP-MS 技术及其应用. 现代仪器, (4) : 8-11

陈培榕, 李景虹, 邓勃. 2015. 现代仪器分析实验与技术. 北京: 清华大学出版社

陈新坤. 1987. 电感耦合等离子体光谱法原理和应用. 天津: 南开大学出版社

邓芹英, 刘岚, 邓慧敏. 2007. 波谱分析教程. 2 版. 北京: 科学出版社

方惠群, 于俊生, 史坚. 2002. 仪器分析. 北京: 科学出版社

房喻, 王辉. 2001. 荧光寿命测定的现代方法与应用. 化学通报, (10) : 631-636

傅冬和, 薛志慧, 姚亚丽, 等. 2012. 茶叶中重金属及其检测方法研究概述. 茶叶通讯, 39 (9) : 27-30

郭素枝. 2008. 电子显微镜技术与应用. 厦门: 厦门大学出版社

韩东海, 王加华. 2008. 水果内部品质近红外光谱无损检测研究进展. 中国激光, 35: 1123-1131

呼小州, 程小红, 夏德强. 2013. 实验室标准化与质量管理, 北京: 中国石化出版社

黄孝瑛. 1987. 透射电子显微学. 上海: 上海科学技术出版社

康志健, 哈永红, 宋英姬. 1998. 荧光光度法测定小剂量阿司匹林片的含量. 药物分析杂志, 1(sppl.): 106-107

李冰, 杨红霞. 2005. 电感耦合等离子体质谱原理和应用. 北京: 地质出版社

李东旭, 许潇, 李娜, 等. 2008. 时间分辨荧光技术与荧光寿命测量. 大学化学, 23 (4) : 1-11

林立, 姚继军, 杨仁康, 等. 2013. 悬浮进样-石墨炉原子吸收光谱法直接测定化妆品中的铅. 岩矿测试, 32 (4) : 644-648

林贤福. 2009. 现代波谱分析方法. 上海:华东理工大学出版社

林雨青, 刘康玉, 刘晨昱. 2013. 检测双酚 A 的电化学传感器及制备方法与应用: 中国, 201310594111.5

宁永成. 2010. 有机波谱学图谱解析. 北京: 科学出版社

苏克曼, 潘铁英, 张玉兰. 2002. 波谱解析法. 上海:华东理工大学出版社

王小平, 马以瑾, 伊藤光雄. 2005. 密封消解 ICP-AES 和 ICP-MS 测定中日两国茶叶中 23 种矿质元素. 光谱学与光谱分析, 25(10): 1703-1707

王亦军, 吕海涛. 2008. 仪器分析实验, 北京: 化学工业出版社

吴冬梅, 孙兰海楼, 巧兰. 2003. ICP-AES 法同时测定自来水中的钙、镁、钠. 光谱仪器与分析, (4) : 32-35

武汉大学. 2008. 分析化学 (上、下). 5 版. 北京: 高等教育出版社

武汉大学化学与分子科学学院实验中心. 2005. 仪器分析实验. 武汉: 武汉大学出版社

杨帆, 李雅婷, 顾轩, 等. 2012. 便携式近红外光谱仪测定苹果酸度和抗坏血酸的研究. 光谱学与光谱分析, 31: 2386-2389

杨祥, 金泽祥. 2000. 电感耦合等离子体原子发射光谱的若干进展. 岩矿测试, 9 (1) : 32-41

杨彦丽, 林立, 周谙非, 等. 2010. 微波消解 ICP-AES 法测定婴幼儿配方乳粉中 9 种微量元素. 现代食品科技, 26 (2) : 209-211

叶恒强, 王元明. 2003. 透射电子显微学进展. 北京: 科学出版社
袁雷明, 孙力, 林颢, 等. 2013. 基于感官品尝的柑橘糖度近红外光谱模型的简化. 光谱学与光谱分析, 33: 2387-2391
张大同. 2009. 扫描电镜与能谱仪分析技术. 广州: 华南理工大学出版社
张剑荣, 余晓冬, 屠一峰, 等. 2009. 仪器分析实验. 2 版. 北京: 科学出版社
张军, 邓培红, 匡云飞, 等. 2004. 二茂铁修饰碳黑微电极同时测定多巴胺和抗坏血酸.分析试验室, 23(8): 67-69
章晓中. 2006. 电子显微分析. 北京: 清华大学出版社
赵文宽, 张悟铭, 王长发, 等. 1997. 仪器分析实验. 北京: 高等教育出版社
中华人民共和国卫生部. 2007. 化妆品卫生规范(2007 版). 北京: 中国标准出版社
中华人民共和国国家质量监督检验检疫总局, 中国国家标准化管理委员会. 2008. GB/T 22286—2008 动物源性食品中多种 β-受体激动剂残留量的测定 液相色谱串联质谱法. 北京: 中国标准出版社
朱明华, 胡坪. 2009. 仪器分析. 4 版. 北京: 高等教育出版社
Berger S, Braun S. 2007. 核磁共振实验 200 例——实用教程. 陶家洵, 李勇, 杨海军译. 北京: 化学工业出版社
Grubbs F. 1969. Procedures for detecting outlying observations in samples. Technometrics, 11: 1-21
Lin Y, Liu K, Liu C, et al. 2014. Electrochemical sensing of bisphenol a based on polyglutamic acid/amino-functionalized carbon nanotubes nanocomposite. Electrochimica Acta，133: 492-500
Mcpolin O. 2009. Validation of Analytical Method for Pharmaceutical Analysis. UK: Mourne Training Services
Rorabacher D B.1991.Statistical treatment for rejection of deviant values: critical values of dixon's “Q” parameter and related subrange ratios at the 95% confidence level. Anal Chem, 63: 139-146
Skoog D A. 1992. Principles of Instrumental Analysis. 4th ed. Rochester, New York: Saunders College Publishing